国家社会科学基金项目"第二国际理论家关于资本主义及其发展趋势的比较研究及当代价值"（15BKS066）；江苏省教育厅重点项目"晚年恩格斯与第二国际理论家政治观的比较研究及当代价值"2017ZDIXM172资助成果

国 | 研 | 文 | 库

资本主义及其发展趋势的比较研究

——基于第二国际理论家的视角

贾淑品 ———— 著

光明日报出版社

图书在版编目（CIP）数据

资本主义及其发展趋势的比较研究：基于第二国际
理论家的视角 / 贾淑品著 . -- 北京：光明日报出版社，
2021.6

ISBN 978 - 7 - 5194 - 6012 - 9

Ⅰ . ①资… Ⅱ . ①贾… Ⅲ . ①资本主义—研究 Ⅳ .
①D091.5

中国版本图书馆 CIP 数据核字（2021）第 077979 号

资本主义及其发展趋势的比较研究：基于第二国际理论家的视角
ZIBEN ZHUYI JIQI FAZHAN QUSHI DE BIJIAO YANJIU：JIYU DIER GUOJI
LILUNJIA DE SHIJIAO

著　者：贾淑品

责任编辑：杨　茹　　　　　　责任校对：周春梅
封面设计：中联华文　　　　　　责任印制：曹　净

出版发行：光明日报出版社

地　　址：北京市西城区永安路 106 号，100050

电　　话：010 - 63169890（咨询）　63131930（邮购）

传　　真：010 - 63131930

网　　址：http：//book. gmw. cn

E - mail：yangru@ gmw. cn

法律顾问：北京德恒律师事务所龚柳方律师

印　　刷：三河市华东印刷有限公司

装　　订：三河市华东印刷有限公司

本书如有破损、缺页、装订错误，请与本社联系调换，电话：010 - 63131930

开　　本：170mm × 240mm

字　　数：297 千字　　　　　　印　　张：16.5

版　　次：2021 年 6 月第 1 版　　印　　次：2021 年 6 月第 1 次印刷

书　　号：ISBN 978 - 7 - 5194 - 6012 - 9

定　　价：95.00 元

序

当今世界正是面临新一轮大调整、大发展的时期，国家之间的联系日益紧密，整个地球正在形成一个"你中有我、我中有你"的地球村，世界多极化、经济全球化、文化多样化等问题层出不穷，在这种复杂的全球环境下，中国特色社会主义制度如何彰显制度自信？这是我们需要深入思考的问题。彰显制度自信，很重要的一点，应该在比较的情况下进行，如何进行比较？必须在知己知彼的情况下，才能更好地比较出中国特色社会主义制度的优势，因而我们需要认清资本主义的本质。这需要我们追本溯源地学习和研究马克思、恩格斯、列宁资本主义理论的基础思想，重新审视第二国际理论家关于资本主义理论，从中梳理出他们各自观点的合理性，以及理论之所以存在分歧的内在逻辑，找到批判的武器，实施武器的批判；深入第二国际时期的帝国主义理论氛围之中，沿着资本主义的发展脉络，重新审视帝国主义直至今日的发展演变，吸取第二国际理论家的思想精华，使其在现当代的国际形势中继续彰显理论魅力，体现现实层面的价值，旨在为建设中国特色社会主义市场经济理论提供理论参考，为构建和谐社会提供理论支撑。

同时通过批判，进一步厘清当前围绕全球化、逆全球化出现的纷争，正确处理与资本主义的关系，在参与推进全球化进程中坚持中国特色社会主义市场经济的前进方向，明确中国特色社会主义市场经济的制度优势，彰显"中国特色"。这样才能在与资本主义的比较优势中彰显中国特色社会主义制度的显著优势与制度自信。

通过研究可以进一步丰富和发展马克思主义发展史和国际共运史的内容，进一步坚定中国特色社会主义制度的道路自信、理论自信、制度自信、文化自信。

本书的研究成果是笔者国家社会科学基金一般项目"第二国际理论家关于资本主义及其发展趋势的比较研究及当代价值"（项目号：15BKS066）的结项成果，同时得到了江苏省教育厅重点项目"晚年恩格斯与第二国际理论家政治观的比较研究及当代价值"（2017ZDIXM172）和"江苏省青蓝工程学术带头人"项目的资助，在此对他们的资助和江南大学的领导、老师表示衷心的感谢。同时，也衷心感谢上海师范大学的领导和同事给予的关心和爱护。

另外，书中第四章第三节、第四节是在胡飞霞硕士论文的基础上进行修改的，第五章第一节是在王楠楠硕士论文的基础上进行修改的，在此对他们的付出表示感谢！

本书的出版得到光明日报出版社的大力支持，在此对编辑同志的认真负责表示衷心的感谢。

在写作本书过程中，笔者参考了大量文献，吸收借鉴了许多前辈的研究成果，在此谨向作者致以崇高的敬意。由于本人才疏学浅、学力有限，书稿中一定存在疏漏与不足之处，敬请各位读者批评指正。

贾淑品

上海师范大学马克思主义学院

2020 年 4 月 25 日于上海

目　录
CONTENTS

导　论 …………………………………………………………………………… 1

第一章　马克思、恩格斯关于资本主义发展趋势的理论 ……………… 14

第一节　阶级视角:资本主义崩溃的阶级条件与逻辑起点　16

第二节　资本逻辑视角下的商品、货币、资本及其三重拜物教思想　22

第三节　资本积累与"丧钟论"　31

第四节　资本主义基本矛盾、信用与经济危机　35

第五节　"两个决不会":资本主义崩溃论的丰富与完善　39

第六节　恩格斯晚年对资本主义发展趋势理论的进一步发展　43

第二章　伯恩施坦关于资本主义及其发展趋势的理论 ……………… 51

第一节　伯恩施坦用"资本主义适应论"修正"资本主义崩溃论"　52

第二节　伯恩施坦对马克思劳动价值论和剩余价值理论的评判　67

第三节　伯恩施坦对马克思资本积累理论的批判　73

第三章　罗莎·卢森堡关于资本主义发展趋势的理论 ……………… 81

第一节　卢森堡对伯恩施坦资本主义适应论的批驳　81

第二节　卢森堡资本积累全球化理论的历史与逻辑　93

第三节　资本积累全球化与资本主义灭亡　105

第四章　考茨基关于资本主义发展趋势的认识 …………………… 113

第一节　考茨基前期针对伯恩施坦资本主义经济发展基本趋势的批判　114

第二节　考茨基整理出版《资本论》第四卷对资本主义趋势理论的贡献　130

第三节　考茨基"超帝国主义论"对资本主义发展趋势的预判　135

第四节　列宁对考茨基"超帝国主义论"的清算与批判　143

第五章　列宁对资本主义发展错误思潮的批判及崩溃论的新发展　……　**163**

第一节　列宁对俄国民粹派关于资本主义发展错误思潮的批判　164

第二节　列宁对"合法马克思主义资本主义"发展理论的批判　179

第三节　批判与发展:列宁关于资本主义发展趋势理论的深入思考　188

第六章　第二国际理论家对资本主义发展趋势理论研究的价值、

　　　　　现实启示及局限性　…………………………………………　**197**

第一节　第二国际理论家对资本主义发展趋势认识研究的价值　197

第二节　第二国际理论家关于资本主义发展趋势理论的启示　224

第三节　第二国际理论家对资本主义发展趋势理论认识的缺陷　243

参考文献　………………………………………………………………　**250**

后　记　…………………………………………………………………　**255**

导　论

历经四个寒暑，这本名为《资本主义及其发展趋势的比较研究：基于第二国际理论家的视角》书稿最终成形，本书稿是国家社会科学基金项目"第二国际理论家关于资本主义及其发展趋势的比较研究及当代价值"（项目号为15BKS066）的最终成果。

20世纪中后期，国际形势云谲波诡，天才预言家也不可能预见到铁板一块的华约会以怎样的形式谢幕。1989年柏林墙的倒坍，标志着冷战终结，后又伴随着苏联解体、东欧剧变的发生，世界社会主义运动步入低谷，欧美资产阶级自由派特别是新保守主义分子为之欢欣鼓舞，抛出"历史终结"论，公开宣称社会主义已经失败，马克思主义已经过时。一些悲观失望的左派也有意无意地接受了这样的观点：作为19世纪早期资本主义时代的社会批判理论，马克思主义对后现代社会或当代资本主义社会已经丧失理论解释力，这种思想在新马克思主义和后马克思主义理论家之间早已盛行多时，如拉克劳（Ernesto Laclau）、墨菲（Chantal Mouffe）等人即是例子。"马克思主义在西方已经变得越来越四面楚歌。"① 正是由于对马克思主义持悲观、怀疑乃至否定态度，欧美左翼在对当代资本主义发展变化的理解上陷入了理论困境，使之在逆转政治社会影响的颓势和边缘化上几无建树。

在改革开放的过程中，国外的价值观念、意识形态和行为方式也对少数人产生了不良影响，一些错误思潮开始在我国传播以至泛滥，譬如，民主社会主义打着"民主""社会主义"的幌子，标榜西方的民主、自由和多元的价值观；与此同时，国内还出现了历史虚无主义、新自由主义等一些带有政治倾向性的错误思潮，这些错误思潮对马克思主义的主流地位提出了挑战。当前这些错误思潮的出现与西方国家意识形态输入是密不可分的，每一次错误思潮的沉渣泛

---

① 斯图亚特·西姆. 后马克思主义思想史 [M]. 吕增奎，陈红，译. 南京：江苏人民出版社，2011：7－8.

起，其背后都有着某超级大国及其盟国的影子，其实质上，则是因为部分人不能正确评价资本主义发展的趋势与社会主义的未来之间的关系，进而动摇了或丧失了自己的阶级立场。因此，以马克思主义唯物史观来系统研究资本主义的新变化及其发展趋势，用科学严谨和充满说服力的理论来批判已经备受诟病的"历史终结"论，进一步确证马克思主义唯物史观所具有的强大生命力与现代解释力，反击马克思主义过时论，这是我们新时代一个重大的理论和实践问题，因为这关系到我们如何认识中国特色社会主义，如何看待社会主义社会与资本主义的关系问题。

马克思、恩格斯在深入研究资本主义社会经济生活的基础上，一方面对资本主义在历史上所起的进步作用给予了充分的肯定，另一方面也对资本主义的虚伪与丑恶进行了深刻的揭露与批判。马克思、恩格斯结合自己对资本主义的理解与把握，以坚定的政治立场和敏锐的洞察力，做出了著名的"资产阶级的灭亡和无产阶级的胜利是同样不可避免的"① 的论断。继而，随着无产阶级革命的深入开展，马克思、恩格斯又及时总结了 1848 年革命失败的教训，提出"无论哪一个社会形态，在它所能容纳的全部生产力发挥出来以前，是绝不会灭亡的；而新的更高的生产关系，在它的物质存在条件在旧社会的胎胞里成熟以前，是绝不会出现的"②，即著名的"两个决不会"理论。马克思、恩格斯理论的提出说明了他们立足实践、勇于创新、与时俱进、追求真理的精神，同时也说明了社会发展的道路不是一帆风顺的，而是前进性与曲折性的统一。关于人类社会发展规律的思想经过马克思、恩格斯的实践探索和他们对资本主义的深入理解和认识，逐渐形成和完善，它揭示了资本主义发展的本质特征，从而成为指导世界无产阶级革命运动的有力武器。

但是，在 1895 年恩格斯逝世后，伯恩施坦（Eduard Bernstein）等人以马克思、恩格斯正统继承人自居，提出了自己的一整套理论，试图以此来"修正"马克思主义，从而为资产阶级的阶级统治粉饰太平，这种修正主义思潮的大行其道，严重挑战了马克思主义理论的权威性。在这样的条件下，迫切需要一批优秀的马克思主义者来宣传、传播马克思主义，以激浊扬清，正本清源，这一重担就历史性地落在第二国际一些理论家的肩上。

当前，有的学者，还是很知名的学者，以西方分析哲学的观点，把马克思主义解构了，即把马克思和恩格斯割裂开来，把他们的早期、中期、晚期割裂

---

① 马克思恩格斯文集：第 2 卷 [M]．北京：人民出版社，2009：43.
② 马克思恩格斯文集：第 2 卷 [M]．北京：人民出版社，2009：592.

开来。也有的对恩格斯晚年的观点做歪曲的理解。实际上，之所以出现上述问题与他们不能正确看待和理解资本主义以及资本主义后来的发展密切相关。而当今中国特色社会主义建设和能否正确认识与看待资本主义存在着重要的关联。因此，如何正确看待和理解第二国际理论家关于资本主义发展趋势的思想是我们正确坚持和发展马克思主义理论的根据，也是我们当今必须解决的现实的意识形态问题。

本书以第二国际理论家关于资本主义发展趋势的论争与批评及其相关思想为研究主线，分别从资本主义崩溃的起点、资本逻辑、资本积累、基本矛盾等不同视角研究马克思、恩格斯关于资本主义发展趋势的理论，选取第二国际理论家列宁、卢森堡（Rosa Luxemburg）、考茨基（Karl Kautsky）与伯恩施坦为代表，对他们关于马克思主义的劳动价值论、剩余价值理论、资本主义崩溃等关于资本主义发展趋势的理论进行比较分析，通过考察他们在第二国际时期在垄断组织、金融资本、资本积累、资本主义的组织形式等不同方面看法的异同及其思想产生和发展的脉络，以揭示他们理论存在分歧的原因，进而深入揭示资本主义私有制所具有的垄断性、排他性、扩张性等本质特征，旨在说明绝不能把对马克思主义教条化的憎恨理解为可以曲解、肢解马克思主义，发展马克思主义更不是修正马克思主义；回眸、挖掘第二国际理论家关于资本主义发展趋势的理论可以为我国在世界体系中如何更好地面对经济全球化、应对帝国主义挑战提供理论支撑。

目前我国面对错综复杂的国际环境与世界格局，中国共产党作为执政党不惧困难、勇于挑战，努力发展社会生产力，带领全国人民奔小康，且成绩斐然。但帝国主义国家依旧故我，玩弄各种花招，变化各种名目，依然以迟滞阻碍中国发展为最大目标，虽然它们派生了新的表现形式继续游荡在世界体系之中，但是其实质依然没有变，这些也是第二国际理论家所揭示过的内容。

"以史为鉴，可以知兴替"，通过对第二国际理论家关于资本主义发展趋势认识的比较研究，探究考察第二国际理论家关于资本主义及发展趋势认识的异同，并结合当今资本主义发展的实际，从中找出导致当前资本主义金融危机产生的真正原因，弄清历史虚无主义以及全面深化改革中批判新自由主义等错误思潮，挖掘出他们思想中有时代价值的部分，同时对资本主义经济危机（尤其是当前的金融危机）进行更深层次的思考。

目前国内关于第二国际理论家对资本主义及其发展的研究主要分为几个阶段：（1）第一阶段始于 20 世纪 20 年代—90 年代前后。这一阶段，我国学者对资本主义的理论研究处于否定与简单的批判上，研究基础相对薄弱，主要是因为苏联理论和斯大林模式的影响太深,研究带有感情色彩和主观性。20世纪60年代初以来,我国由"以苏为师"向"以苏为鉴"转变,在破除苏联的教条主义理解的过程中逐渐独立出来,这时候关于考茨基、鲍威尔(Otto Bauer)等人在内的一些帝国主义理论资料,被一些学者整理出来,与此同时,他们还翻译了第二国际理论家(如梅林、拉法格、卢森堡)等人的经济学著作。学者们在翻译与整理第二国际理论家主要思想主张的基础上,做了有益的尝试,并对资本主义发展的最高阶段——帝国主义阶段进行研究,出现了一些研究成果,如陈其人《帝国主义论理论研究》(1984)、蔡中兴《帝国主义理论发展史》(1987),以及陈其人《帝国主义经济与政治概论》(1992)等。但这时候对第二国际理论家关于资本主义理论研究方面基本上还处在比较薄弱的阶段。

第二阶段,从20世纪90年代开始,我国真正将第二国际理论家的资本主义思想观点进行了研究。李兴耕《国际工人运动史上的重要里程碑——纪念第二国际成立100周年》(1989)全面评价了第二国际对工人运动的作用以及它的历史功绩,分析了第二国际的一些缺点与不足,同时也总结了第二国际理论家关于资本主义的若干见解。孙耀文《时代·功绩·传统——第二国际史几个问题的反思》(1989)评价了第二国际以及理论家的历史功绩,进一步说明了卢森堡、拉法格(Paul Lafargue)等理论家对帝国主义所做的有价值的分析和探讨,高度赞扬了他们在反对帝国主义战争中所起到的积极作用。马健行《第二国际时期各派帝国主义理论的比较研究》(1989),通过对第二国际时期各派帝国主义理论的比较研究,说明了如何认识资本主义发展新阶段及其本质的问题。同时学者们还对如何阐明新阶段形成的根源及其发展前途问题进行过激烈的争论。这几篇纪念共产国际成立100周年的文章促使我国学者对第二国际理论家的理论和价值进行重新思考、对他们个人进行重新定位,并结合西方学者的理论成果将研究引向深入。

第三阶段,即进入21世纪以来,关于资本主义及第二国际的研究及研究成果开始呈现百花齐放、百家争鸣的大好局面。

一、关于资本主义及其发展趋势的国内研究现状

(一)对资本主义研究的相关情况

近年来,研究当代资本主义的新变化成为我国学术界的一大热点,出现了一大批研究成果。《网络与全球资本主义》(胡大平,2002)指出,在新型的全球资本主义条件下,网络为消除旧有矛盾提供契机,但也引发了一系列新问题。

《当代资本主义的新变化及其发展趋势》（吴茜，2003）阐述了经济全球化时代，国际垄断资本日益控制着世界经济；金融垄断资本加紧全球性金融投机和金融掠夺；当代资本主义在对外关系中的新霸权主义。"西方发达资本主义国家不再主要依靠直接的军事侵略和政治统治的旧殖民主义方式掠夺和控制发展中国家，而是依靠经济交往和文化渗透等新殖民主义手段来维护并扩大它们在发展中国家的利益。"[①]《当代资本主义新变化及其本质分析》（张葵葵，2004）中论述了当代资本主义在经济、政治、文化、阶级阶层结构等各领域的新变化，主要表现为生产力、生产关系和上层建筑三方面的变化。其中生产关系详细阐述了产权关系、分配关系和劳资关系。《正确认识当代资本主义的新变化》（农林，2005）中进一步阐述了当代资本主义在政治、经济、文化和社会生活等方面的深刻变化。《探析当代资本主义的新变化》（白亚峰、宋国柱，2006）中指出当代全球资本主义为了缓解社会矛盾和经济危机，不断对生产关系和上层建筑进行调整，进而阐述了资本主义国家的阶级、阶层结构和思想意识形态、产业结构、就业结构、资本主义的对外关系和世界体系等方面发生的显著变化。除此之外还有生产和资本集中加剧垄断、金融资本统治扩大、国际垄断资本的实力显著增强等新变化。《全球资本主义时代的中国特色社会主义——德里克的"马克思主义思想"研究》（刘军，2007）中分析德里克（Arif Dirlik）的"全球资本主义"是对当下时代发展特征的一种描述；他的"后革命"理论则是要找寻一条新时代条件下的社会解放道路；德里克的理论不是完全意义上的马克思主义，但具有重要的理论价值和现实意义。《德里克全球资本主义批判理论探析》（朱彦振，2013）中阐述了当代全球资本主义阶级关系的变化，即形成了"跨国资本家阶级"和"跨国无产阶级"的对立。《马克思"世界历史"理论是理解全球资本主义的钥匙》（胡嘉苗、郑祥福，2014）指出"全球资本主义社会拥有巨大的生产力并控制着当今世界市场"。《对西方左翼研究资本主义全球化问题成果的分析》（杨玲玲，2013）中揭示跨国国家机构实质上削弱了民族国家主权，全球化中形成的世界体系是不公正的，全球化直接推动新帝国主义的建立。对此，发展中国家尤其是社会主义国家应采取审慎的态度去对待全球化，警惕当代全球资本主义。《经济全球化背景下资本主义新变化及其发展趋势研究》（马闻屿，2015）、《全球化时代资本主义新变化对中国的挑战及其应对》（李保国，2016）指出当代全球资本主义的新变化包括实体经济"金融化"和"虚拟化"；阶级政治、民族国家和意识形态的"后现代性"、文化帝国主义及

---

① 吴茜. 当代资本主义的新变化及其发展趋势 [J]. 国家论坛，2003（3）.

（资本主义社会矛盾不断深化）社会的高度风险性。《金融化与全球资本主义的秩序之争》（张昕，2018）之中论述了金融几乎渗透到现代经济行为和社会生活的各个方面。"新自由主义时期的金融化和实体生产、贸易以及消费之间的关系更加疏离，时空上的延展性和侵略性也更加突出。"金融化的深入让"无国家的霸权"成为一种可能，还会诱发全球性的金融危机。武汉大学何萍教授在《资本自我否定辩证法的方法论意义——基于罗莎·卢森堡〈资本积累论〉的问题》（2019）一文中阐明全球资本体系主要由国际垄断和国际霸权两个基本要素构成，其中国际霸权包括政治霸权、经济霸权和文化话语霸权等。《世界资本主义的危机与人类未来》（朱安东，2017）分析了当前资本主义国家危机，然后分析了西方资本主义国家当前困局的基础性原因是金融垄断资本的统治，即现有危机根源。

关于资本主义的研究专著主要有：《什么是资本主义，怎样对待资本主义》（李屏南、马伯钧，2000）、《资本主义的社会矛盾及其历史走向》（张雷声，2000）、《当代资本主义的新变化与社会主义的新课题》（胡连生、杨玲，2000）、《当代资本主义研究》（严书翰、胡振良，2004）、《当代资本主义新发展问题研究》（臧秀玲，2004）、《当代资本主义新变化》（徐崇温，2005）、《当代资本主义新论》（靳辉明、罗文东，2006），《当代资本主义新变化的批判性解读》（唐正东，2016）。

（二）国内学者在资本主义、帝国主义方面对第二国际理论家的研究

专家们从历史唯物主义、伦理学、历史贡献等各个方面对第二国际理论家的研究进行了分析。关于资本主义的相关研究大致如下：首先，就国内学者对第二国际理论家整体研究来看，主要发表了一些相关论文，如吕薇洲（2008）、姚顺良（2007），他们从不同侧面和理论层面将第二国际的帝国主义理论作为帝国主义发展史中的重要内容进行充分翔实的分析考察。这些学者做了扎实的基础理论研究工作。其次，目前国内学者对第二国际思想家进行了个案研究，这是当前研究的一大特点。陈其人（2004、2009）关于卢森堡资本积累的研究，其成果对卢森堡资本积累思想发展的脉络有一定梳理，并提出其理论是一种世界体系论的观点，但缺乏具体的论证，而且这些研究多半是偏重经济学方面的讨论。何萍（2005、2010、2011）、熊敏（2011）等从政治哲学角度研究了卢森堡的资本积累理论，但仅仅是个案研究，没有与其他理论家的思想进行比较研究。孟飞、姚顺良（2017）《第二国际时期关于帝国主义问题的政治经济学论争》谈到第二国际时期形成了以考茨基、鲍威尔为代表的阵营同以布哈林、列

宁为代表的阵营对帝国主义问题两种截然相反的认识，这是最近关于第二国际理论家的比较研究，不过，目前，关于第二国际资本主义发展趋势研究的文章并不多，候惠勤教授曾指出，"第二国际可能是当今马克思主义研究领域尚存的为数不多的'富矿'之一"。最后，就目前已有的研究成果来看，学界对第二国际理论家的研究多半是从思想史这个角度展开的，而从"资本主义发展趋势"这个角度加以比较研究，并进行客观评价的，则是凤毛麟角。

总之，前期学界的研究主要集中于对这一时期几个主要人物的思想进行文本解读，对他们的思想研究没有与当今的现实结合起来，使之融入研究体系之中，其研究作用也未得到应有的体现。从这个角度来说，这些成果无论从形式上，还是从涉及问题的深度、广度上，都稍显不足。

二、国外学者对资本主义及其第二国际理论家关于资本主义问题的研究

（一）关于资本主义及其发展趋势的研究

1. 关于资本主义概念内涵的研究

资本主义应该被认为是一种经济制度，它是一种交换经济的组织。（重田澄男，2011）。资本主义并不是协调统一的制度，而应当是一组惯例与体系，可以改变政治，进而改变社会的主流行为、思想、价值观（乔伊斯·阿普尔比，2014）。当代社会的基本经济特征几乎无例外是资本主义的。（德科·克莱、米夏尔·布里，2009）。

2. 关于重新定位当代资本主义发展阶段的研究

从传统视角的研究：主要有让-克洛特·德罗奈（Jean-Claude Delaunay）、萨米尔·阿明（Samir Amin）等，让-克洛特·德罗奈在传统视角的阶段论中认为，金融垄断资本主义阶段是当今资本主义国家所处的发展阶段。在全球化时代，帝国主义所发生的形式与内容的变种叫"新帝国主义"，它是指发达资本主义国家逐步地使发展中国家处于其统治的从属地位（萨米尔·阿明，2001）。

从现代视角的角度研究：一些学者认为资本主义生产关系出现了几种新的质的变化从而使"合理性的危机代替了经济危机"，从而他们把当代资本主义称为"晚期资本主义"（彼得·德鲁克，2009）。前工业社会、工业社会和后工业社会是有些学者的划分，他们认为，后工业社会的特点是制造业被服务业取代，并上升为主导地位，社会革新源泉和决策的根据是技术阶层崛起，智力技术成为制定决策的新型工具（丹尼尔·贝尔，1984）。目前资本主义阶段是后工业化时代，新自由主义开始回归（勃朗科·霍尔瓦特，2001）。

3. 对当代资本主义未来应该何处去的研究

普遍认同资本主义制度是没有未来的，它们的最终趋势是走向灭亡，这是国外马克思主义学者的普遍观点，但他们也指出了并不是现在立即灭亡，这还需很长的时间。所谓的资本主义经济的优越性，因受频频出现的西方经济危机、居高不下的失业率和高通货膨胀等诸多压力的影响，而备受质疑。社会主义世界必然会克服资本主义所出现的问题（梅格纳德·德赛，2002）。工业滚雪球式体系的资本主义无法消除潜伏着的崩溃危险，因而这种注定崩溃的体系并非人类社会必经的历史阶段（罗伯特·库尔茨，2003）。资本主义是一种强迫型经济制度，它只为少数人服务，它的发展损害了公共和私人利益，资本主义制度不可能有未来（罗格·詹纳，2004）。

4. 对全球资本主义及其危机进行的研究

《全球资本主义危机》（乔治索·罗斯著，刘恩盼译，1998），该书对全球经济崩溃中所发生的一切进行了解释，从总体上对货币危机和经济理论进行了剖析，揭示了理论假设如何与人的行为谋合在一起共同导致了当前的危机，并阐明了摆脱这场危机的办法。《全球资本主义的挑战：21世纪的世界经济》（罗伯特·吉尔平，2001）一书中，作者评论了当今世界政治经济情况的主要方面，说明了全球资本主义所面临的挑战。《作为未来的过去》（哈贝马斯，2001）里提出："当代资本主义社会存在着经济危机、合理性危机、合法性危机等多重危机。"《全球资本主义论：跨国世界中的生产、阶级与国家》（罗宾逊著，高明秀译，2009），从经济维度和政治维度分析了全球资本主义的新变化。经济方面即跨国资本的出现和生产的全球化，政治方面即跨国资本家阶级和跨国国家的崛起。西班牙《起义报》2011年1月刊发了马克·范德皮特《资本主义危机》一文，文章揭示当代全球资本主义深陷经济危机、社会危机、政治危机、生态危机及地缘政治危机五大危机。《21世纪资本主义的危机与重构》（克莱门特·鲁伊斯·杜兰著，刘学东译）一书是作者根据他的课题小组2012—2013年对资本主义国家如何应对金融危机的研究成果整理而成。21世纪存在几种不同的资本主义发展模式，而且发展模式呈现一种趋于分离化的过程，国家间的社会与经济不平等现象更加严重。《资本主义走向灭亡——21世纪的五种讨论》（2014）对资本主义世界体系的未来五位世界著名历史社会学家在书中进行了分析。伊曼纽尔·沃勒斯坦（Immanuel Wallerstein）和兰德尔·柯林斯（Randall Collins）看到了正在被打破的全球资本主义的平衡，以及逐渐丧失的资本积累活力。迈克尔·曼（Michael Mann）则持折中的观点，他认为资本主义危机既不像前两位学者说得那么严重，也不像后两位学者说得那么轻松，可以通过转型的方式进行调整。克雷格·卡尔·霍恩（Craig Cal‐houn）和格奥尔基·德鲁古安（Georgi Derluguian）所持的观点是资本主义可以通过转型方式进行自我纠正和调整，不会像苏联那样崩溃。尽管五位学者的观点各不相同，但他们把资本主义的未来都看成是一个要解决的课题。

法籍学者萨米尔·阿明长期致力于对全球资本主义进行批判、探索替代社会主义的方案。《全球化时代的资本主义——对当代社会的管理》（简称《全球化时代的资本主义》）、《资本主义的危机》《自由主义病毒/欧洲中心论批判》等是他的代表性著作；I. 苏万迪等《新自由主义全球化剥削之谜——基于全球商品链与新帝国主义的视角》一书中，作者构建了以劳动力为中心的劳动价值商品链分析方法，并主张将分析视角从国家实体转变为跨国公司的全球商品链。

三、研究主要内容

19世纪八九十年代是资本主义发展相对稳定的阶段，这一阶段，资本主义生产力获得了长足进步，同时伴随着的是资本家剥削力度的进一步加大，资产阶级和无产阶级之间的关系矛盾进一步激化，号称"社会主义国际"的第二国际即诞生于这一特殊历史时期，使命与担当同在，辩护与批判交织，这注定是一个承上启下、风雷激荡的时期。这个时期的理论家的思想和活动也表现得特别活跃和突出，他们之间既有思想的碰撞与争鸣，又有相互批判与论争。本专著以马克思、恩格斯关于资本主义发展趋势的理论为基础，探讨第二国际理论家对资本主义及其发展趋势的认识，以及围绕这些认识所进行的批评、交锋。

第一章：首先，从阶级、资本逻辑、资本积累、资本主义基本矛盾视角探讨马克思、恩格斯关于资本主义及其发展趋势的理论；通过对马克思、恩格斯以及恩格斯晚年如何与时俱进地看待资本主义所发生变化的研究，对社会上有些人把马克思主义仅仅当作早期资本主义时代的社会批判理论进行批判，对后现代社会或当代资本主义社会已经丧失理论解释力的错误论调进行批判。其次，在此基础上，进一步探讨"两个决不会"对资本主义崩溃论的丰富与完善。最后，探讨了恩格斯晚年对资本主义发展趋势理论的进一步发展。恩格斯非常关注19世纪末20世纪初资本主义所发生的新变化，为此，他对资本主义发展的最新趋势进行了详细阐述，并在重点考察垄断组织和股份公司的各种形式、生产特点等基础上，提出了"竞争已经为垄断所取代"、资本主义私人生产及其无计划性已经被抛弃的重要论断，但恩格斯还专门强调这些变化并不改变资本主义发展的基本趋势。

第二章：研究伯恩施坦对马克思关于资本主义及其发展趋势的修正，揭示了其理论的非科学性。马克思的危机论认为，在资本主义社会，由于私有制的存在，其不可克服的内在矛盾必然导致危机变得越来越经常和具有毁灭性，资本主义崩溃是必然的，但在伯恩施坦看来，这跟现代资本主义的实际趋势并不符合，他批判马克思资本主义崩溃论的预言，否认经济危机论和资本主义必然灭亡论，而认为资本主义具有很强的适应能力，不会走向"崩溃"。他认为马克思关于"资本主义积累的历史趋势"的论断是一种极端的"空想主义"，并从资本主义股份公司的发展、小生产的顽强性等方面阐述了资本是在走向分散，而不是走向集中；他贬斥马克思的劳动价值论和剩余价值论，把马克思的劳动价值学说当作"思维的公式或科学的假设"，把剩余价值理论看作"一个以假说为根据的公式"。他还批判马克思的资本积累理论，指出股份公司的发展是限制资本积累的因素之一；在资本主义制度下还有小生产经济的顽强性等，限制资本积累和无产阶级贫困化的各种因素。

第三章：重点探讨了卢森堡对伯恩施坦"资本主义适应"论的批驳和她的资本积累全球化理论，以此来阐述卢森堡的资本主义发展趋势理论。

首先，卢森堡从四个方面出发对马克思关于资本主义必然灭亡的理论做了阐释，从而批判了伯恩施坦"资本主义适应论"的错误思想。第一，信用是一种特殊手段，它能使资本主义矛盾尽可能经常发作；第二，企业主的联合组织可以加剧资本主义固有的无政府状态、暴露它内含的矛盾、加速它的灭亡；第三，中小企业的发展与资本主义发展趋势之间是不可分离的关系，伯恩施坦的"资本分散论"是站不住脚的；第四，资本主义崩溃的不可避免根源于资本主义经济不断增长的无政府状态。

其次，卢森堡的资本积累理论，则从马克思扩大再生产的局限性入手，她认为马克思仅仅关注到资本主义国家内部市场，而依靠纯粹的资本主义市场是无法满足资本积累的实现的，卢森堡从"第三市场"即非资本主义市场找到了实现资本积累的途径，进一步发展了马克思的资本积累理论，进而论证了资本主义崩溃的客观必然性，把帝国主义视为资本主义历史生命上的最后阶段。

第四章：主要研究了考茨基对伯恩施坦资本主义理论的批判，以及他的"超帝国主义论"。考茨基前期针对伯恩施坦的错误理论进行了批判，他详尽地论述了资本主义制度"崩溃"、资本积累过程中大企业和小企业的发展趋势，为无产阶级的斗争起到了一定的积极作用。除此以外，考茨基付出极大精力整理出版了马克思《资本论》第四卷，对发展和传承马克思关于资本主义发展趋势理论做出的贡献，应予客观的评价。但是，考茨基后期思想发生了根本转变，他出版了《帝国主义》（1914年9月）一书，并提出了"超帝国主义"理论，他不认可列宁把帝国主义同垄断制和金融资本联系起来的观点，认为帝国主义只是一种政策。

第五章：列宁前期对俄国民粹派和"合法马克思主义"的错误思想分别进行了批判，深刻揭示了民粹派否认资本主义发展思想的非科学性，以及"合法马克思主义"资本主义完美论者为资本主义代言的错误，在此基础上着重探讨了列宁对资本主义发展趋势理论的新发展做出的重要贡献。

《帝国主义是资本主义的最高阶段》是列宁最重要经典论述之一，是列宁关于帝国主义理论认识的最高的理论成果之一。在该书中，列宁对帝国主义的本质及特征的分析概括鞭辟入里，他认为帝国主义不是一个独立的社会形态，它只是资本主义的一个特殊阶段。列宁从五个方面对帝国主义进行了科学阐述，揭示了帝国主义具备一般资本主义基本特性，它是在一般资本主义基础上发展和成长起来的，但是帝国主义是资本主义发展的最高阶段，进而阐明了帝国主义是社会主义革命的前夜。列宁还批判了伯恩施坦和考茨基关于资本主义及其发展趋势的错误思想。如列宁通过阐述银行的新作用，说明了资本集中的现实。他认为资本主义生产越来越走向集中和垄断，资本家可以通过金融资本和金融寡头的统治实现在经济、政治上的领导。

第六章：研究了列宁、卢森堡、考茨基对资本主义发展趋势理论研究的历史贡献、现实启示及不足之处。

基于每个人的立场观点和对资本主义发展情况的不同理解，以列宁为首的第二国际理论家各自论证阐发了他们关于资本主义发展趋势的理论，但列宁高屋建瓴，旗帜鲜明地站在人民的立场上，对民粹主义、合法马克思主义的非科学性和虚伪性进行了批判，同时他和卢森堡一起对伯恩施坦关于资本主义发展趋势的错误思潮予以了针锋相对的斗争，彰显了其理论价值和实践价值。

对于第二国际理论家对资本主义发展趋势理论进行全面的比较研究是十分必要的，也是具有非常大的现实意义的。一是可以使我们转换看待资本主义发展的视角，更清醒地认识资本主义发展中存在的不足，从而深化对资本主义的理论认识，明确资本主义与社会主义"非此即彼"与"亦此亦彼"的对立统一关系；二是通过对第二国际理论家在论争、批判与反批判的比较中对资本主义未来发展的理论研究，便于理解当代资本主义生产力面临快速发展与经济停滞的两种趋向，资本主义社会的"变"与"不变"的内在关系，进而拓展资本主义批判视域，还可以为我们深入地理解和分析马克思的资本主义崩溃论和危机论拓宽思路；三是对经典人物理论研究范式的变化，可以让我们换一个崭新的视角，来看待资本主义以及资本主义生产方式的有益因素，充分利用国外的先进技术和管理经验，进一步促进我国社会生产力的发展，提高人民生活水平。

当然，这些经典人物由于受历史时代、阶级属性的限制，他们的理论有其自身的局限性。

"资本主义"（Capitalism）这个词是个充满了争议的概念，从资本主义诞生之日起到现在，用来描述资本主义的专著和论文可谓"汗牛充栋"；用传奇与辉煌来形容资本主义也不为过，而用血腥与腐朽来描述资本主义却也恰如其分，可见，对于资本主义概念的探讨可谓仁者见仁，智者见智，至今也无法达成共识。那么，到底什么是"资本主义"？实际上，概括起来，资本主义作为一种社会形态，有一个重要特征就是"以私有制为主"，也就是说资本主义所有制结构是私有制，私有制和资本主义是如影随形的、相伴而生的。当然仅仅具备私有制这个条件，还不是资本主义，毕竟奴隶社会和封建社会也是私有制社会，还要具备发达的商品经济等条件才是资本主义。

许小年在《资本主义简史》序中，对资本主义进行了充分肯定，他说："资本主义是人类经济史上的第二次大飞跃"。① 马克思在肯定资本主义快速发展带来巨大的物质财富的同时，他在《资本论》第一卷中又预言"资本主义的私有制的丧钟就要敲响了，剥夺者就要被剥夺了"。这是马克思用历史唯物主义的观点来论证社会主义取代资本主义的必然的代表性观点。

有人说，现在资本主义不是发展得挺好吗？并没有灭亡呀？还有人有了马克思、恩格斯关于资本主义必然灭亡的论断和列宁的"帝国主义是垂死的、腐朽的资本主义"等理论已经不符合社会历史发展的进程，或曰已经过时的说法，但事实情况是这样的吗？这就很有必要进一步深入探讨马克思、恩格斯以及第二国际理论家关于资本主义发展趋势的理论。

马克思、恩格斯的理论体系非常丰富，但是说到底离不开资本主义，以及资本主义的产生、发展以及资本主义未来发展趋势的描述，而贯穿其中的一条主线就是资本主义社会的基本矛盾。马克思、恩格斯对资本主义必然灭亡这一发展趋势的论证是多层面、多视角的，通过其理论研究旨在揭示资本主义经济关系和运行规律。马克思对经济科学最具革命性的贡献，就是发现了剩余价值规律，而资本主义生产方式基本的长期运行规律（发展趋势）毫无疑问地成了他最杰出的科学成就。在《新帕尔格雷夫经济学大辞典》关于"资本主义生产方式的运行规律"这一章中，对马克思高度评价："19世纪绝无第二位作者能

---

① 于尔根·科卡. 资本主义简史［M］. 徐庆，译. 上海：文汇出版社，2017：1.

像马克思那样始终清醒地预见到资本制度将如何运行、发展和改变世界。"① 资本主义在形式上表现为由许多范畴和观点相互联系而构成的科学体系,内容上错综复杂,更是令人难以捉摸,那么,资本主义这个怪物已经出现近五百多年了,关于资本主义及其发展趋势到底是如何呈现的呢?

---

① 约翰·伊特韦尔,等. 新帕尔格雷夫经济学大辞典:第 3 卷 [M]. 胡坚,译. 北京:经济科学出版社,1992:406.

第一章

马克思、恩格斯关于资本主义发展趋势的理论

卡尔·马克思（1818—1883）之所以被评为"千年思想家"，与他伟大的奉献精神是分不开的。他出生于一个中产阶级家庭，可谓衣食无忧，假如当初听从父亲的安排，他本可以成为一个知名的律师，但是他并没有选择这样一份舒适的工作，却选择了一条为人民的利益辩护的道路，这就意味着在非此即彼的两难选择中，他勇敢地选择了人民，从而始终站在资本主义政府的对立面。为此，他放弃了自己舒适的、优越的条件，而注定终身贫困，甚至被普鲁士政府开除国籍，而终身流浪欧洲各国。他真正做到了把自己的一生都无私地奉献给了共产主义、奉献给了人民。

马克思立足于资本主义发展的现实情况，从其对资本主义的深刻理解与批判的视角出发，抽丝剥茧，通过政治、经济学的研究，揭露资本主义私有制的罪恶，来唤醒无产阶级，促使无产阶级进行政治斗争，从而实现共产主义。其中，马克思在 1848 年《共产党宣言》中提出"两个不可避免"是关于资本主义发展趋势的完整表述，即我们通常所说的"两个必然"理论。但是，我们要知道"两个必然"并不是简单的"两个不可避免"，这是以马克思主义理论为基础、以严谨的逻辑思维为指导、运用科学的方法推导出来的对未来社会的经典论断，是马克思对未来社会的科学预见，也是对资本主义命运的最初判定。由此可见，这种判定不是主观地猜测，也不是躲在书斋的臆想，而是根据资本积累的历史趋势，对人类社会发展规律的科学概括。马克思、恩格斯认为人类社会的历史规律与自然历史一样，都是受客观规律支配的。这个规律就是生产力与生产关系、经济基础与上层建筑的矛盾运动规律，这决定着资本主义注定无法克服其内在的基本矛盾，而其中孕育着的巨大的资本主义经济危机，迟早会到来、泛滥，必然会造成严重的社会危机，甚至直接导致无产阶级夺权和资本主义的崩溃。这就是在伯恩施坦口中被一再批评、否定、质疑的资本主义"崩溃论"，资本主义崩溃根源于资本主义内在矛盾的不断激化，其结果只能是资本主义社会制度的灭亡，这个结论是马克思在探究人类社会发展历史过程的基础

上得出的。关于这一理论的是非曲直，自19世纪末伯恩施坦对资本主义"崩溃"理论发难以来，就一直没有停止过。因而，从这个角度说，"两个必然"可以说是"崩溃论"的起点。

目前，有些人根据当代资本主义经济发展呈现出的新特点、新变化和新内容，而断言帝国主义不但没有垂死、腐朽，反而越来越适应时代的发展。东欧剧变后，现实的社会主义运动一度处于茫然无措的低潮阶段，马克思所做出的"两个必然"也受到人们的质疑，甚至一度成为西方资产阶级学者嘲讽的对象，对于资本主义崩溃论，人们更是感觉希望破灭，甚至反而怀疑社会主义的实践，认同考茨基的"早产论"，进而陷入赞同资本主义"终结历史"的论调中。

那么，东欧剧变是不是说明了社会主义的失败，资本主义将"终结历史"，马克思的"两个必然"不灵了？事实并非如此。

首先，"苏联的演变和最终解体，是多种因素综合作用的结果。但是，在这些错综复杂的原因中的一个重要原因就是，无产阶级国家政权引领生产力发展的过程中没有遵循'生产关系一定要适合生产力状况的规律'，没有遵循社会主义建设的规律，背离了社会主义建设的逻辑，所以，苏联社会主义的失败绝不是社会主义本身的失败，而是官僚社会主义模式的失败，也就是斯大林模式的失败"①。也就是说，苏联官僚模式的社会主义压根不能与马克思、恩格斯所说的社会主义相提并论，马克思、恩格斯所说的社会主义是符合社会主义发展规律的科学社会主义。

其次，苏联在社会主义建设和发展过程中之所以出现了一系列的问题，使社会主义事业遭受了一系列挫折，除了说明社会主义事业作为一项伟大事业的复杂性以外，还说明了社会主义发展的曲折。长期以来，很多人认为资本主义生产关系就像一个很坚硬的铠甲，是没有弹性的，没有自我调节的能力。从长期趋势来看，资本主义快速发展的社会生产力被不适应社会发展的资本主义生产关系束缚住是一种必然，但我们也应该清楚，资本主义国家在一定范围内是能够对生产关系进行自我调整的。因而，那种认为资本主义很快就会崩溃和资本主义不会崩溃的观点都是片面的。

下面我们就从阶级、资本逻辑、社会形态以及资本积累的视角来探讨一下马克思、恩格斯关于资本主义发展趋势理论。

---

① 贾淑品，沈文娟. 十月革命的双重逻辑与苏联解体——十月革命是制造出来的革命吗？[J]. 前沿，2018（1）.

第一节 阶级视角：资本主义崩溃的
阶级条件与逻辑起点

马克思、恩格斯关于未来社会发展趋势的"两个必然"的理论是马克思主义发展史上影响深远的理论，这个理论被伯恩施坦形象地称为"崩溃论"，并在恩格斯逝世以后在他的著作中进行了全面批判。

资本主义在西欧兴起以来的过程实际上就是资本主义的发展过程，也可以说是一部世界近代史，而这一部世界近代史就是一部资本逻辑主导驱动下的资本主义全球扩张史。"资本创造了近代工业文明，推进了世界发展。然而就其实质来讲，资本的本性是通过运动（矛盾向外转移，利益流向自身）实现价值增值，而资本的运动是无休止的，哪里能够实现价值增值，它就会出现在哪里。"① 这说明了资本在导致西方困境方面起到非常重要的作用，以资本为中心的游戏规则是导致西方困境的总根源，说明了资本主义社会必然遵循资本主导的逻辑。资本主导的逻辑在哲学上体现为资本占有劳动，既然这样，资本主义社会必然存在着阶级对立，资本主义崩溃也和阶级对立脱不开干系。那么，资本主义崩溃需要什么样的阶级条件呢？阶级对立与"两个必然"有没有内在的必然联系？这是我们需要认真思考的关键问题。马克思在《共产党宣言》中关于资本主义发展的历史趋势曾做过哪些预测？那些预测给予我们什么样的启示与思考，概括起来，主要有三点：第一，马克思认为，随着资本主义的发展，资本主义社会阶级对立将会越来越明显，中间阶级随着资本主义的发展日益走向消灭或消亡。这个特点是资本主义发展进程带来的一个必然结果。"阶级对立简单化了。整个社会日益分裂为两大敌对的阵营，分裂为两大相互直接对立的阶级即资产阶级和无产阶级。"第二，资本主义社会的生产和消费随着资本主义世界市场的开辟逐渐越过了国界。"由于开拓了世界市场，使一切国家的生产和消费都成为世界性的了。"② "按照自己的面貌为自己创造出一个世界。"③ 第三，马克思认为，资本主义社会由于存在着生产资料私有制，必然存在着不可

---

① 韩庆祥. 世界多样与普惠哲学——构建引领新时代发展的马克思主义哲学［J］. 学术学刊，2018（9）.
② 马克思恩格斯文集：第2卷［M］. 北京：人民出版社，2009：32.
③ 马克思恩格斯文集：第2卷［M］. 北京：人民出版社，2009：36.

调和的矛盾，那就是生产的社会化与财富分配不均所导致的资本主义私人占有的矛盾，这必然会导致周期性经济危机。资本主义社会的阶级、阶级对立与上述三个预测有着千丝万缕的联系。

马克思、恩格斯论证资本主义必然灭亡的历史趋势的时候，不是简单地下结论，而是有其严密的逻辑和科学的方法，首先，他将论证的逻辑起点确定为无产阶级和资产阶级的阶级矛盾和对立，无疑是正确的，这是立足于其所处的具体社会经济情况，由其所处时代背景决定的。① 可以说，任何经典理论都是对时代问题的回答。因而要理解马克思、恩格斯的思想，离不开对他们所处的时代背景的把握。众所周知，马克思、恩格斯所生活的19世纪三四十年代，资本主义在西欧已经有了相当程度的发展。工业革命和科学技术也在18世纪60年代开始了大发展，这极大地提高了劳动生产率。机器大工业的发展，虽然促进了生产力的大发展，但是它在生产关系的改善上不尽如人意，不仅没有改善工人的劳动和生活条件，反而造成了大量工人的失业。这样就造成了一个人口众多、日益贫困的阶级——工人阶级。早期工人阶级认为，是机器的出现导致他们破产、失业，所以，他们采取了砸坏机器、捣毁工厂的办法进行罢工。但是，随着无产阶级思想觉悟的提高，政治意识的逐渐觉醒，他们意识到资产阶级日渐加重的剥削是造成他们失业与贫困的原因，俗话说，哪里有压迫，哪里就有反抗，于是欧洲工人举行了一系列的起义与罢工。"阶级"在马克思的学说中是一个至关重要的概念。马克思关心无产阶级和人类的解放，而这必然引起资本主义社会不可回避的一个重要问题，那就是资产阶级和无产阶级之间所存在的阶级对立、斗争，即阶级矛盾，随着资本主义社会的发展日渐凸显，阶级斗争也在不断激化。马克思、恩格斯在《共产党宣言》中就曾阐明："至今一切现存社会的历史都是阶级斗争的历史。"

一、阶级对立与矛盾：资本主义崩溃的阶级条件

19世纪中期，是资本主义发展的一个重要的时间节点，在这个节点上，无产阶级受到的剥削和压迫越来越重。随着生产力的快速发展，科学技术的进步，资产阶级利用机器大生产剥削工人有了可能。在资产阶级与工人的矛盾对立中，资产阶级不断发展壮大，但同时，也造就了自身的对立面——无产阶级。随着无产阶级力量的不断增长和阶级觉悟的不断提高，这无疑成为未来社会变革的

---

① 吕薇洲. 马克思、恩格斯论证资本主义发展趋势的逻辑视角及当代启示［J］. 马克思主义理论学科研究（双月刊），2017（2）.

积极因素。马克思的许多著作都谈到资产阶级与无产阶级的对立与矛盾，最后两者矛盾激化到一定程度，必然引发革命的问题。

作为马克思主义发展史上最早的经济学著作的典范，恩格斯的《国民经济学批判大纲》的作用是不可忽视的，这部杰出的著作是恩格斯在考察了英国曼彻斯特的情况后，用批判和揭露资本主义的视角写下的，他透过资本主义生产力飞速发展的表象，不但阐述了竞争和垄断之间的辩证关系，更是看到了资产阶级政治经济学的虚伪性和为资产阶级服务的本质特征。恩格斯在《国民经济学批判大纲》这部被马克思称赞为"批判经济学范畴的天才大纲"的书中，揭露了资产阶级政治经济学的阶级实质，批判了它的虚伪性、辩护性，论证了共产主义实现的必然性。这部大纲的主题是论证私有制是否具有合理性问题，因为对私有制的关注和对资本主义私有制的深刻批判，受到马克思的高度赞扬，除了被马克思称为"批判经济学范畴的天才大纲""内容丰富而有独创性的著作"，马克思还认为该著作"从社会主义的观点考察了现代经济制度的主要现象，认为这些现象是私有制统治的必然结果"①。马克思多次引用它，因为这部杰出的著作是马克思主义政治经济学的最初尝试和第一篇文献，标志着恩格斯思想转变的完成，它对马克思研究政治经济学，写作《资本论》起了非常重要的作用。资本主义制度下市场经济规律的盲目性和自发性，在恩格斯的这部著作中，被第一次论述。资本主义私有制以劳动和资本相对立的特征都被形象地阐述、批判和揭露；周期性经济危机产生的原因被披露，这就是竞争所导致的工人与资本家、地主之间的矛盾。恩格斯同时也揭示出资本主义社会两极分化的现象，即在资本主义制度下，财富的积累与贫困的积累是同步进行的。随着资本的集中的进行，私有者越来越少，拥有的财富却越来越多，而广大无产阶级贫困群众人数也越来越多，拥有的社会财富却是那么微不足道，两级对立越来越严重。恩格斯在《国民经济学批判大纲》中通过从资产阶级经济矛盾的真正根源——私有制——来阐述一切矛盾以及解决一切矛盾的方法，通过批判私有制，以及在此基础上产生的竞争，达到了与马克思殊途同归的目的。

把"现实的经济事实作为出发点"是马克思在《1844 年经济学哲学手稿》（简称《手稿》）一文中所提到的，那么，马克思所指的"现实的经济事实"是指的什么呢？就是劳动异化的现象。所谓异化劳动，就是背离了劳动创造价值，背离了劳动作为"生活第一需要"的本质，而变成了为了生存而谋生活，违背自己的意愿不得不去劳动，这样的劳动不可能实现人的本质，马克思指出只有

---

① 列宁全集：第 2 卷［M］．北京：人民出版社，2013：8.

在"存在于真正物质生产领域的彼岸"——共产主义社会，人的本质才能充分实现。这样人的劳动就能摆脱为了"生命维持"基本功能而形成"审美—生命维持"生产模式的社会，在这样的社会中，每个人既能够满足基本生存，也可以随心所欲而不逾矩，真正实现人的自由全面发展。

马克思为了寻求"历史之谜的解答"，第一次从唯物主义和共产主义的立场出发，描述、剖析了异化劳动和劳动异化理论。在文章中，资产阶级政治经济学和资本主义制度，资产阶级社会中资本与劳动的不可调和性被马克思毫不留情地鞭挞和揭露，并明确指出劳动是一切财富的源泉，在此基础上，他说明了工资和利润之间并不是简单的正比关系，而是成反比；他还探讨了私有财产的运动规律，批判了资产阶级政治学家把私有财产当作当然前提、把私有财产的规律想象为永恒的自然规律的错误思想。这就暴露了资产阶级经济学家为私有制辩护的立场。在《手稿》中，马克思站在无产阶级的立场上，分析了资本主义社会的三大阶级——工人、资本家和土地所有者，并通过工资、资本的利润和地租三种收入来源，分析了他们的生活、生存条件以及他们之间的关系。使我们明白了只有通过革命的手段才能实现工人解放，才能使社会从私有财产的统治下解放出来。

马克思、恩格斯的异化劳动理论向唯物史观转变的过渡性著作就是《神圣家族》，这部划时代的著作被称为唯物史观形成的前夜。在《神圣家族》中，马克思、恩格斯通过异化理论说明了无产阶级和资产阶级、雇佣劳动和私有制之间的矛盾及其发展和解决的途径等问题。马克思、恩格斯批判了鲍威尔"工人什么也没有创造"的谬论，他们对工人的作用高度评价后指出："批判的批判什么也没有创造，工人才创造一切。"① 针对鲍威尔说"历史上的一切伟大的活动之所以一开始就是不合时宜的和没有取得富有影响的成效，正是因为群众对这些活动表示关注和怀有热情"②，而马克思则对人民群众进行了高度评价，他指出："历史活动是群众的活动，随着历史活动的深入，必将是群众队伍的扩大。"③

青年黑格尔派的英雄史观与马克思、恩格斯人民群众创造历史的群众史观很显然是格格不入的对立的两极，马克思、恩格斯在批判青年黑格尔派的英雄史观的基础上说明了两大阶级的社会地位，得出是人民群众创造历史而非英雄

① 马克思恩格斯全集：第 2 卷 [M] ．北京：人民出版社，1957：22．
② 马克思恩格斯文集：第 1 卷 [M] ．北京：人民出版社，2009：286.
③ 马克思恩格斯文集：第 1 卷 [M] ．北京：人民出版社，2009：287.

创造历史的结论。

1844 年 9 月—1845 年 3 月，恩格斯在德国巴门写了《英国工人阶级状况》一书。这部被称为用"脚"写成的著作，可以说是对资产阶级刻骨的控诉，也是最能体现阶级对立和矛盾的著作。恩格斯在英国期间（1842 年 11 月—1844 年 8 月）亲自深入曼彻斯特工厂，深入工人中间去调查研究，可以说，恩格斯跑遍了工厂的各个地方，他通过活生生的例子、深入说明了工人阶级形成壮大的过程，唯物史观的基本原理也通过恩格斯运用大量的历史材料从"另一条道路"得到证实，这是与马克思殊途同归的结论，因而，从这个角度来看，恩格斯也对唯物史观的创立做出了卓越贡献。他关于工业革命及其后果的分析蕴含着唯物史观的重要原理；关于英国工人阶级状况的研究亦是如此。他站在一个共产主义者的立场上，既发起了向资本主义制度的控诉，又明确了工人阶级的历史使命。虽然这部著作是恩格斯的早期著作，但是，已经深刻揭露了资本主义的奥秘，得出了工人和资本家利益不可调和的论断。恩格斯引用英国工人阶级的劳动条件、生活状况及阶级斗争等方面的大量材料，明确宣告：工人阶级的社会地位必然会推动它为争取自身解放而去推翻剥削人的资本主义制度。"我主要是描述了资产阶级和无产阶级之间的相互关系以及这两个阶级之间的斗争的必然性，而对我来说特别重要的是要证明无产阶级的这一斗争是完全合法的，是要用英国资产阶级的丑恶行径来戳穿他们的花言巧语。我写的这本书，从第一页到最后一页，就是对英国资产阶级的起诉书。"①

《德意志意识形态》这部著作当时由于存在"无比大胆的内容"，马克思四处奔走，也没有找到书商，直到 1932 年才得以发表。在这部著作中，马克思、恩格斯批判了鲍威尔和施蒂纳（Max Stirner）为代表的唯心史观，批判了以赫斯（Moses Hess）、格律恩（Karl Grün）、克利盖（Hermann Kriege）为代表的所谓德国"真正社会主义"，指出他们试图用资产阶级的人道主义和人类之爱代替共产主义是妄想。马克思、恩格斯在批判费尔巴哈（Ludwig A. Feuerbach）抽象人的学说及其他错误思想的基础上阐述了唯物史观的基本内容，指出了费尔巴哈人本主义历史观的唯心主义实质。因此，这是一部里程碑式的著作，它标志着马克思唯物史观的诞生。在该书第一卷第一章的第四节中，他们深入而细致地探讨了资本主义的产生、发展、灭亡的历史趋势，指出资本主义是一种绝大部分的生产资料都归私人所有的经济制度，在这样的制度下，资本家借助雇佣劳动的手段以生产工具来创造利润。资本主义同历史上的其他社会经济制度一样，

---

① 马克思恩格斯全集：第 2 卷［M］. 北京：人民出版社，1979：278.

有其产生、发展、灭亡的过程，这是一个客观的不以人的意志为转移的自然历史过程，是由人类社会发展的一般规律所决定的。在整个 19 世纪中叶，马克思和恩格斯一再重申这一观点，他们热切地期望下一次危机来临的时间就是革命来临的时间。

唯物史观创立以后，马克思、恩格斯致力于把唯物史观与工人运动相结合。1848 年《共产党宣言》这部工人阶级的"圣经"，马克思、恩格斯阐述了科学社会主义的基本理论，得出了"两个必然"的科学结论。"公开的、无耻的、直接的、露骨的剥削"将被资产阶级的掘墓人——无产阶级所拔除，"随着大工业的发展，资产阶级赖以生产和占有产品的基础本身也就从它的脚下被挖掉了。它首先生产的是它自身的掘墓人。资产阶级的灭亡和无产阶级的胜利是同样不可避免的"①。19 世纪末 20 世纪初，针对资本主义世界所发生的新变化，恩格斯指出："现在我们不又是处在一个空前激烈的新的世界性的崩溃的准备时期吗？有好多征兆好像在预示这一点。"②

二、阶级斗争是推动资本主义崩溃的重要动力

马克思和恩格斯历来重视阶级斗争，他们首先提出了阶级斗争是推动社会发展的重要动力的观点，除此之外，他们还把阶级斗争看作工人阶级由"自在"阶级走向"自为"阶级的必要手段。"贯穿《宣言》的基本思想：每一历史时代的经济生产以及必然由此产生的社会结构，是该时代政治的和精神的历史的基础；因此（从原始土地公有制解体以来）全部历史都是阶级斗争的历史"③，这是 1883 年，恩格斯在德文版序言中对《共产党宣言》的发展和完善。他补充说明了是"从原始土地公有制解体以来"全部历史都是阶级斗争的历史，也说明了在私有制社会，如资本主义社会，资产阶级对工人阶级进行的剥削和压迫，工人阶级只有反抗一途可走，也就是说工人必须通过革命才能改变这种现存的状况。工人阶级在资本主义社会早期由于没有科学理论的指导，他们的阶级觉悟也不高，只满足于或者说只局限于采取捣毁机器，争取一点儿经济利益的自发斗争方式。而随着《共产党宣言》的发表，马克思主义的广泛传播，工人阶级了解了自己阶级的历史使命，开始由自在阶级向自为阶级转变。

在阶级社会中，两大对立阶级之间的斗争无疑是社会基本矛盾的具体体现。

---

① 马克思恩格斯文集：第 1 卷 [M]．北京：人民出版社，2009：43.
② 马克思恩格斯文集：第 1 卷 [M]．北京：人民出版社，2009：554. 注释（8）.
③ 马克思恩格斯全集：第 28 卷 [M]．北京：人民出版社，2018：8.

阶级斗争被认为是阶级社会的直接动力。"自从原始公社解体以来，组成为每个社会的各阶级之间的斗争，总是历史发展的伟大动力。这种斗争只有在阶级本身消失之后，即社会主义取得胜利之后才会消失。"① 阶级斗争是推动历史发展的强大动力，考察资本主义社会不能不研究阶级斗争。在资本主义社会，生产力相比较过去得到了长足的进步，在这种情况下，工人的生活状况应该得到了实质的改善，那么是如何产生两大对立的阶级，并激化阶级矛盾的呢？这实际上和资本主义私有制是紧密联系在一起的。私有制和资本家的逐利性就如同孪生兄弟，是如影随形的。在私有制条件下，资本家逐利性与资本家疯狂的无偿占有工人创造的剩余价值紧密有关，资本主义私有制和资本家逐利性这两个合力，所造成的结果是工人阶级虽然年复一年地勤恳劳动，但生活情况并没有根本的改变。资本主义社会这种资本家疯狂占有无产阶级的异化劳动的剥削方式，使原本社会生产力应有的发展能力受到了很大阻碍。资产阶级和工人阶级作为矛盾越来越尖锐的两大对立的阶级，必然会发生各种冲突与斗争，资本主义在两个阶级的冲突与斗争中其固有弊端日益明显，资本主义曾经的历史进步性也会逐渐丧失，资本主义作为一种逐渐阻碍生产力发展的旧事物，必然会被新事物即社会主义所代替，"一切依次更替的历史状态都只是人类社会由低级到高级的无穷发展进程中的暂时阶段。每一个阶段都是必然的，因此，对它发生的那个时代和那些条件来说，都有它存在的理由；但是对它自己内部逐渐发展起来的新的、更高的条件来说，它就变成过时的和没有存在的理由了；它不得不让位于更高的阶段"② 。虽然资本主义灭亡是必然的，但资产阶级不会主动放弃既定的生产方式也成了任何一个剥削阶级都试图维护旧制度的铁律，哪怕这种生产关系日益阻碍生产力的发展，成了一种枷锁，这时候实现社会形态更替的必然选择就只有通过打碎旧统治方式的阶级斗争。因此，从阶级斗争是否激烈、尖锐能够透视资本主义的历史命运。

第二节　资本逻辑视角下的商品、货币、资本及其三重拜物教思想

　　"资本"是马克思、恩格斯共同关注的"阿基米德点"，按照资本逻辑及

---

① 马克思恩格斯文集：第4卷［M］．北京：人民出版社，2009：505.
② 马克思恩格斯文集：第4卷［M］．北京：人民出版社，2009：270.

其发展来阐述资本主义发展趋势，对资本之为资本的"社会关系的本质"进行深刻剖析，进而来论证资本主义崩溃是马克思、恩格斯论证资本主义发展趋势的经济学视角。

何谓"资本逻辑"？是指在社会发展过程中，由于过度抬高物的发展而人的发展被贬值、被遮蔽的逻辑悖论。"资本逻辑"就是"资本作为占支配地位的现代生产关系，成了一种主体性的存在，其活动历程具有辩证性的内在联系、运动轨迹和发展规律"①。也就是说，人们生产活动的目的，本来是消费使用价值，但现在，资本主义生产方式将目的与需要本末倒置了，且在这种奇怪的生产方式下，形成了一种奇怪的物化方式。在马克思看来，资本本来是为人所服务的，本来在人与资本的关系中，资本是服务的对象，是客体，而在资本主义社会，资本成了能够呼风唤雨的实际"主体"，而现实的个人被忽略、遮蔽，这说明资本的权力被放大到能够驾驭人的地步，它已经逾越了客体的底线，而成了支配人的主体性的存在。总的说来，"资本逻辑"遮蔽了社会的真正矛盾，这说明资本主义生产方式下少数人垄断了社会生产力，劳动者个人生存状态被异化了，作为个体主体性表征的生产力又通过其逻辑，从背后折射出来。马克思、恩格斯超越了以亚当·斯密（Adam Smith）和大卫·李嘉图（David Ricardo）为代表的古典经济学家和当代经济学家，他们从资本拜物教即资本逻辑视角，通过深刻的政治经济学批判，揭开了资本笼罩下的人与人的关系，那些古典经济学家和当代经济学家看重的都是资本的物质性外观和表象，而没有看到或者忽视资本的社会关系本质。"资本逻辑乃是物化的生产关系的资本自身矛盾运动的规律。"② 考茨基在《马克思的经济学说》中也对马克思高度评价，他指出："他第一次证明资本并不是一种物品，而是一种以物品为媒介的关系，证明资本是一个历史范畴。"③

如果想对资本主义发展趋势进行考察，必须关注马克思理论框架中非常重要的一个概念，就是资本主义生产方式，如何理解资本主义生产方式？这需要对资本主义社会进行历史与逻辑的考察，马克思致力于研究资本主义社会，但是他很少使用"资本主义"这个名词，而是非常注重对资本主义生产方式的研究，对此，他的论述非常详尽。资本主义生产方式以商品、货币、市场、资本

---

① 郗戈.《资本论》的哲学主线，资本逻辑的基本矛盾及其扬弃［J］. 华中科技大学学报（哲学社会科学版），2017（3）.

② 鲁品越，王珊. 论资本逻辑的基本内涵［J］. 上海财经大学学报，2013（5）.

③ 考茨基. 马克思的经济学说［M］. 区维，译. 北京：生活·读书·新知三联书店，1958。

的矛盾运动来展现资本主义的发展趋势，因而，我们要想进一步探讨资本主义，必须了解商品、货币、资本这些概念，以及它们之间的内在逻辑。马克思认为，"资本一出现，就标志着社会生产过程的一个新时代"①。"资本出现"如何打开了"一个新时代"呢？这就必须弄清楚商品、货币、资本与劳动的关系，而它们之间错综复杂的关系也是资本主义发展的反映。

马克思通过分析商品、货币及资本拜物教的形成阐述了资本积累规律，同时，资本主义社会的经济运动规律和资本主义生产的历史发展规律也被揭示出来，在此基础上他进一步论证了资本主义崩溃论，这也是马克思写作《资本论》及其手稿的最终目的。分析《资本论》第一卷，把握劳动价值、剩余价值生产和资本积累理论三个部分之间的内在逻辑关系，可以通过商品、货币、资本呈现出来，而要呈现它们之间的关系，必须考察附着在它们身上的一种拜物教的神秘关怀。

一、商品内在二重性矛盾与劳动价值论及商品拜物教

"商品"现在是使用非常普遍的一个概念，在当代社会，天天都要和商品打交道，这个概念好像不难理解。但实际上马克思研究《资本论》的时候以"商品"这个概念作为研究起点，却是一个突破。因为商品在资本主义经济关系中是一个比较抽象、普遍却非常重要的概念。关于商品在资本主义经济中的地位，马克思早在1857—1858年手稿中，就已经明确认识到。他不但提出"表现资产阶级财富的第一个范畴是商品的范畴"②，而且从马克思关于《资本论》的修缮而把商品"这一篇应当补加进来"，并把"价值章标为第一章，而货币章标为第二章来看"也是可以看出马克思对商品的重视。

（一）商品成为研究《资本论》理论体系的开端范畴的原因

把"商品"作为《资本论》的理论体系的开端范畴加以论述，是马克思在1859年发表的《政治经济学批判》第一分册中就明确的一个主题。《资本论》作为研究资本运动规律的一部重要著作，为什么会把商品作为研究的起始范畴来论述呢？这是因为"《资本论》结构的秘密就在《资本论》结构的商品章"③。

---

① 马克思恩格斯全集：第23卷［M］．北京：人民出版社，1998：193.
② 马克思恩格斯全集：第31卷［M］．北京：人民出版社，1998：293.
③ 许光伟．马克思劳动二重性理论思想史再发掘——兼析《资本论》结构发生的秘密［J］．东南学术，2017（2）．

作为资本主义生产方式中社会财富的最普遍的表现形式——商品，是资本主义社会区别于前资本主义社会的显著特征。列宁对马克思为什么把商品作为研究的起点，是这样分析的，他指出，"马克思在《资本论》中首先分析资产阶级社会（商品社会）里最简单、最普通、最基本、最常见、最平凡，碰到过亿万次的关系：商品交换。这一分析从这个最简单的现象中（从资产阶级社会的这个'细胞'中）揭示出现代社会中的一切矛盾（或一切矛盾的胚芽）"①。我们常说，一花一世界，一叶一菩提，马克思就是从资本主义社会一切矛盾的胚芽"商品"，这个表现社会财富的最基本、最简单的形式开始，来揭露资本主义社会最普遍的经济关系——商品关系。从历史上看，资本主义商品经济的历史前提是简单商品经济早于资本主义商品经济。因此，马克思没有像李嘉图那样，把价值和价值关系当作出发点，而是把商品作为分析资本主义社会的出发点，作为研究资本主义生产关系的逻辑前提和逻辑起点。

（二）商品神秘性到商品拜物教的产生

由商品拜物教发展到货币拜物教再到资本拜物教是资本主义拜物教发展大致经历的三个阶段。马克思在《资本论》中，借用拜物教（本指把某种物当作神来崇拜的原始宗教）来比喻资本主义社会经济关系的物化及其在人们头脑中的表现。拜物教的产生直接源于人们对外界的神秘与未知。在资本主义社会，人与人的关系往往通过物与物之间的关系表现出来，并受其制约，本来是围绕着人与人的关系，被渗透到商品中，渗透到物质生活的各个方面，商品好像能够支配商品生产者，由普通的"物"摇身一变变成了支配万物的"神"，变得神秘起来，好像商品具有一股神秘力量，本来应该是商品生产者支配商品经济的运动，现在变成商品经济运动支配着商品生产者的一种奇妙的颠倒关系，"商品形式在人们面前把人们本身劳动的社会性质反映成劳动产品本身的物的性质，反映成这些物的天然的社会属性，从而把生产者同总劳动的社会关系反映成存在于生产者之外的物与物之间的社会关系。由于这种转换，劳动产品成了商品，成了可感觉而又超感觉的物或社会的物"②。本来，商品的使用价值的属性和消费之间的关系，是连孩子都明白的。但是，现在因为商品的出现，人与人之间的关系被物与物的虚幻形式所遮蔽，人与人正常的关系必须通过物质媒介来进行，人与人之间的关系被物化。马克思把这种物化的虚幻的关系称为商品拜物

---

① 列宁专题文集·论辩证唯物主义和历史唯物主义 [M]．北京：人民出版社，2009：150.

② 马克思恩格斯文集：第5卷 [M]．北京：人民出版社，2009：89.

教，"在商品世界里，人手的产物也是这样。我把这叫作拜物教"①，商品拜物教与商品生产是分不开的，而生产资料私有制为基础的资本主义社会为商品拜物教的产生提供了可能。

（三）劳动的二重性与劳动价值论

既然商品拜物教离不开商品生产，而商品生产又离不开劳动。劳动产品一旦采取商品的形式就具有了神秘性。前面我们已经明白，劳动产品转换成商品之后，形成了一种价值倒立关系，商品的使用价值是商品的自然属性，它显然不能带来价值倒立关系，而商品的价值是商品的社会属性，反映的是人与人之间的关系，这种价值倒立关系是这种反映社会属性的商品价值带来的。

马克思首次明确了商品的内涵，并把它作为研究资本主义经济的起始范畴，为揭示商品与劳动的内在关系奠定了基础，在此基础上科学地揭示了商品的二重性矛盾。商品二重性是指商品的两重属性，即商品的使用价值和价值属性。马克思在《政治经济学批判（1857—1858 年手稿）》这部手稿的"货币章"揭示了商品的两种属性：使用价值和价值。使用价值和价值的关系是一种对立统一的关系。商品的二重性与劳动二重性是对立统一而又密切相关的两个部分。马克思对政治经济学理论的重大贡献之一就是创立了劳动二重性理论，这为创立科学的劳动价值论和剩余价值理论的发现以及其他一系列理论奠定了基础。马克思运用劳动二重性理论论证了资本主义生产过程的二重性。

工人做工做出来的产品，农民种地种出来的粮食，如果在商品交换中用来交换的话，单从具体的劳动形式来看，他们的劳动形式是多样的，谁的劳动更有价值无法进行量的比较，这时候只有将他们的具体劳动还原为抽象劳动，也就是说不管工人做工做出来的产品还是农民种地种出的粮食，都凝聚着他们的心血和汗水，也就是说只有从具体劳动中抽象出无差别的人类劳动，才能进行量的比较，但是具体劳动能否还原为抽象劳动，在根本上取决于社会劳动与私人劳动能否实现统一。资本主义社会是以私有制为基础的社会，资本主义的生产往往表现为以疯狂地追求利润为目的，这就表现为私人劳动不被社会所承认，必然会造成生产的商品卖不出去，因而具体劳动的有用性也就不会被社会所承认，具体劳动因而不能还原为抽象劳动，商品的使用价值与价值的矛盾不能解决。商品的内在二重性矛盾具有对抗性和不可克服性，私有制使这种二重性矛盾在一定条件下进一步激化。假如说，商品内在二重性矛盾使经济危机成为可

---

① 马克思恩格斯文集：第 5 卷［M］．北京：人民出版社，2009：90.

能，而资本主义私有制使可能变为现实。

二、货币及其拜物教思想进一步加重了商品内在二重性矛盾

商品内在二重性矛盾在资本主义社会是难以解开的一个疙瘩，随着商品交换和货币拜物教的形成进一步加重了商品内在二重性矛盾。资本主义社会商品交换和商品生产越来越频繁，偶然的、个别的交换行为随着生产力的发展和社会分工的发展变成经常的、普遍的活动。人们这时候开始依赖市场，而且这种依赖愈来愈强烈。劳动者的个人劳动千方百计地寻求得到他人和社会认可的办法，只有他人、社会能够承认自己的私人劳动才能表现为价值。因此，表现为价值的等价物也随着商品交换和商品生产发展不断地发展，它的角色不断变化，由个别等价物、特殊等价物、一般等价物而最后发展到货币。在商品交换过程中，金、银开始也是作为一般商品而存在的，后来，人们逐渐发现金银有着便于携带，易于分割、不易变质这些天然的优点，它比其他商品更适于充当为一般等价物。因而，马克思说："金银天然不是货币，但货币天然是金银。"① 金、银作为货币，是一种特殊的商品，它有双重使用价值，一种是自己本身的自然属性决定的使用价值，一种是社会职能决定的，即充当一般等价物的使用价值。本来商品是人创造的，反映商品生产者和劳动者他们之间的一定的社会关系，但现在出现了固定的、充当一般等价物的货币，商品被看作货币的自然形态本身所固有的属性，这样一种错觉和假象就形成了，似乎人类劳动的一切直接化身就是金和银本身。本来是商品与商品的交换，而在货币出现以后，则变成商品与货币的交换。以前商品与商品之间的直接的物与物交换，两者能否交换成功，取决于拥有商品的两个交换者互相需要不需要对方的商品，因而，商品拥有者希望自己的商品能得到对方的青睐；而现在变成商品与货币交换后，形势发生了变化，拥有商品的生产者变成了对货币充满期待，因为商品如果不能顺利地换成货币，则意味着你的商品没有价值，你的劳动没有获得确认。这样，以货币作为等价物的金银就好像具有了支配人们命运的神秘性，商品的神秘性被货币所取代。在货币的力量面前，任何力量都得甘拜下风。对商品的崇拜逐渐发展成为对货币的崇拜。

由对货币的崇拜发展到对资本的崇拜，是劳动关系进一步被物化的重要一步，下面我们来分析由货币拜物教如何发展到资本拜物教，也就是资本与劳动的关系是如何转化的。

---

① 马克思恩格斯文集：第5卷［M］．北京：人民出版社，2009：108.

三、资本与劳动的关系的转化——货币拜物教到资本拜物教

"劳动"是马克思研究唯物史观的逻辑起点、始基，是政治经济学的立论基石，而唯物史观的"主干"则是"生产方式"，马克思以"劳动"和生产方式的辩证统一为基础，在此基础上创立了科学的劳动价值论。

（一）资本与劳动关系的转化

劳资关系又称为雇佣关系，按照正常的思维逻辑应该是劳动占有资本，因为劳动的主体是劳动者，劳动者占有了资本，才能更好地发挥资本"物"的作用。但是，在资本主义社会，却是资本对劳动占有。如何实现资本对劳动的占有呢？首先要由对货币的崇拜转化为对资本的崇拜，这需要一个过程。恩格斯在《国民经济学批判大纲》中描述了人们由货币拜物教向资本拜物教转化时的心理，他说："人们还有一种幼稚的看法，以为金银就是财富，因此必须到处从速禁止'贵'金属出口。"① 恩格斯在文章中说明了人们最初认为有了金银就有了财富，因而小心谨慎地守着自己的财富，但是，后来人们意识到，放在钱柜里的财富不流通是不会增值的，只有让资本流通才能增值，"把自己的杜卡特当作诱鸟放出去，以便把别人的杜卡特一并引回来"②。恩格斯用诙谐幽默的语言说明了资本与货币的不同，资本是能够把"自己的杜卡特当作诱鸟放出去，以便把别人的杜卡特一并引回来"③ 的，"诱鸟"在这里指的是什么，就是指的资本家用自己的"杜卡特"购买生产资料和劳动力，那这部分引出来的叫什么呢？实际上就是工人的剩余劳动时间所创造的剩余价值。那么，工人如何心甘情愿地被榨取自己的劳动呢？一是资本家的剥削行为是隐蔽的，资本家让工人意识到是他们通过开办工厂，给他们提供赚钱养家的机会；二是工人被资本家通过原始积累剥夺得一无所有，没有进行发展生产的必要条件，那么他们不得不出卖自己的劳动力，到资本家的工厂去打工。资本家正是看中了工人可以为他们源源不断地创造剩余价值这一点，才决定购买劳动力商品，从而完成资本增值，实现由货币向资本的转化，这样必然造成劳动和资本的对立，当劳动和资本的对立达到极端，就必然造成资本主义生产关系的灭亡。由此，资本占有规律代替了流通领域的等价交换规律。资本与劳动的关系被生产领域的资本占有关系所代替，本来流通领域的平等交换关系化为乌有。

---

① 马克思恩格斯文集：第1卷［M］．北京：人民出版社，2009：56.
② 马克思恩格斯文集：第1卷［M］．北京：人民出版社，2009：56.
③ 马克思恩格斯文集：第1卷［M］．北京：人民出版社，2009：56.

(二)"物的依赖性社会"——劳动被异化

马克思在《政治经济学批判(1857—1858 年手稿)》"货币章"中,正式提出"三大形态"论,他依据作为主体的人的生存发展景况,把人类社会的历史发展划分为依次更替的三大形态:最初的社会形式,由于生产力的发展水平比较低,摆脱不了对人的依赖,因而第一种社会形态是人的依赖性社会;随着生产力的发展,人对人的依赖发展成人对物的依赖性社会(人的独立性);随着生产力的进一步发展,人逐步摆脱了对物的依赖,发展到个人全面自由发展的社会。他指出,在人的生产能力只是在狭小的范围内和孤立的地点上发展着时,这样的社会是人的依赖性社会,人与人这时候的关系是平等的、互助的。到以物的依赖性为基础的社会,人已经实现了某种程度的独立性,这是社会形态的第二大形式,在这种形式下,人表现为对物的依赖,人与人的关系被异化成物与物的关系。到共产主义社会,产品极大丰富,人与人之间的关系又摆脱了对物的依赖;实现了人的全面自由发展,人的自由个性得到绽放,是第三个阶段。马克思明确指出了"物的依赖性社会"与"人的依赖性社会"的辩证统一关系,说明了"物的依赖性社会"是在"人的依赖性社会"解体的基础上产生的,"物的依赖性社会"又通过否定自身过渡到未来的个人全面发展的社会。在资本主义商品经济中,"人与人之间的物质交往关系"表面上看是貌似平等的资本与雇佣劳动的等价交换关系。但实际上掌握资本的资本家处于强势地位,他们千方百计要把货币转化成为资本,因为如果仅仅是货币,没有工人结合在一起,还不能充分发挥、倾其所能,因为资本不是单一的体现物的属性,而还要体现一定的、社会的、属于一定社会形态的生产关系,就像"黑人就是黑人,只有在一定的关系下,他才成为奴隶。纺纱机是纺棉花的机器。只有在一定的关系下,它才成为资本"①。"只有在一定的关系下"是指资本家和工人之间雇佣关系的形成,资本家用货币购买了生产资料和劳动力,并付诸生产,这样工人就会创造剩余价值,出现资本强迫劳动的情况。

工人本来有向什么人出卖和如何出卖劳动力的自由,但是,在资本主义社会,由于私有制的存在,因为他们不占有生产资料,因而,他们并没有不出卖劳动力和不受剥削的自由。在剩余价值的生产中,生产资料不再是单纯的生产资料,由于资本家占有生产资料,它就立即转化为吮吸工人劳动的手段。"不再是工人使用生产资料,而是生产资料使用工人了"②,资本主义社会劳动被物

---

① 马克思恩格斯文集:第 5 卷 [M]. 北京:人民出版社,2009:723.
② 马克思恩格斯文集:第 5 卷 [M]. 北京:人民出版社,2009:359.

化、异化，物化劳动所表现为物统治人的这种方式间接地反映出资本对劳动的强制。"资本发展成为一种强制关系……资本在精力、贪婪和效率方面，远远超过了以往一切以直接强制劳动为基础的生产制度。"① 马克思说明了在资本逻辑主导下，劳动者被迫接受资本的奴役和物化，资本主义私有制是资本逻辑产生的根源。资本对劳动的强制不是一种个人强制，而表现为一种社会强制。因为没有任何生产资料和生活资料的工人，只能将劳动力出卖给资本家来求得生存，所以资本家一再重申是他们养活了工人，表面上是这样，其实不然，而是工人养活了资本家。资本是靠谁的力量在推动？实际上是工人创造的剩余价值，但是资本拜物教把这看作资本本身即物本身所具有的魔力，这样的一种错误观念影响深远，因为资本不是单纯的物，而是物与物所掩盖的人与人之间的社会关系，即资本主义社会的生产关系，所以，把资本升值看作资本本身的产物，就会忽视最重要的导致资本升值的工人的作用。马克思指出："起决定作用的生产关系的资本那里，这种着了魔的颠倒的世界就会更厉害得多地发展起来。"② 资本的这一拜物教形式，使资本代替上帝成了现实社会中的最高统治者和裁判者，成了衡量一切的标准，万物的尺度，完全在观念上形成一种错觉，似乎资本天然地具有使价值增值的魔力。这种把资本披上神秘化外衣的错误认识，在资本主义生产的总体运动过程中被强化了。资本是以一种"社会力量"在呈现，而不是"个人的力量"，而这种社会力量又不被意识到。不过，不管我们是否意识到，资本凭借它的魔力，"从地球的各个角落攫取并复制了它的生产方式，并借助资本的逻辑而扩张到全球"③。资本主义生产方式被神秘化，资本主义社会生产关系被物化，劳动者受剥削的真相完全被掩盖起来了。一个着了魔的、颠倒的、倒立着的世界因为资本的神奇魔力而形成，商品、货币、资本，这些由人们自己创造出来的东西，反过来变成了支配人们的神秘力量。马克思通过对商品、货币、资本三重拜物教批判，表达了他对资本主义社会人与人之间的关系被异化成物与物之间关系的愤懑。马克思关于商品、货币、资本三重拜物教理论是其剩余价值论的一个重要组成部分，贯穿《资本论》全书，这也是我们在剩余价值理论基础上进一步深入分析资本主义积累的逻辑前提。

---

① 马克思恩格斯文集：第5卷 [M]．北京：人民出版社，2009：359．
② 马克思恩格斯文集：第7卷 [M]．北京：人民出版社，2009：936．
③ 梁树发，丰子义．马克思主义哲学史研究 [M]．北京：人民出版社，2017：204．

第三节 资本积累与"丧钟论"

如何论证资本主义的历史地位和发展趋势，是马克思、恩格斯深入思考的问题。马克思把资本积累与资本主义的命运联系起来，把财富的积累和贫困的积累这两个对立的两极联系起来，好像一对孪生兄弟，总是如影随形，相伴而生。在资本积累越来越多的情况下，贫富悬殊也越来越严重，这势必导致财富的两极分化越来越极端，阶级矛盾越来越激化，由量变发展到质变，革命总有爆发的一天，因此，资本主义的灭亡是一种必然。

资本积累的实质就是资本家把所创造的剩余价值一步步资本化，马克思在《资本论》中论述了资本家进行资本积累的情况。资本家为了进一步发展，榨取更多的剩余价值，不断地进行资本主义扩大再生产，他们把创造的剩余价值并不是全部拿去消费，而是消费一部分，留作一部分。在扩大再生产中，他们利用工人所创造的剩余价值不断地进行滚雪球式生产，从而雪球越滚越大，资本积累越聚越多。资本积累的内在动力来自资本家对剩余价值的无止境追求，来自他们的贪婪，这就驱使资本家不断进行资本积累。资本家之所以进行资本积累，还有外在的压力，那就是资本世界激烈的竞争。马克思、恩格斯认为，随着科学技术的不断提高，随着资本积累的不断加剧，资本家用于购买劳动力的可变资本部分的比重越来越少，而购买生产资料的不变资本部分在资本总量中的比重却不断增加，资本有机构成不断提高。资本有机构成的提高必然导致机器大工业排挤工人就业的事实，这就造成资本财富积累越来越大而工人贫困积累也愈演愈烈，两级对立越来越严重。在资本积累过程中，"在一极是财富的积累，同时在另一极，即在把自己的产品作为资本来生产的阶级方面，是贫困、劳动折磨、受奴役、无知、粗野和道德堕落的积累"①。资本主义生产的目的和决定性动机就是追求越来越高的剩余价值率，而这样的目的和动机决定了无产阶级的贫困化是资本积累的一个必然的结果。马克思、恩格斯在揭示资本积累历史趋势的基础上提出了著名的"剥夺者被剥夺"理论，这也就是马克思、恩格斯非常有名的"丧钟论"，即"资本主义私有制的丧钟就要响了。剥夺者就要被剥夺了"②。马克思、恩格斯深刻指出，建立在资本主义生产方式基础上的资

---

① 马克思恩格斯文集：第5卷［M］. 北京：人民出版社，2009：673－674.

② 马克思恩格斯文集：第5卷［M］. 北京：人民出版社，2009：874.

本积累，主要是依靠生产力的发展和剥削雇佣工人的价值来实现的。不断积累资本，是资本主义生产方式的客观要求，也是资产阶级的强烈欲望。"马克思的全部理论，就是运用最彻底、最完整、最周密、内容最丰富的发展论去考察现代资本主义。自然，他就要运用这个理论去考察资本主义的即将到来的崩溃和未来共产主义的发展。"① 生产力与生产关系，经济基础与上层建筑的矛盾通过马克思的深入揭示，从资本主义经济运动趋势的高度，进行了系统考察。马克思通过阐释资本积累的必然性、特点以及历史趋势，进一步阐发了资本积累理论。在《资本论》中，他根据他的观察和思考对唯物史观做出经济学和哲学的论证，使唯物史观由假设变成科学，其中在《资本论》中他做出的最重要的科学预言之一，就是资本日益集中的趋势，并在此基础上进一步揭示了资本主义剥削的实质，论证了资本主义必然灭亡的历史命运。

一、资本和生产的集中促使资本积累增加

考虑资本积累必然要考虑到资本家榨取剩余价值，并被扩大的过程，而这个过程是离不开资本和生产的集中的。马克思认为，资本家为了获得更多的利润，得到更多的剩余价值，就要提高生产技术水平，提高劳动效率，以使个别劳动时间低于社会必要劳动时间，从而获得超额利润。在这种情况下，有些大资本家为了获取超额利润，就要不断扩大生产规模，提高劳动效率，这样他们的个别劳动时间就会低于社会必要劳动时间，获得超额利润，从而资本越聚越多；而有些小企业由于资本有限，技术落后，他们的个别劳动时间必然高于社会必要劳动时间，造成企业亏损，最终被大资本所吞并。因而，资本家在疯狂逐利的动机下，同时也是为了更好地发展自己，他们无一例外地扩大自己的资本和生产规模。单个的资本家如何增加资本，积累财富，扩大生产规模呢？主要有两条途径：一条就是资本家通过资本积聚的办法扩大资本，不论是就单个资本来看，还是就社会总资本来看都需要不断地把榨取剩余价值的一部分转化为资本。另一条可能的途径是通过已经形成的各个单个资本的积聚进行资本的集中，进而来实现。原有资本个体不丧失独立性的，聚集资本的方式叫资本集聚，单个资本独立性丧失，而进行的资本聚集叫资本集中，因而资本集中实质上是大资本家掠夺小资本家的过程。可见，资本家依靠剥削工人所创造的剩余价值而实现了资本积累。随着资本积累和生产规模的扩大，社会财富日益集中到资产阶级手中，而社会财富的直接创造者——无产阶级则只占有一少部分社

---

① 列宁专题文集·论社会主义 [M]．北京：人民出版社，2009：25．

会财富。这样必然加剧两极分化。马克思在《共产党宣言》中说明了资本主义社会财富逐渐集中的情况。"资产阶级日甚一日地消灭生产资料、财产和人口的分散状态。它使人口密集起来，使生产资料集中起来，使财产聚集在少数人的手里。"①

剩余价值是马克思《资本论》中的一条主线，马克思以此为轴，分析了资本家是如何千方百计榨取工人的剩余价值以及剩余价值是如何产生、实现和瓜分的，从而做出了整个资本主义生产方式必然要被消灭的历史性判断。马克思运用唯物辩证法对资本积累的动向做了精辟的描述，证明了资本发展的规律，那就是分散的生产资料越来越集中，却越来越同劳动者分离。

二、垄断是资本主义基本矛盾尖锐化的结果

马克思的一生有"两大发现"：唯物史观和剩余价值理论。其中唯物史观发现了人类历史发展的一般规律，剩余价值论则发现了现代资本主义社会发展的特殊规律。而这两大规律，正是人民获得自由解放必不可少的两大理论基石。在这两大基石的基础上，马克思开辟了一条通过消灭资本主义私有制而获得人之自由和个性解放的新道路。

在资本主义早期，是资本主义自由竞争占据主要地位，随着自由竞争的不断激化，出现了一些资本、生产资料、市场等被企业独占的现象，这就是垄断。垄断是自由竞争发展到一定阶段生产和资本集中的必然结果，这是资本主义发展的客观规律。自由竞争被绝大多数资产阶级经济学家说成是一种永恒的、千古不变的"自然规律"，但马克思并不认同他们的观点，他把自由竞争和资本及生产的集中联系在一起，认为资本和生产的集中引起垄断的发展，垄断的发展又进一步加剧竞争。所谓垄断的发展能消除竞争的观点是根本站不住脚的。因为为了避免恶性竞争，规避竞争的风险，一些大企业、大资本家联合起来就产生了垄断。垄断并不能消除竞争，因为垄断没有消除竞争的条件，而是进一步加剧了竞争，竞争者逐渐变成垄断资本家，而垄断资本家彼此也在变成竞争者。垄断与竞争此消彼长，两者是相辅相成的。马克思在《资本论》中分析资本集中发展趋势时就指出，资本积累与竞争同向发展的趋势。竞争必然导致优胜劣汰，条件差的企业在竞争中处于劣势，有可能会破产或者被大企业兼并，这必然引起资本和生产的更大规模的集中。可见，垄断的产生不但没有消除自由竞争，反而加剧了自由竞争以及资本积累。马克思不仅从资本和生产集中的一般

---

① 马克思恩格斯文集：第 2 卷 [M]．北京：人民出版社，2009：36.

发展趋势中分析、推断出垄断形成的必然性，而且通过对现实的资本主义经济状况的研究，看到了垄断的出现乃是资本主义基本矛盾尖锐化的结果。"资本的垄断成了与这种垄断一起并在这种垄断之下繁盛起来的生产方式的桎梏。生产资料的集中和劳动的社会化，达到了同它们的资本主义外壳不能相容的地步，这外壳就要炸毁了。资本主义私有制的丧钟就要响了。剥夺者就要被剥夺了。"①

三、资本主义崩溃是资本积累的必然结果

马克思在《资本论》第24章第七节"资本主义积累的历史趋势"谈到资本的历史起源，也就是资本的原始积累是怎么样的呢？它不是奴隶和农奴直接转化为雇佣工人，而是直接生产者的被剥夺。资本的原始积累同掠夺、暴力、欺骗是分不开的，就像马克思所说，"资本来到世间，每个毛孔都滴着血和肮脏的东西"②，马克思指出资本家对无产阶级的剥夺，"是用最残酷无情的野蛮手段，在最下流、最龌龊、最卑鄙和最可恶的贪欲的驱使下完成的"③。马克思用来形容资本家通过使用野蛮手段剥夺的例子和词句不胜枚举。在早期的资本原始积累中，占有资本的掠夺者成了早期的资本家，而被剥夺者被剥夺了土地，一无所有而成为只有出卖劳动力的劳动者。正像恩格斯在《共产主义原理》中所说的那样，无产阶级真正成为"完全靠出卖自己的劳动而不是靠某一种资本的利润来获得生活资料的社会阶级"④。马克思认为，靠自己劳动挣得的私有制，被资本主义私有制所排挤。"现在要剥夺的已经不再是独立经营的劳动者，而是剥削许多工人的资本家了。"⑤ 而且，这种剥夺是通过资本集中进行的。随着资本集中的进一步深入，劳动协作形式，日益发展，劳动社会化了。生产资料的集中和劳动的社会化，一旦发展到了同它们的资本主义外壳不能相容的地步，这个外壳就要被炸毁了。因此，马克思强调要充分发挥"资本的文明面"，发展社会生产力，为"一个更高级的、以每一个个人的全面而自由的发展为基本原则的社会形式建立现实的基础"⑥。如果无产阶级认识到他们的历史使命，他们就会自觉、积极地去实践并完成自己的历史使命。而资本主义所有制则由于资本

---

① 马克思恩格斯文集：第5卷 [M]．北京：人民出版社，2009：874.
② 马克思恩格斯文集：第5卷 [M]．北京：人民出版社，2009：871.
③ 马克思恩格斯文集：第5卷 [M]．北京：人民出版社，2009：873.
④ 马克思恩格斯文集：第5卷 [M]．北京：人民出版社，2009：676.
⑤ 马克思恩格斯文集：第5卷 [M]．北京：人民出版社，2009：873.
⑥ 马克思恩格斯文集：第5卷 [M]．北京：人民出版社，2009：683.

主义基本矛盾越来越尖锐，资本主义生产关系越来越不能驾驭以社会化生产为特征的生产力，在无产阶级的推动下，社会化生产最终走向生产的社会化，最后必然导致资本主义的崩溃。

第四节　资本主义基本矛盾、信用与经济危机

分析马克思的资本主义终将灭亡的理论，显然离不开马克思重点关注的资本主义基本矛盾，除此以外信用与经济危机的关系也是马克思重点关注的问题。马克思通过对商品的研究，发现了劳动二重性与商品二重性的关系，在此劳动价值论的基础上，他发现了剩余价值理论，为唯物史观进行了经济学上的论证。马克思拿着一把历史的解剖刀，对资本主义社会进行了精细的解剖。他通过对资本主义社会的长期考察和分析，一分为二地指出了资本主义社会的作用，他指出资本主义曾经在历史上起到非常重要的作用，同时，马克思通过对资本主义的解剖分析，看到了资本主义的基本矛盾，并把基本矛盾与经济危机联系起来。不过，马克思并没有用专门的篇幅来论述经济危机理论，对此，英国经济学家克拉克（Simon Clarke），在他的《经济危机理论：马克思的视角》一书中说"在马克思生前出版的著作中，关于危机理论的探讨也只不过是一些警句式的简短评论"①。关于危机理论的分析大都散见在马克思浩瀚的笔记中，况且这些分析，也算不上对危机理论的专门探讨。

一、资本主义社会的基本矛盾与周期性经济危机的爆发

在《共产党宣言》中，马克思、恩格斯对资本主义的发展趋势做出了一个极其重要的预测，这个预测是他们在长期的工人运动实践和考察，并对资本主义社会资本发展、变化、运行的基本逻辑进行系统研究的基础上，全面把握了资本主义社会所固有的不可克服的内在矛盾而做出的科学判断。由于生产资料私有制与资本主义社会生产的社会化之间存在着不可调和的矛盾，是资本主义社会自身难以克服的痼疾，这就导致资本主义必然伴随着普遍的商业性危机。"在商业危机期间，总是不仅有很大一部分制成的产品被毁灭掉，而且有很大一部分已经造成的生产力被毁灭掉，在危机期间，发生一种在过去一切时代看来

---

① 克拉克. 经济危机理论：马克思的视角［M］. 杨健生，译. 北京：北京师范大学出版社，2011：5.

都好像是荒唐现象的社会瘟疫，即生产过剩的瘟疫。"① 但是，我们要意识到马克思的危机理论不同于一般的经济周期理论。我们要充分认识到马克思崩溃论的科学性。

马克思在《共产党宣言》和《资本论》两本书中，将危机理论与资本主义生产方式长期发展趋势的理论紧密联系起来。资产阶级经济学家和卫道士们大都否认危机是资本主义生产方式所固有的现象，而把危机解释为资本主义社会的一种偶然。他们所理解的危机只是因为供求发展打破了均衡趋势，因而，每当资本主义社会繁荣出现的时候，他们就宣布资本主义经济危机的趋势被克服了。而当资本主义出现萧条、繁荣破灭之际，他们就提出种种借口来解释这种现象，而不把这种现象看作资本主义与生俱来的，是与资本主义如影随形发展的。资本主义经济学家对经济危机总是抱着侥幸的心态，因为他们认为资本主义制度是能够自动调节的，所谓的危机只是外部冲击暂时打破了均衡，而断然否认经济危机是资本主义社会所固有的、不可克服的顽疾。"资产阶级用什么办法来克服这种危机呢？一方面不得不消灭大量生产力，另一方面夺取新的市场，更加彻底地利用旧的市场。这究竟是怎样的一种办法呢？这不过是资产阶级准备更全面更猛烈的危机的办法，不过是使防止危机的手段越来越少的办法。"②

但是，资本主义积累的长期趋势与危机之间的关系如何，马克思并没有充分论述，然而，这一关系在政治上至关重要，它关系到如何将日常斗争的策略与社会主义群众运动的发展战略联系起来。

二、信用双重作用与经济危机

马克思对信用、股份公司是非常关注的，对于资本主义社会出现的新事物，他把它们作为自己论证资本主义发展趋势理论的一部分。早在 19 世纪 50 年代，马克思就注意到资本主义企业的新的组织形式——股份公司。当时股份公司还是个别现象、新生事物。马克思曾十分精辟地分析并论述过大股份银行——"动产信用公司"的作用，这家公司是与拿破仑第三政府有密切联系的。他指出，"在工业上运用股份公司的形式，标志着现代各国经济生活中的新时代"③。他把公司上能够运用股份公司惊人的联合生产能力，能使用股份公司看作各国经济生活的一个新时代的标志。因为股份公司可以使工业企业具有单个资本所

---

① 马克思恩格斯文集：第 2 卷 ［M］．北京：人民出版社，2009：37.
② 马克思恩格斯文集：第 2 卷 ［M］．北京：人民出版社，2009：37.
③ 马克思恩格斯文集：第 2 卷 ［M］．北京：人民出版社，2009：584.

不能具有的较大规模；同时，因为股份公司中的联合并不是单个的人的联合而是资本的联合。在这里，所有者变成了股东。这样做的结果是私有者变成了股东，加速了资本的积聚，也加速了小资产阶级的破产。

在《资本论》和《反杜林论》中，马克思和恩格斯都曾用专门章节详尽地论述信用。

首先，马克思肯定了信用的积极作用。马克思认为，信用的积极作用主要表现为以下四点：第一，信用能够加速生产，扩大企业的生产规模。在一定程度上能促进资本主义社会的生产力的发展，促进资本集中，是促进资本集中的一个重要杠杆，有助于加速资本积累。《资本论》第一卷第七篇第23章"资本主义积累的一般规律"是马克思考察资本积累的代表性章节。在文中，马克思明确表示："一种崭新的力量——信用事业，随同资本主义的生产而形成起来。起初，它作为积累的小小助手不声不响地挤了进来，通过一根根无形的线把那些分散在社会表面上的大大小小的货币资金吸引到单个的或联合的资本家手中；但是很快它就成了竞争斗争中一个新的可怕的武器；最后，它转化为一个实现资本集中的庞大的社会机构。"① 信用事业被看作一种崭新的事业，一种新生事物，开始出现的时候，信用的作用是微乎其微的小小助手，是"挤"进来的，但是，它有一种魔力，可以把闲散资金集中起来，单个资本家如何能够心安理得地使用别人的资本、别人的财产呢？信用恰恰提供了这种机会。这样，单个资本家可以利用信用来扩大自己企业的规模和生产，在促进社会经济的发展方面，它有非凡的魔力。这样，信用本来是一个微不足道的帮手，发展成财富聚集的资本之王。

第二，信用在股份公司得以产生和发展中起到催化剂的作用。马克思认为，资本主义股份公司得以产生与信用制度的产生、发展、完善是分不开的。他在分析信用对资本主义生产的作用时指出，正是信用制度促使资本快速的聚集和股份有限公司的形式作用的充分发挥，在资本主义社会依靠单个资本难以完成的工作，通过信用制度却使它很快变成现实。"假如必须等待积累使某些单个资本增长到能够修建铁路的程度，那么恐怕直到今天世界上还没有铁路。但是，集中通过股份公司转瞬之间就把这件事完成了。"② 可见，信用制度对当时社会经济的发展起了很大的促进作用。

第三，信用制度的一大特征就是减少或者降低、节省流通费用。马克思

---

① 马克思恩格斯文集：第5卷［M］．北京：人民出版社，2009：722.
② 马克思恩格斯文集：第5卷［M］．北京：人民出版社，2009：724.

《资本论》第三卷第27章认为，信用可以节约货币的方式主要有三种："相当大的一部分交易完全用不着货币，流通手段的流通加速了……金币为纸币所代替。"①凭着信用的作用，交易过程中需要一小部分货币或者压根不需要货币，这样无疑流通速度加快了，资本周转的速度也加快了，企业提高了经济效率。

第四，利润率之所以平均化和信用制度推动是密切相关的。追求大致相等的利润是一切产业部门和一切职能资本的理想目标，也是利润率的平均化的必然结果，"信用制度的必然形成，以便对利润率的平均化或这个平均化运动起中介作用"②。

其次，马克思论述信用的双重作用。第一，信用加速资本主义矛盾爆发的可能性，蕴含着经济危机发生的危险性。马克思认为，信用制度一方面加速生产力的发展和世界市场的形成，使这两者成为新的生产形式的物质基础；一方面加速了这种矛盾的暴力的爆发，即危机，因而加强了旧生产方式解体的各种因素。这是信用在资本主义生产方式内部对矛盾发展和解体要素的形成起了加速作用的表现。

生产规模过度扩张、商业过度投机是什么造成的？马克思认为，这是由于信用的扩张往往会导致对商品的虚假需求，由于信用制度可以今天花明天的钱进行透支消费，这就产生了虚假市场信息，但是一部分企业和消费者根本没有办法换掉透支的钱，这就导致了违约。违约率的不断增长，生产的不断扩大，和被扩大的没有支付能力的消费之间的矛盾急剧恶化，很有可能导致经济危机爆发。信用制度使得收入与消费冲破曾经的限制。因此，"在再生产过程的全部联系都是以信用为基础的生产制度中，只要信用突然停止，只有现金支付才有效，危机显然就会发生"③。

第二，信用是资源配置的调节器，不过有时候信用所起的作用却不是什么光彩的作用，因为信用可以导致资源配置失灵。信用在市场经济中起着重要的作用，有的人把市场经济叫作"信用经济"，市场经济的基本特征是以市场为基础调配资源。但随着社会的发展，出现了影响资源配置的因素，即信用事业和投机的发展，社会上一下子涌现出突然暴富的因素。一些经营者为了赢得信用的名声，就不得不打肿脸充胖子，用过度消费、挥霍的手段来显摆自己的财富，

---

① 马克思恩格斯文集：第7卷［M］. 北京：人民出版社，2009：493–494.
② 马克思恩格斯文集：第7卷［M］. 北京：人民出版社，2009：493.
③ 马克思恩格斯文集：第7卷［M］. 北京：人民出版社，2009：555.

从而骗取信贷。"奢侈本身现在也成为获得信用的手段"①，需要信贷的穷人没有得到信贷，而靠胡吃海塞的富人通过欺骗，却获得了信用。马克思论证了导致穷者愈穷、富者愈富的两极分化的资本主义积累规律，这个规律是靠什么推动的呢？马克思在《资本论》中进行了揭示，那就是信用制度和股份制！资本主义周期性的经济危机在资本主义私有制下，是没有办法克服的，这就是按照资本主义发展趋势来讲，必然灭亡的一种趋势，但资本主义注定灭亡并不是立刻、马上灭亡，还要经历一个漫长的过程。这就是马克思后来"两个决不会"理论所阐述的内容。

第五节　"两个决不会"：资本主义崩溃论的丰富与完善

1825 年、1847 年欧洲所发生的经济危机影响深远。在经济危机的影响下，欧洲发生了三次声势浩大的革命，那就是 1831—1834 年法国里昂工人起义；1836 年发生长达十年的英国宪章工人运动；1844 年德国西里西亚纺织工人起义。面对欧洲政治斗争风起云涌的局面，马克思在《共产党宣言》中提出了"两个不可避免"即"两个必然"，鼓舞了一批批工人进行反对资产阶级的革命斗争。

一、"两个决不会"提出的历史背景

无论是分析、批判资本主义还是对人类未来社会的设想的提出，都离不开马克思、恩格斯对当时的历史背景及经济运行规律的深入研究。即使在 1848 年欧洲革命遭遇挫折，共产主义运动一时陷入低落、停顿的低迷期的时候，马克思、恩格斯都没有停下斗争的脚步，而是利用这个低潮时期，系统总结了欧洲大革命失败的原因和经验教训。

众所周知，对社会主义过渡的长期性和曲折性进行最早精确概括的是马克思。1859 年，马克思在《〈政治经济学〉序言》中提出了"两个决不会"思想。马克思用"两个决不会"理论阐释了社会主义代替资本主义的持久性、复杂性，说明了如果认为社会主义取代资本主义就像喝一碗茶水那样简单、那样马到成功，则可能会急于求成，欲速而不达。这要求我们正确认识和思考社会主义与

---

① 马克思恩格斯文集：第 7 卷［M］．北京：人民出版社，2009：498.

资本主义的长期共存性，为我们正确认识社会主义与资本主义关系提供了全新的视角。"两个必然"与"两个决不会"不是孤立的，而是相互联系、相互影响的一个有机整体，绝不能只看到一个，而否认另一个，但我们也不能把两者看成完全等同的平行并列的关系；如果我们片面认识两者的关系，就会犯"左"、右倾错误，甚至给历史虚无主义留下相当活跃的空间。

由"两个必然"到"两个决不会"论断的变化，说明了马克思、恩格斯对资本主义发展进程认识进一步深入与完善，也说明了马克思、恩格斯并不是一成不变的，他们能够审时度势，在做出资本主义发展的一般趋势后，能够根据资本主义的发展变化，做出全面的一分为二的分析。他们既指出了历史进程必将会终结资本主义，但是，历史的发展又是迂回曲折的，不会立即终结资本主义，同时也看到了社会主义代替资本主义的艰巨性。

二、"两个决不会"表明资本主义崩溃的长期性、曲折性

马克思关于"两个必然"的论述阐明了人类历史发展的总趋势、总归宿，说明了社会发展的未来方向。而"两个决不会"则是汇集和描述了人类历史总体发展的具体过程和细节，它指的是用一种社会形态代替另一种社会形态的过程受制于什么因素，是社会发展的一般规律的描述，它的实质是生产关系一定要适应生产力规律。如果说"两个必然"反映了社会发展的前进性，"两个决不会"理论则反映了社会发展的曲折性。"两个必然"和"两个决不会"这两个论断构成了对资本主义社会和共产主义社会的科学认识，因而，我们绝不能割裂"两个必然"与"两个决不会"的关系，把两者对立起来，"'两个必然'与'两个决不会'是一个统一的有机整体，绝不能用其中一个来否定另一个。用一个否定另一个，在哲学上讲就是'二元论'和'一点论'，而不是'一元论'和'两点论'"①。在最终实现共产主义的道路上，不可能只有鲜花，还有荆棘和曲折，就像习近平总书记所说，社会主义绝不是只靠敲锣打鼓就能实现，也不是土豆炖牛肉那样简单。

（一）资本主义决不会轻易灭亡

"两个决不会"论断看到了资本主义社会的"合理因素"，说明了资本主义作为一种社会形态，一经产生，就具有相对的稳定性，不会轻易灭亡。这是因为：

---

① 李慎明. 科学判定时代方位，对中国特色社会主义和世界社会主义充满信心［EB/OL］.中国社会科学网，2020－04－25.

首先，从人类社会发展的一般规律来说，社会发展是一个由低级到高级的过程，而经历相当长的时间跨度是任何社会形态从产生到衰亡都要经过的必然过程。从历史上看，社会形态的交替往往会出现反复甚至倒退。不管中国还是世界，历史上每一个国家，每一种社会制度的变革都是一个曲折、复杂的过程。同样地，任何一个新生的制度也是从蹒跚学步到逐步成熟的过程。

比如，大约用了 1900 年的时间，中国奴隶制取代原始公社制，古罗马和印度大概也用了 1000 年的时间，约 3000 年的时间世界范围内完成了奴隶制取代原始公社制。中国和印度大约用了 500 年时间完成了封建制度取代奴隶制度，西欧的封建经济从开始出现到基本消亡经历了 1000 多年的漫长岁月。封建经济因素从 3 世纪起开始出现，直到 9 世纪西欧封建经济完全形成。13 世纪，是西欧的封建制度完全形成时期。资本主义的因素在 14 世纪西欧的生产方式中开始出现，然后经过 16 世纪、18 世纪的资产阶级革命，在西欧基本上确立了资本主义制度。而社会主义社会形态的出现作为一种新生事物，是符合人类社会发展规律的，是迄今为止人类历史上最先进的社会形态。新事物取代旧事物往往是一个复杂的过程，而社会主义作为一种以平等、互助、合作、没有剥削和压迫的先进的社会形态取代资本主义是对旧的剥削制度的废除，更不能怀有侥幸的心理，认为可以在一夜间完成，而需要一个长期的过程。因为社会形态的选择既受历史发展客观规律的影响，又受人们主观选择性的影响。

其次，过渡的长期性是由资本主义国家之间历史文化传统、国情及经济政治发展的不平衡决定的，资本主义国家之间发展的不平衡不断加剧，是资本主义由自由竞争的资本主义发展到垄断资本主义的特征。社会主义革命的发生既要符合革命发生的理论逻辑，即生产力与生产关系矛盾运动的规律，又要符合各个国家在内忧外患特殊的历史条件下，社会革命发生的实践逻辑。所以，社会革命的发生不一定发生在发达的资本主义国家，它也可能发生在经济文化比较落后的国家。比如，十月革命之所以发生在俄国，是因为俄国除了是帝国主义国家之中发展水平最低、势力最弱的帝国主义，人民深受帝国主义和本国的封建势力双重压迫之外，还在于作为帝国主义国家，参加"一战"以来，人民苦不堪言，在这种内忧外患的条件下，俄国亟须发生社会革命，推翻临时政府的领导，十月革命在这样的历史背景下发生了。从世界范围来看，向社会主义过渡必将是一个相当长的历史过程。因为各个国家经济发展状况不同，历史背景不同，因而从个别国家逐步向更多国家扩展的过程也不可能仅仅只是迅速发展的高潮时期，也有停滞不前的低潮时期，对此，列宁曾指出，社会主义革命不能总像"涅瓦大街的人行道"那样"宽阔、畅通、笔直"，有可能会穿行在最窄狭、最难走、最曲折和最危险的山间小道。但是，也要弄清楚革命也不总是处在最难走的路上，走过一段艰苦的路，就可能会迎来阳光大道。

最后，"资本主义迅速发展与腐朽、灭亡"两种趋势可能会同时出现，就像列宁在《帝国主义是资本主义的高级阶段》中所指出的那样，"如果以为这一腐朽趋势排除了资本主义的迅速发展，那就错了。不，在帝国主义时代，某些工业部门，某些资产阶级阶层，某些国家，不同程度地时而表现出这种趋势，时而又表现出那种趋势"①。列宁还指出："私有经济关系和私有制关系已经变成与内容不相适应的外壳了，如果人为地拖延消灭这个外壳的日子，那它就必然要腐烂——它可能在腐烂状态中保持一个比较长的时期（在机会主义的脓疮迟迟不能治好的最坏情况下），但终究不可避免地要被消灭。"②

（二）社会主义的胜利之路任重道远

社会主义的胜利不是光凭满腔热情就可以实现的，最根本的是它要受制于生产力与生产关系的辩证运动规律。"而新的更高的生产关系，在它的物质存在条件在旧社会的胎胞里成熟以前，是决不会出现的。"③ 在前半句中"而新的更高的生产关系"，主要指社会主义公有制，而后半句话，强调的是生产力与生产关系的辩证关系，也就是说新的更高的生产关系是建立在生产力高度发达的基础上的。因而，我们必须清醒地认识到"生产力的不可超越性"。列宁作为一位伟大的革命家，就清醒地认识到俄国革命的现实，他认识到十月革命毕竟是俄国在经济文化不够发达的情况下进行的，它有自己的特殊性。"与各先进国家相比，俄国人开始伟大的无产阶级革命是比较容易的，但是把它继续到获得最终胜利，即完全组织起社会主义社会，就比较困难了。"④ 因而，十月革命胜利后，列宁非常务实，他并没有认为俄国建设社会主义就是轻而易举的事情，而是认识到俄国作为社会主义国家的开拓者和先行者，社会主义建设道路没有前人的经验，要经历的困难和曲折是远远大于我们的想象的。作为伟大的革命家，列宁不但务实，而且性格果断坚毅，在他领导下的布尔什维克党更是不畏困难和艰辛，十月革命胜利以后，为了恢复国民经济，巩固新生的苏维埃政权，布尔什维克党领导俄国人民同国内外敌人及各种困难进行顽强斗争，开始了社会主义建设的伟大实践。起初，列宁根据当时形势发展的需要实行了战时共产主

---

① 列宁专题文集·论资本主义［M］. 北京：人民出版社，2009：210.
② 列宁专题文集·论资本主义［M］. 北京：人民出版社，2009：212.
③ 马克思恩格斯文集：第2卷［M］. 北京：人民出版社，2009：592.
④ 列宁选集：第3卷［M］. 北京：人民出版社，2012：793－794.

义政策，计划直接向社会主义过渡，但随着形势的发展，战时共产主义政策暴露出种种弊端，政策无法再推行下去。列宁充分认识到俄国建设社会主义的先天不足和种种困难。他及时总结经验教训，坦率地承认"现实生活说明我们错了"①。通过不懈的探索，列宁根据俄国国情制定并实施了新经济政策，这种间接过渡的方式是与俄国作为经济文化比较落后的国家向社会主义过渡相适合的可行道路。我们国家的社会主义革命也是发生在经济文化比较落后的半殖民半封建社会，因而，我们也要清醒地意识到，发展生产力，以经济建设为中心将是我们国家很长一段时间应该做的工作。社会主义出现了，并不等于社会主义的胜利或者说最终胜利。就好像一个新生事物，虽然出现了，但是，它是从旧事物的母腹中脱胎换骨而来，不可避免地会带有旧社会的痕迹，这就需要经历一个否定之否定的"扬弃"过程。

第六节　恩格斯晚年对资本主义发展趋势理论的进一步发展

《共产党宣言》的发表标志着马克思主义的诞生，但是，马克思主义作为一种指导思想，指导国际工人运动朝着正确的方向发展，其形成是有一个历史过程的。首先，马克思主义的实践基础源于两次革命，分别是 1848 年欧洲革命和 1871 年巴黎公社革命。其次，《资本论》的发表为马克思主义奠定了一定的理论基础。在第一国际时期，马克思主义作为一种理论，开始与实践相结合，在指导工人运动的发展上做了初步的尝试。在此基础上，马克思主义日后逐渐发展成为国际工人运动的指导思想。虽然马克思主义指导思想得以确立，但革命形势依然困难重重，世界政治经济形势发生了重大变化，给马克思主义的发展带来了严峻的挑战：在政治上，1848 年欧洲革命的失败，意味着西方资本主义国家的无产阶级革命低潮期的到来；经济上，资本主义得到进一步发展。在这样的新形势下，无产阶级革命的条件还不具备，只能蓄积力量，等待时机。在此关键历史时期，马克思的逝世，又给国际工人运动带来巨大损失，恩格斯只有扛起大旗，肩负起理论与实践探索的使命，为指导国际工人运动继续前进而不懈努力。在不断地探索过程当中，恩格斯对资本主义的新发展、新特点加以研究，为此形成了一些新的思想认识。

---

① 列宁选集：第 4 卷 [M]．北京：人民出版社，2012：570.

一、恩格斯批判杜林的价值论

欧根·杜林（Eugen Dühring），出生于德国的一个官僚家庭，担任过律师、大学讲师，以社会主义的改革家自居。他发文批判马克思的《资本论》，并声称自己在哲学、政治经济学和社会主义等领域做出了全面革新。为宣扬他的折中主义哲学、庸俗经济学和伪社会主义思想，先后出版了《国民经济学和社会主义批判史》和《哲学教程——严格科学的世界观和人生观》（1875）、《国民经济学和社会经济学教程，兼论财政政策的基本问题》（1876）等著作。为了系统批判杜林的错误观点，恩格斯把批判杜林的论文汇集成书，编成《反杜林论》这部作品，作为反击。

《反杜林论》是在一定的客观历史条件下产生的。伴随着资本主义的稳定和平发展，资产阶级改变策略，他们通过培养部分工人贵族，拉拢无产阶级，消磨工人阶级的革命意志。全德工人联合会作为德国工人阶级独立政治组织，在主席拉萨尔（Ferdinand Lassalle）的个人独裁领导下，与德国社会民主工党合并，两党合并后，虽然在一定程度上促进了工人运动的发展，但也导致了拉萨尔机会主义的乘虚而入，德国社会民主工党也对拉萨尔采取了一系列妥协、退让的政策，这就造成了各种反马克思主义思潮的泛滥。其中，杜林主义所造成的危害是最大的。

首先，恩格斯对杜林的错误价值论思想进行批判的同时，重申了马克思的科学价值论。恩格斯指出，马克思认为商品的价值是由社会必要劳动时间决定的，价值决定价格，价格只是价值的货币表现形式而已，劳动本身是没有价值的，其价值要通过商品交换来表现。恩格斯又指出，杜林把商品的价格和价值混为一谈的观点是资产阶级庸俗经济学的翻版，是十分浅陋的。恩格斯认为，如果商品的价值由工人的工资所决定，那么，资本家靠什么生存？如果是这样的话，资本家将得不到任何剩余价值，资本家与工人阶级将也不存在剥削与被剥削的关系，这很明显的是替资本家剥削工人，无偿占有剩余价值的事实做掩护，这是不现实的。

其次，恩格斯重申马克思的剩余价值学说，对杜林的歪曲解释做了有力回击。在论述资本与货币的关系时，马克思认为"商品流通的这个最后产物是资本的最初的表现形式"[①]，但是，杜林将马克思的观点进行了曲解，在他看来，"资本是由货币产生的"。对此，恩格斯进行了深刻揭露。他指出，马克思认为

---

① 马克思恩格斯文集：第 5 卷 ［M］. 北京：人民出版社，2009：171.

在货币转化为资本的过程当中，货币流通表现为资本流通和商品流通两种形式，不过，这两种流通的形式是相反的。简单点儿说，前者是为了买进自己需要的东西，而把不需要的东西卖掉，换取货币，是简单的商品占有者。后者为了收回最初购买的货币价值，不得不买进自己不需要的东西，然后以更高的价格卖掉，换回比之前更多的货币，马克思把这部分货币的增加额叫作剩余价值。但是，这也不能因此就证明是货币产生了资本。因为货币本身创造不出剩余价值，它只是作为一种条件参与到剩余价值的生产过程当中的。当然，还有另外一种先决条件也会影响到资本的产生，那就是自由的工人。资本家利用最初的货币在市场上购买劳动力，这些自由的劳动力通过劳动创造出远远高于最初的货币价值，由此产生剩余价值，货币才被转化成资本。

二、恩格斯考察了垄断组织的特点与性质及各种形式，提出"竞争已经为垄断所取代"的重要论断

恩格斯晚年重点研究了股份公司及垄断组织，他的主要思想在《信用在资本主义生产中的作用》这篇文章中有具体体现。恩格斯认为："一些新的产业经营的形式发展起来了。这些形式代表着股份公司的二次方和三次方。"① 股份公司如雨后春笋的出现给资本主义的发展带来新鲜的血液，资本主义社会发生了一些不同于以往的变化。恩格斯在继承马克思关于股份公司思想的基础上，对垄断组织的发展提出了一些新的认识，并根据资本主义的新变化，提出了一些重要论断。

首先，恩格斯探讨了垄断组织的出现所带来的影响。他指出，资本主义社会出现了卡特尔、辛迪加等一批垄断生产组织后，它们代表资本主义经济新的生产组织形式，一定程度上减缓了市场竞争，降低了经济危机发生的可能性，但是，"每一个对旧危机的重演有抵消作用的要素"，恩格斯话锋一转，"但又都包含着更猛烈得多的未来危机的萌芽"②。

资本家在垄断出现后面对更猛烈出现的经济危机只能通过进一步垄断市场来消除竞争，然而这并不能改变资本主义私有制的性质，它缓解的只是企业与企业之间的矛盾，但无法改变资本主义社会的根本矛盾。因此，资本家只能是通过小幅度的调整生产来影响商品的价格，以维持现有的利润，他们是不允许自己的利润受到任何损失的，这也是资产阶级自身的局限性。所以，资本主义

---

① 马克思恩格斯文集：第 7 卷 [M]．北京：人民出版社，2009：496．
② 马克思恩格斯文集：第 7 卷 [M]．北京：人民出版社，2009：554．

经济的根本矛盾是无法消除的。

其次，恩格斯认为"根源于资本主义私人生产的本质的无计划性"的提法"需要大加改进"。为此，他重点研究了股份公司和垄断组织的生产特点。恩格斯认为，资本主义私人生产已经由过去的"单个企业家所经营的生产"转变为"由许多人联合负责的生产"。① 所谓的私人生产和无计划性已经消失。随着资本主义经济的不断发展，金融垄断组织的核心作用越来越突出，这些新的垄断组织形式为了加速掠夺，获得更多利润，进一步加剧了竞争，因而"这种人对营业上经常出现的紧张已感到厌烦，只想悠闲自在，或者只揽一点像公司董事或监事之类的闲差事"②。在这样的条件下，自私自利、无所作为的食利者阶层产生。恩格斯后来在他的著作中对这些金融垄断组织的形成做了详细的论述。

最后，恩格斯对资本主义股份公司和信用制度的性质、作用做了重点探讨。恩格斯在《资本论》第三卷补写了《交易所》一文，文中指出，股份公司的不断发展使其对资本主义经济的影响越来越大，更多的工人开始自发购买公司股票，造成了"资本人民化"的假象。由于资本家对利润的疯狂追逐，促使大型垄断组织托拉斯的产生，工人通过购买企业股票仿佛也成了资本家的一分子，资本出现社会化的趋向，这给全社会造成了一种错觉，仿佛资本主义成了"人民的资本主义"。但是，恩格斯认为，虽然股票交易所让工人有机会获得了企业的股票，但它依然对解决资本主义的矛盾是无能为力的。恩格斯认为，自从《资本论》第三卷写成以来，资本主义经济的生产组织形式已经发生变化，股份公司日益走向垄断，"交易所经纪人"手中集中了各项职能，表面上看来，垄断资本主义的生产似乎有了组织性、计划性，但实质上，恩格斯认真研究了垄断组织的新变化，对一些资产阶级学者如桑巴特（Werner Sombart）、舒尔采·格弗尼茨进行了批判。恩格斯认为，垄断资本主义的产生并没有减弱资本主义的根本矛盾，反而在掩盖的过程中日益加强。因而所谓"有组织的资本主义"能够克服资本主义基本矛盾的观点是错误的。各种潜在的社会矛盾日益显现，资本主义的矛盾越来越尖锐，矛盾激化最终导致第一次世界大战爆发，"特大的危机在酝酿中"，这是恩格斯对此进行的预测，历史也证明了他的科学预言。

---

① 马克思恩格斯文集：第4卷［M］. 北京：人民出版社，2009：410.
② 马克思恩格斯文集：第7卷［M］. 北京：人民出版社，2009：1029.

三、恩格斯批判杜林把消费不足作为经济危机产生原因的错误观点

恩格斯在批判拉萨尔和杜林消费不足论的基础上，提出了生产过剩的理论，即资本主义经济发展到一定阶段必然会导致生产过剩危机的理论。

首先，恩格斯肯定了群众的消费不足是自古以来就存在的客观事实，但是在资本主义产生以前，并未发生过任何经济危机，所以说，经济危机只是在资本主义条件下才产生的。群众的消费只是用来满足自身的需求，而这种需求是有限的，如果把群众的消费不足归为经济危机产生的原因，这种观点明显是不科学的。消费不足只能作为"危机的一个先决条件"，而不是必要条件。恩格斯也批判了这样的错误观点。恩格斯认为，引发经济危机的原因是商品生产过剩。在资本主义生产条件下，商品的销售市场是有限的，资本家为了疯狂追逐利润，无限扩大生产，不考虑市场的承载力，再加上"生产的无政府状态"，这就导致工业领域里生产出的产品，有一部分是销售不出去的、是过剩的。资本家对此根本无能为力，他们只能通过改进生产技术，提高生产能力，因而，恩格斯认为"市场的扩张赶不上生产的扩张……资本主义生产方式本身炸毁以前不能使矛盾得到解决，所以它就成为周期性的了"①。恩格斯在这里指出，"社会性生产和资本主义占有之间的矛盾"是经济危机产生的根源，解决生产过剩危机的唯一办法只能是炸毁资本主义生产方式本身。

1884年1月，恩格斯在《致奥·倍倍尔》的信中表示，自1870年以来，美德在世界市场上的竞争，加速了英国世界市场霸主地位的丧失。从那时起，经济危机的十年的周期被打破了。恩格斯又谈到1868年，"美国和英国似乎都面临新危机的威胁，在英国这里，新危机到来之前，已经没有繁荣期作为前导了"②。恩格斯在《英国的十小时工作日法》中进一步深入探讨了生产扩张与市场扩张不同步导致的生产过剩，"英国工业家拥有的生产资料的发展力量比他们的销售市场的发展力量要大得多，他们正迅速地走向这样的时期，那时，他们的补救手段将会用尽，现在还处于一次危机和下次危机之间的繁荣时期在过分增长的生产力的高压下将完全消失，危机和危机之间只有短时期的半停滞状态的微弱的工业活动"③。他解释道，资本主义经济危机的发生，事实上是由于其生产过剩导致的，资本家追逐利润，无限扩大生产，却不考虑有限的市场容量，

---

① 马克思恩格斯文集：第9卷［M］．北京：人民出版社，2009：292.

② 马克思恩格斯全集：第36卷［M］．北京：人民出版社，1975：90.

③ 马克思恩格斯全集：第10卷［M］．北京：人民出版社，1998：309.

资本家也知道危机不可避免，所以他们尽可能延迟危机发生的时间，让危机暂缓、停滞，但是，这只会让危机的破坏力更大。其实，经济的停滞状态只是危机的另一种表现形式而已。不过，他认为，经济的慢性停滞状态只是为以后更大的危机做准备而已。1881 年的经济"大萧条"，恩格斯又重复了上述观点。他指出，在当时，一切重要的工业部门都处于经常沉寂的状态。恩格斯向我们描绘了 1876 年以后经济的停滞状态给资本主义社会各方面带来的萧条景象。

在 1886 年 1 月 20—23 日《致奥·倍倍尔》这封信中，恩格斯指出生产过剩对市场造成的压力使得时间变长、程度加深，另外，危机的形式从急性转变成慢性，形势也越发严峻。1891 年，恩格斯又在《致保尔·拉法格》的信中表示，在英国的这次农业危机将引起尖锐的工业危机，同时，他在《关于英国的经济和政治发展的若干特点》这篇文章中还具体分析了欧洲各国没有发生经济危机的原因，并对更大危机的爆发做出了预测。他指出了 1868 年以来没有出现危机的原因，就是世界市场的扩大。恩格斯具体分析到，危机爆发的周期发生了变化，由最初的五年一个周期变为十年一个周期。从 1815—1847 年的 30 多年间，经济危机每五年爆发一次，然而，从 1847—1867 年，经济危机转变为每十年发生一次。危机周期变化的原因主要有三个方面：首先，新式交通工具的发展使国家与国家的联系超出了国界，世界各地之间的联系得到加强，世界市场得以形成和扩大；其次，欧洲各国的过剩资本开始走出国内市场，以新的形式分散投资于世界各地；最后，外国的关税保护也限制了本国的产品。恩格斯以敏锐的眼光对资本主义危机的新变化做出了科学的解释，也发现了消除危机和延缓危机的新因素，却被伯恩施坦曲解为"资本主义经济危机是可以消除的"。恩格斯坚持辩证地分析问题，在《资本论》的注释中，进行了明确的说明，说明了消除危机的因素，包含着"更猛烈得多的未来危机的萌芽"①，他绝没有像伯恩施坦认为的那样（伯恩施坦错误地理解恩格斯思想，把恩格斯当作资本主义适应论的倡导者），他在看到资本主义发生了一系列新变化的同时，也看到了资本主义社会正"处在一个空前激烈的新的世界性崩溃的准备时期"②。

四、恩格斯资本主义崩溃论的完善与发展

马克思、恩格斯对未来的社会形态做出了预测，"资产阶级必然灭亡，无产阶级必然胜利"，也称为"两个必然"的著名论断，伯恩施坦却将其称为马克思

---

① 马克思恩格斯文集：第 7 卷［M］. 北京：人民出版社，2009：554 注释（8）.
② 马克思恩格斯文集：第 7 卷［M］. 北京：人民出版社，2009：554 注释（8）.

主义的"崩溃论"。

　　马克思、恩格斯曾提到资产阶级虽然创造出比以往任何一个历史时期都要多的社会生产力，却无法解决由此而衍生出来的一系列社会问题，为此，消灭资本主义制度的任务被恩格斯在1848年提出并加以表述，"共产党人的最近目的……推翻资产阶级的统治，由无产阶级夺取政权"①。后来，他们也多次发表过社会主义必将战胜资本主义的言论。然而，19世纪中后期，由于资本主义生产力创造了比过去世世代代总和还要大、还要多的生产力，由于资产阶级对无产阶级采取了"糖果加大棒"的统治策略，由于资产阶级把精力放在夺取尽量可能多的销售市场上面等变化，恩格斯敏锐地意识到资本主义世界所发生的变化，他强调资本主义还有维持自身生存发展的强大能力。"历史清楚地表明，当时欧洲大陆经济发展的状况还远没有成熟到可以铲除资本主义生产的程度"②，他还指出了"历史用经济革命证明了这一点……这一切都是以资本主义为基础的，可见这个基础在1848年还具有很大的扩展能力"③。恩格斯指出，马克思和他在《共产党宣言》中做出的论断，低估了资本主义的发展，资本主义还有一定的活力，虽然未来社会主义必将战胜资本主义，但那需要一个很长的历史过程，短期内是不具备那样的历史条件的。于是，恩格斯调整斗争策略，号召无产阶级采用合法斗争蓄积力量，为彻底推翻资本主义制度做准备。在关于资本主义向社会主义过渡的长期性问题当中，恩格斯认为，必须慢慢推进要实现的最终目标。他意识到社会主义取代资本主义将是一个漫长而又曲折的历史过程，他晚年在著作中也多次重申了实现共产主义"将是下几代人的任务"这一思想。恩格斯认为，实现社会主义是一个从低级到高级的发展过程，是循序渐进的，是积极的社会实践过程，它不是一蹴而就的，不是空想，更不是口号，这与马克思在论述资本主义向社会主义过渡的长期性问题的观点上是一致的。1859年，马克思在《〈政治经济学〉序言》中提出了"两个决不会"思想。在这里，马克思对社会主义过渡的长期性和曲折性做了最早的概括。恩格斯继承并发展了马克思"两个决不会"的思想，为我们正确认识人类社会的发展规律，客观看待社会的发展思路提供了根本遵循和价值追求。

　　当然，对资本主义必然灭亡，恩格斯的认识也是非常充分与到位的。他在《英国工人阶级状况》（1892）德文版第二版序言中，说明了垄断的出现只是资

---

① 马克思恩格斯文集：第2卷 [M]．北京：人民出版社，2009：44.
② 马克思恩格斯文集：第4卷 [M]．北京：人民出版社，2009：540.
③ 马克思恩格斯文集：第4卷 [M]．北京：人民出版社，2009：540.

本主义社会化发展的一种新现象，也是一种必然，他还对资本主义制度的永恒性的观点进行了批判。同时，恩格斯又结合新的时代背景对社会主义必将胜利的观点做了新的解释。

关于未来社会的形态，马克思只是做了原则性的规划，并未做具体的描绘，这是他的高明之处。恩格斯在理论上坚持这一原则，提出马克思主义理论是不断发展变化的，它不是僵死的教条和理论，随着社会生产力的不断发展，社会才能不断进步，未来的社会一定是光明的，社会主义并没有一成不变的固定模式。无产阶级一定要有坚定的理想信念，坚信共产主义一定能够实现；同时，也要做好充分的思想准备，前进的道路上必将荆棘丛生，有困难、有挑战，在实现共产主义理想的路上并不会一帆风顺，所以，从资本主义过渡到社会主义，成熟的物质条件和政党的领导都不可或缺。此外，物质生产条件也会影响社会制度的建立与发展。由此可见，恩格斯坚持运用联系和发展的观点来具体分析社会的发展形态，对资本主义过渡到社会主义的过程做出科学的分析，同时，他又能辩证地看待不断革命论和革命发展论两者之间的关系。这标志着马克思主义关于社会主义必然性和长期性的认识获得了新的突破。19 世纪末 20 世纪初，资本主义发生新的变化，由自由资本主义阶段过渡到垄断资本主义阶段，资本主义社会出现了短暂的、表面的繁荣，实际上垄断组织的出现加剧了社会竞争，使资本主义的根本矛盾更加尖锐，阶级矛盾、国家冲突也越来越明显。这也表明，资本主义的根本矛盾并不会因为资产阶级的修修补补而得到彻底消除，它终将被更高级的社会形态即社会主义所取代。晚年的恩格斯在他著作的序言中，依然坚持和深化了马克思"两个必然"的理论，同时，他也继续发展了马克思"两个决不会"的理论。然而以伯恩施坦为代表的修正主义者却宣称"两个必然"已经过时，这种绝对化的说法很明显是错误的。资本主义不可能在短期内灭亡，它会通过不断调整生产关系维持它强大的生命力；资产阶级也会勇于变革，发挥自我扬弃的能力。所以，我们一定要清晰地认识到，我们目前依然是处在社会主义初级阶段的，并且这个阶段仍将持续很长的时间。

第二章

伯恩施坦关于资本主义及其发展趋势的理论

爱德华·伯恩施坦（1850—1932），他是德国社会民主党和第二国际著名的代表人物，曾被恩格斯指定为"政治遗嘱"的继承人。他早年曾经深受赫希伯格（Karl Hochberg）、施拉姆（Karl A. Schramm）错误思想的影响，发起组建了一个右倾机会主义小宗派集团——"苏黎世三人团"。后来，伯恩施坦在马克思、恩格斯批评教育下在政治上逐步转变并倾向于马克思主义。在1881—1895年期间，他对拉萨尔主义的错误思想进行了批评，后来，受社会民主党信任，他担任了党的机关报《社会民主党人》主编，他花费了很大精力，并且亲自在这份凝聚着自己心血的报纸上，发表文章，积极宣传、捍卫和传播马克思主义，揭露普鲁士反动政府的罪行、驳斥他们对社会主义的污蔑与抨击，在争取群众方面，发挥了非常好的作用。因而，这个时期，是伯恩施坦"一生中的黄金时代"①，在此间的良好表现博得了恩格斯的欣慰与赏识，恩格斯不但亲自指导伯恩施坦的工作，还多次与其通信，予以教育、指导。伯恩施坦的辛勤工作获得了肯定，在此期间，他甚至得到了"正统派马克思主义者"的称号，也一度成为恩格斯政治遗嘱的继承人。但是，1895年恩格斯逝世后，伯恩施坦的思想发生了巨大的变化，他根据1896—1898年间写的一组关于"社会主义问题"的文章整理出一部专著，于1899年公开出版了名为《社会主义的前提和社会民主党的任务》一书，在这部著作中，他打着"理论创新"的旗号对马克思主义进行了公开发难，资产阶级对他的理论如获至宝，因此，他的错误思想影响十分恶劣，严重挫伤了德国社会民主党和国际共产主义运动事业，造成了非常严重的后果。

---

① 中共中央马克思恩格斯列宁斯大林著作编译局国际共运史研究室. 德国社会民主党关于伯恩施坦问题的争论 [M]. 北京：生活·读书·新知三联书店，1981：60.

第一节 伯恩施坦用"资本主义适应论" 修正"资本主义崩溃论"

19世纪末20世纪初，科学技术和生产力在欧洲得到比较迅猛的发展，这个时期是马克思主义发展史上的一个重要历史时期，第二国际大致就在此时期。因此，我们要研究好马克思主义发展史就不能不重点关注与研究第二国际时期理论家的思想。那么在这个历史时期社会究竟发生了什么变化？这些变化与伯恩施坦资本主义适应论的产生和形成有什么内在联系呢？

伯恩施坦由于在英国伦敦流亡了十多年之久，他看到了英国发达的资本主义经济，又深受费边社会主义学者的影响。因而，他的思想开始发生变化，他认为西方资本主义发展已经焕发出生机与活力，资本主义与以前相比已经发生了相当大的改变，马克思所说的资本主义崩溃并未出现，"崩溃论"已经不合时宜了。资本主义社会越来越适应社会的发展，资本主义危机也消失了。因而，他毫不隐瞒自己的观点，资本主义"适应论"被理直气壮地提了出来，他认为马克思所揭示的"资本主义不可避免的灭亡理论"是彻头彻尾站不住脚的，他力图通过修正马克思主义的资本主义分散论、崩溃论等核心观点进而为他资本主义适应论的改良理论提供理论依据。他进行辩护的依据就是中小企业的发展，交通工具的完善，特别是信用的发展都是限制资本主义崩溃的因素。伯恩施坦指出，资本主义制度由于它本身的矛盾而引起的全面崩溃，"是一个彻头彻尾模糊不清的观念"，他对资本主义社会的发展规律进行了新的解释。伯恩施坦之所以形成关于资本主义适应社会发展的观点，除了有他个人主观的原因，和当时客观的历史背景也是分不开的。

一、伯恩施坦"资本主义适应论"提出的背景

1848年欧洲大革命的失败和1871年巴黎公社革命相继失败后，无产阶级革命处于低潮，这时候革命的条件不够成熟，而资本主义世界经历了一个比较平稳的发展时期，而且，在这一历史阶段，资本主义社会经济关系的发展经历了比较深刻的变化。

（一）生产力水平迅速提高，垄断组织形成并发展

19世纪末，欧美各主要资本主义国家发生了以电的发明和应用为标志的第

二次产业革命，科技在第二次产业革命的推动下迅猛发展，并发生了质的飞跃，资本主义国家的经济也有了长足的进步。在这种情况下，各主要资本主义国家的轻工业所占比重很快被重工业超过了，并形成了以重工业为主的工业化格局。就此问题，恩格斯也看到了工业革命的重大意义。"菲勒克就电工技术革命掀起了一阵喧嚷……但是这件事实际上是一次巨大的革命。"① 资本主义国家正是凭借着第二次工业革命，重工业得到了突飞猛进的发展。不过，这一时期的资本主义经济发展并不平衡。伴随着生产和技术的巨大进步，资本主义企业间的竞争加剧了。生产规模扩大、资本更加集中，表现在一些实力、竞争力强的企业上。19世纪末20世纪初，自由竞争逐渐被垄断所代替。在欧洲，各个国家垄断组织的发展速度和形式，因为各国的历史条件和经济发展状况的不同，表现出很大的差异。由于经济发展迅速，生产集中程度高，生产同类商品或在生产上有密切联系的企业组成的垄断联合，以不同的形式表现出来，如美国作为最早出现垄断组织的国家，它的垄断组织形式采取托拉斯的形式。美国的垄断组织主要有美孚石油、威士忌托拉斯。垄断组织的出现是资本主义经济发展的结果，同时，垄断组织的出现是19世纪最后的30年间，资本主义经济发展中的最重要特征。

德国作为后起的资本主义国家，经过1870—1871年的普法战争，实现了统一。德国的统一，宣告了长期存在的四分五裂的地方割据的政治局面的结束，资本主义发展道路上的严重障碍被清除了，德国资本主义因而迅速发展起来，随之，垄断组织也如雨后春笋一样开始出现，德国的垄断组织是卡特尔，这是德国垄断组织中比较普遍的形式。垄断组织的出现更加剧了资本的集中，贫富分化的差距扩大，这推动了德国野心的扩张，德国垄断资本主义的发展、垄断资产阶级的两面派政策与伯恩施坦资本主义适应论的产生和发展有直接关系。

（二）科学技术的发展给资本主义的发展注入了生机和活力

第一次科技革命是以蒸汽机发明为标志的，它极大地推动着生产力飞速发展。这次科技革命促使英国和法国先后走向工业化道路。19世纪70年代，以电气为标志的第二次科技革命又带来生产力的极大提高，科学技术迅猛发展，众多资本主义国家经济获得了飞速发展。德国、美国也在科技革命的推动下，走向西方资本主义以殖民掠夺、扩大市场的资本主义工业化道路。科学技术的新发展，特别是电力的广泛使用，使得主要的资本主义国家重工业比重超过了轻

---

① 马克思恩格斯文集：第10卷［M］．北京：人民出版社，2009：499.

工业。19 世纪末资产阶级利用殖民扩张和榨取本国工人的剩余价值积累了一部分财富，他们逐渐以完善社会立法、提高工人待遇、改善生活环境等政策来缓和劳资矛盾，整个资本主义社会的发展进入了相对稳定、和平发展的时期。

（三）工人阶级队伍在和平繁荣的环境下空前壮大

19 世纪末，工人阶级自我意识觉醒所发起的斗争，使资本主义国家的统治者意识到要改变以前强制工人劳动的剥削方式，而通过发展科学技术，通过相对剩余价值的生产这种妥协和退让的方式反而能比以前延长工作时间，获得更多的剩余价值。资产阶级由强制到怀柔统治策略的调整，使得工人的生活状况得到改善，公民有了行使投票权的权利。在德国，工人阶级曾经出现两个对立的派别——爱森纳赫派和拉萨尔派。1875 年，两派由对立走向联合，而成为德国社会主义工人党，使党的影响力迅速扩大，并且在全党 12 年的艰苦努力下，一系列具有剥削性质的法令、条令被废除；1890 年，俾斯麦政府在人民的欢呼声中垮台，令人唾弃的非常法终于被废除，无产阶级的地位得到很大程度的提高，社会主义工人党也发展成为欧洲最大的无产阶级政党。紧接着，1893 年，社会民主工党再次发动全国性的工人罢工示威和群众集会游行，塔菲政府被迫妥协，向帝国议会提出选举改革草案，使投票人数由 177 万扩大到 520 万。与此同时，比利时、意大利的工人运动也取得了可喜可贺的成绩，无产阶级拥有更多的投票权。争夺普选权的胜利也使恩格斯惊喜地看到无产阶级运用和平斗争的手段夺取政权的可能性，也就是说，"历史的发展要求无产阶级改变在革命进程和斗争策略方面的旧观念"①。

19 世纪 90 年代，资本主义经济经历了萧条的寒冬时期逐渐发展为经济的繁荣时期，好像一个苟延残喘的病人经历了危险时期，又逐渐迸发出生命的奇迹。而这个时期伯恩施坦也莫名地兴奋起来，不失时机地提出他的修正主义理论。

伯恩施坦通过对英国以及对德国工业状况的考察和调研，然后根据他所了解的情况，分别写了《英国农业状况的发展》和《德国工业发展状况》，这是他对马克思资本主义危机理论公然质疑的代表性著作。伯恩施坦对马克思关于资本主义发展趋势理论进行了批判、否定，并提出了与马克思截然相反的代表性理论——资本主义适应论。他歪曲马克思主义关于资本主义必将灭亡、无产阶级必须通过革命取得社会主义胜利的理论。《崩溃论和殖民政策》（1898），伯恩施坦否认资本主义社会发生经济危机的可能性，因此他断然否认资本主义

---

① 孙代尧. 从暴力革命到和平过渡——马克思恩格斯革命策略思想演进之探讨［J］. 武汉大学学报（人文科学版），2007（11）．

将发生崩溃的理论，认为这种理论是"彻底虚妄的"、是一种"冥想"，他还明确说明"反对殖民政策"一点儿也不利于"人民事业的胜利"（指资本主义崩溃），相反，他是支持殖民政策的，并且认为社会民主党放弃和反对把未开化民族纳入文明化制度范围的反抗，是"不合时宜的"①，并以此来否定马克思的社会主义学说，他的这些公然反对马克思主义的学说一经发表，在德国社会民主党内部就引起了轩然大波，也对国际共产主义运动造成了不好的影响。

二、伯恩施坦断言马克思关于资本主义发展趋势理论是一种"错误的估计"

马克思、恩格斯在《共产党宣言》中通过资本批判，科学论证了资本主义必然灭亡与社会主义必然胜利的历史发展趋势，深刻揭示了无产阶级作为资本主义掘墓人所担负的伟大历史使命。然而，作为德国社会民主党和第二国际著名代表人物的伯恩施坦却根据自己对资本主义社会所发生变化的理解，对马克思、恩格斯的"两个必然"理论进行了彻头彻尾的否定。

马克思和恩格斯是比伯恩施坦更早地观察到 19 世纪末 20 世纪初资本主义发生的一系列变化的。恩格斯在《资本论》第三卷指出："历来受人称赞的竞争自由已经日暮途穷，必然要自行宣告明显的可耻破产。……竞争已经为垄断所代替。"② 1891 年 10 月，由德国社会民主党的著名领导人威廉·李卜克内西（Wilhelm Liebknecht）和奥古斯特·倍倍尔（August Bebel）在爱尔福特城制定了一个马克思主义纲领——《爱尔福特纲领》，纲领中进一步明确了资本主义制度走向崩溃的必然性。在爱尔福特代表大会上，威廉·李卜克内西表示，资本主义社会目前的发展将按照不可更改的趋势趋向它不可避免的"世界性毁灭"，即他所说的"铁的逻辑"趋向"大灾变"。奥古斯特·倍倍尔也说："灾变只是一个时间问题了。"③ 但是，关于资本主义趋向崩溃的观点，伯恩施坦不但不能够认同，还专门针对马克思《共产党宣言》"两个必然"，即他口中的崩溃论，专门发表了《崩溃论和殖民政策》，对马克思的观点表示强烈反对。他认为马克思关于资本主义发展趋势理论是一种"错误的估计"。

为了进一步修正马克思、恩格斯在《共产党宣言》中提出的"两个不可避免"，即伯恩施坦口中常提的"资本主义崩溃论"，他发表了一系列文章，对马

---

① 殷叙彝. 伯恩施坦文选 [M]. 北京：人民出版社，2008：68.

② 马克思恩格斯选集：第 2 卷 [M]. 北京：人民出版社，2012：528.

③《德国社会民主党 1891 年爱尔福特代表大会会议记录》，1891 年柏林德文版。转引自徐觉哉：对伯恩施坦主义的重新解读 [J]. 社会科学，2008（10）.

克思、恩格斯在《共产党宣言》中所表露出来的资本主义的"灾变论"进行公开的挑战。

（一）关于资本主义何时崩溃，马克思、恩格斯只是给出了大致远景

对资本主义揭露和批判是马克思倾其一生所做的事业，恩格斯为了他和马克思的事业，甘愿做自己不喜欢的生意，来支持马克思的写作。他在作为"第二小提琴手"成就马克思的同时，也把他的名字与马克思一起刻在历史的功劳簿上。他们通过哲学、政治经济学和科学社会主义的论证揭露了资本主义私有制的罪恶，批判了资产阶级对无产阶级残酷的剥削，并在1848年，他们合写的《共产党宣言》中提出"两个不可避免"，即"资产阶级的灭亡和无产阶级的胜利是同样不可避免的"①，并以此来号召无产阶级，促使无产阶级进行政治斗争，从而实现共产主义。伯恩施坦对《共产党宣言》中的一些词句做了解读，对《共产党宣言》关于资本主义发展道路做出的判断和预测，伯恩施坦利用恩格斯在《法兰西阶级斗争》"导言"中的说法，认为马克思、恩格斯错误地估计了资本主义崩溃的时间。伯恩施坦明确指出，他抵制这样的看法："我们面临着指日可待的资产阶级社会的崩溃。"②伯恩施坦的这句话是有问题的，因为，马克思、恩格斯并没有去估算资本主义社会何时崩溃，也没有说明资本主义社会的崩溃是"指日可待"，他们只是说明了资本主义发展的趋势是最终必然灭亡。马克思在1848年大革命失败以后，更是及时总结革命失败的经验教训，并进一步补充发展了他和恩格斯关于资本主义发展趋势的"两个必然"理论，这就是1859年马克思在《〈政治经济学〉序言》中提出的"两个决不会"思想。

（二）恩格斯进一步发展了马克思的资本主义不会立即崩溃的思想

对于19世纪末20世纪初，资本主义所发生的新变化，恩格斯和伯恩施坦都敏锐地意识到了。卡特尔、托拉斯这些新的生产组织形式的出现，使恩格斯意识到随着社会生产力的提高，资产阶级为了应对资本主义的新变化，已经对资本主义的生产关系进行了一定的调整，这说明资本主义生产关系尚有容纳生产力发展的空间，因而，恩格斯更是进一步强调了资本主义不会立即崩溃。这从前面我们所论述的"恩格斯资本主义崩溃论的完善与发展"可以清楚地知道恩格斯的观点，这里不再赘述。虽然伯恩施坦和恩格斯都反对资本主义迅速崩溃，但是他与恩格斯根本不同的是，他被资本主义社会所出现的虚假繁荣和没

---

① 马克思恩格斯文集：第10卷［M］．北京：人民出版社，2009：43.

② 殷叙彝．伯恩施坦文选［M］．北京：人民出版社，2008：101.

有立即崩溃的现象所迷惑，不认可资本主义基本矛盾依然存在，不认可经济危机的根源依然存在，反而揪住马克思的个别结论不放，其原因是伯恩施坦无法或不愿意真正理解马克思、恩格斯的上述思想，当然，就更谈不上正确认识马克思、恩格斯所论证的"两个必然"是历史发展的必然趋势了。

伯恩施坦与恩格斯一样，也重视合法斗争和普选权，但是，他又与恩格斯不同，他不是把一定条件下的合法斗争和普选权当成一定条件下的斗争策略和手段，而是一味地推崇通过合法的手段。他不主张改变资本主义制度，而只是想通过对落后国家进行殖民主义的方式为资本主义注入新的活力，"如果认为通过反对所有的和一切的殖民政策就能加速本国的革命，这种想法是彻头彻尾站不住脚的"①。伯恩施坦为了否定马克思关于资本主义崩溃论的论述，为了证明资本主义崩溃论是空想，特别是为了证明他观点的正确性，他着眼于当时的现实经济状况和社会的阶级关系状况来论述自己的观点。

三、伯恩施坦用"经济发展中的新材料"来修正马克思、恩格斯"两个必然"理论

伯恩施坦考察了发达资本主义国家——英国的现实的经济状况。在考察中，他自认为发现了"经济发展中的新材料"，比如，他认为：第一，科学技术突飞猛进，资本主义的生产力和生产关系发生了深刻的改变，资本主义社会呈现相对繁荣的景象。第二，由于垄断资产阶级改变统治政策，颁布一系列的"社会法"、给予人们一定的自由和政治权利。因而，不需要通过革命来实现社会主义，可以通过在资本主义社会进行局部改良，使资本主义制度内部社会主义因素生长越来越多的份额来实现。他认为在很多方面都说明社会主义的萌芽已经出现了，比如，地方市政自治机构所采取的措施和拥有的地方公用事业；资本主义制度下的合作社也能够消灭剥削，促进工人阶级解放；资本家采取给工人购买劳动保险、劳资合同的一些社会主义的措施；甚至连资本家为了欺骗工人所搞的工人参与"监督"的措施，伯恩施坦都把它看作社会主义的萌芽已经在资本主义内部生根发芽了，这些举措"都是向社会主义的发展"，是社会主义的因素、是"社会主义的一部分实现"。在此基础上发展，就可以产生社会主义的新制度。第三，资本主义制度"有比过去所假定的更长的寿命和更强的弹性"，"崩溃"也并未出现，这说明资本主义有了"适应能力"，由此，他否定马克思和恩格斯对资本主义发展趋势的预判，并认为资本主义必然灭亡和社会主义、

---

① 殷叙彝. 伯恩施坦文选［M］. 北京：人民出版社，2008：69.

共产主义必然胜利的规律是纯主观的臆想，他得出结论，即马克思所说的资本主义崩溃论已经过时，并试图以资本主义没有立即"崩溃"的现状推翻整个马克思主义理论的科学性。

他提出，在资本主义制度内部已经生长起越来越多的社会主义因素，资本主义具有很强的适应能力，不会走向崩溃，因而没有必要通过革命的方式实现向社会主义的过渡，即使社会民主党通过革命，也没有办法取消资本主义什么方式，这种思想他在《崩溃论与殖民政策》中一再表示出来。1898 年，他在《新时代》上发表文章，否定了马克思在《共产党宣言》中所预言的经济危机及其可能性，他指出，经济发展的逐步推进和以前的现状已大大不同，因而"一般说来我们将根本不再遇到一向的那种营业危机，并且必须抛弃一切把它当成巨大社会变革的前导的那种冥想"①。由此，他进一步得出结论，既然资本主义社会连爆发经济危机的可能性都变得越来越小了，那么，崩溃更是无从谈起。"目前的生产制度几乎在同时完全崩溃，这件事随着社会的向前发展，不是可能性更大了，而是可能性更小了。"② 他认为，在资本主义从自由竞争发展到垄断这样新的历史阶段，由于卡特尔、托拉斯等垄断组织的发展、交通工具的完善、通信的发展以及其他许多经济因素的出现，这些都可以防止经济危机。据此，伯恩施坦认为马克思经济危机理论并没有什么新鲜的地方，它与资产阶级经济学家的理论"并没有显著差别"，他质疑马克思经济危机理论，宣称这一理论已经"过时"，资本主义经济危机目前已经"根本不可能"发生。同样基于他的上述分析，他批判社会民主党所假定的从资本主义社会到社会主义社会之间有一个飞跃；他认为这是不可能的。伯恩施坦认为社会民主党人所假定的"巨大的、囊括一切的经济危机，是通往社会主义社会的必经之路"③ 的这种所谓资本主义制度的"崩溃"是没有理论依据的，伯恩施坦反对这种道路，把他称为"崩溃论"或"灾变论"，与之相反，他提出了非常著名且引起当时社会思想混乱的"资本主义适应论"，批判社会民主党人认为资本主义崩溃论是最稳妥、最短的必经之路的理论。他认为先进国家中的资产阶级"正在一步步地向民主制度让步"，这种让步或称之为制度适应，这将会大大预防和减少政治灾变发生。因而，他得出的结论是，随着现代民主国家政治制度民主化程度的提高，巨大政治灾变的发生越来越不可能了，马克思所说的资本主义灭亡的必然性越来

---

① 殷叙彝. 伯恩施坦文选［M］. 北京：人民出版社，2008：65.

② 殷叙彝. 伯恩施坦文选［M］. 北京：人民出版社，2008：67.

③ 殷叙彝. 伯恩施坦文选［M］. 北京：人民出版社，2008：59.

越小。

根据所谓的现实经济状况反对"崩溃论",是伯恩施坦的一大重要理由。伯恩施坦认为,社会主义者预言者所说的那种生产部门所造成的生产的积聚现象目前还没有达到。在工业企业,企业等级区分比较多,而任何一级都没有消失的趋势。而且,现在一些先进国家,资产阶级特权正向民主制度让步。比如,关于劳动保护的法律有了,工作日也缩短了,也提高了儿童从事工业劳动的年龄,这说明工人阶级的努力已经迫使资产阶级进行了让步、调整,这些也充分说明了资本主义制度不会崩溃。伯恩施坦进一步指出,在一切由国家机关分派劳动的工厂中都建立了工人组织,而且有了相应的立法保护,这毫无疑问地扩大了地方行政机构的民主化及其工作范围,工会和合作社也行动起来了,并且已经发挥了他们的作用。因而,伯恩施坦认为,所有这一切都表明资本主义生产必然崩溃、经济危机不可避免的看法是荒谬的,因为工人阶级地位的改变,他们也脱离了绝对贫困化的状态,不会在短期内爆发革命。

(二) 伯恩施坦关于阶级斗争缓和的观点

伯恩施坦从当时 19 世纪末所谓"两大阶级"矛盾已经趋于缓和的社会阶级状况出发,直接回应马克思在《共产党宣言》中的预言:资本主义的巨大发展必然会导致社会日益分化为两大对立的阶级——资产阶级和无产阶级。伯恩施坦认为,与马克思在《共产党宣言》中所描述的阶级和阶级斗争截然不同的是两大阶级之间出现了中间阶层,"社会关系的尖锐化并没有按《宣言》所描绘的那样实现。想掩饰这一点,不仅没有用处,而且愚不可及"①。伯恩施坦认为,社会关系并没有尖锐化,而只是当时资本主义的状况、资本主义社会结构复杂化了。有产者的数目不但没有减少反而不断增加了,与日俱增的社会财富使无产者有可能成为有产者,中等阶层的性质和以前相比已经发生了变化,阶级矛盾因而也有缓和及削弱下去的趋势。

伯恩施坦认为马克思在预言资本主义发展趋势的时候比较片面,仅仅说明了资本主义社会的发展现状,而没有看到资本主义在发展过程中出现的新问题。伯恩施坦认为,这种中等阶级没有消失甚至也没有减少的情况,并没有像马克思所认为的资产阶级和无产阶级两级对立的现象越来越明显,而是中等阶级只是改变了性质,变得越来越适应社会的发展。

---

① 殷叙彝. 伯恩施坦文选 [M]. 北京:人民出版社,2008:101.

四、伯恩施坦关于资本主义发展趋势错误理解的原因分析

（一）理论上：伯恩施坦只看到问题的表象，没有看到问题的实质

伯恩施坦所持马克思经济危机理论和崩溃论都不能成立的结论犯了只看到问题的表象，而没有看到问题实质的错误。

马克思的经济危机理论散见在《资本论》的有关章节，马克思进行了全面、系统的论述，他分析了经济危机的成因和表现。马克思对资本主义经济危机的分析已经深入经济关系和经济制度中，他通过由浅入深、由表及里的分析与思考以至最终挖掘到了资本主义的本质。资本主义在生产的过程中表现出个别企业生产、组织严密性和计划性与整个社会的无政府状态的矛盾，而这个根本无法解决的矛盾既是资本主义私有制导致的必然结果，又进一步加速导致生产相对过剩的危机，这种解释既是马克思关于经济危机发生的经典阐释，也是资本主义生产方式内在矛盾的必然结果。

伯恩施坦认为随着现代信用、交通通信、统计科学以及企业主组织的发展，生产盲目性的危机已经逐渐消失了。马克思所假设的资本主义危机将日益扩大和具有破坏性的情况，并没有实现，马克思的经济危机实质和洛贝尔图斯（Johann Karl Rodbertus）的经济危机理论一样，两者没有"特别的不同"，因而，马克思的经济危机并不新鲜，现在能使危机消除和避免的手段很多，如世界市场的扩大、信用制度的发展、垄断组织的产生等。以致伯恩施坦指出："马克思的资本主义理论是以资本主义危机理论为基础的崩溃论，只要危机理论不能成立，崩溃论也就不能成立，因为资本主义经济崩溃是作为越来越重大的危机的后果而出现的。"①

伯恩施坦在《社会主义的前提和社会民主党的任务》中指出"在社会主义者中间最流行的关于经济危机的解释是，危机是从消费不足中产生的"②。他指出，对于这样的一种认识，恩格斯已经屡次批判过，而且在《反杜林论》第三章第三节进行了激烈的批驳。马克思也反对由消费不足推论出恐慌，马克思在《资本论》第二卷中认为"危机是由于缺少有支付能力的消费或缺少有支付能力的消费者引起的，这纯粹是同义反复"③，但是，为了否定马克思经济学著作中

---

① 爱德华·伯恩施坦. 今日社会民主党的理论和实践 [M]. 何疆，王禹，译. 北京：生活·读书·新知三联书店，1965：29.
② 殷叙彝. 伯恩施坦文选 [M]. 北京：人民出版社，2008：207.
③ 马克思恩格斯文集：第10卷 [M]. 北京：人民出版社，2009：456.

的经济危机理论，伯恩施坦又搬出《资本论》第三卷，他从第二编中好像找到马克思自相矛盾的话，他说："在《资本论》第三卷第二编中，有一段话同所有这几句话是相当矛盾的。马克思在那里关于危机是这样说的：'一切现实危机的最后原因，总是群众的贫困和他们的消费受到限制，而与此相对比的是，资本主义生产竭力发展生产力，好像只有社会的绝对的消费能力才是生产力发展的界限。'"① 伯恩施坦在这里，显然是错误解读了马克思的思想，他误认为"经济危机产生的根本原因"是"群众消费不足"是马克思的观点，但是，实际上马克思并没有如此看，在马克思看来，"群众的消费不足"，只是产生经济危机的主要原因之一，而产生经济危机的根源依然是由于资本主义私有制所导致的社会根本矛盾，由于这个根本矛盾无法解决，才造成资本家为了尽可能多地榨取工人的剩余价值而拼命生产，而工人由于自身的贫困却无力消费那么多生产出的产品，就像煤炭工人生产的产品越多却越发用不起自己生产出来的煤炭一样，这必然会导致生产过剩，但是，不是绝对过剩，而是产品相对过剩。马克思这段关于"消费不足理论"被伯恩施坦一再提到，并被他说成马克思就是"消费不足理论"的倡导者，就是认为消费不足是产生经济危机的原因，因而，伯恩施坦理所当然地认为，他所认为的经济危机只是暂时的社会现象，是从马克思理论推出来的，经济危机是可以克服的。他的意思很明确，是马克思自己否定了自己，马克思晚期否定了他前期的思想，马克思晚年的消费不足理论是对他自己前期经济危机理论和崩溃论的否定。但是，伯恩施坦没有追究，马克思所说的"群众的消费不足"其根源正是资本主义私有制。伯恩施坦反而不遗余力地美化资本主义制度、赋予资本主义以无穷的生命力，其司马昭之心路人皆知。很显然，伯恩施坦没有弄清、搞懂马克思的《资本论》关于资本主义经济危机根本原因的阐述。资本主义发展到垄断阶段，虽然说垄断组织有一定的积极作用，如能够维护竞争秩序，使本国大型企业乃至世界市场中的集团获益，能够有计划地进行生产销售，遏制一些企业的无计划生产，同时改善了一些企业的无政府的商业行为，这样适应市场供需节奏，垄断组织就能理顺供需关系，避免复杂的恶性竞争，这对于规范市场秩序，有一定的优越性。但是，垄断组织并不能根本上改变资本主义所有制的本质，因而也就不可能改变资本主义私人生产的无组织性与社会化大生产之间的矛盾，也不可能改变建立在生产资料私有制和雇佣劳动基础上的剥削制度，更不可能改变资本家无止境地追求剩余价值这个资本主义制度的基本规律。伯恩施坦过分依赖眼睛看到的现象，他在

---

① 殷叙彝. 伯恩施坦文选［M］. 北京：人民出版社，2008：208.

英国看到的以及市场上出现的垄断组织，以为这一资本主义新形式就能够抵挡一切经济危机的到来，认为垄断组织是"有组织"的资本主义形式，能够克服资本主义的无政府状态，并以此作为自己否定马克思经济危机理论的依据，在这点上，不免有些以偏概全，一叶障目。垄断组织的作用并不是像伯恩施坦所说的那样神奇。在20世纪初发生的资本主义经济危机中，从垄断组织的表现就可以看出来：当时大小型企业纷纷倒闭，垄断组织纵然想有所作为，也是力不从心，一时间经济萧条、失业剧增。伯恩施坦真是"一时浮华遮望眼"，他没有认真理解马克思关于资本主义经济危机理论、崩溃论的实质，而仅仅是看到了资本主义社会的表面繁荣，这显然是被资本主义显现出来的虚假繁荣遮蔽了双眼，却没有真正领会马克思关于资本主义私有制所导致的社会化大生产和生产资料私人占有的矛盾的论述。当然也就不可能重视马克思历史唯物史观关于生产力和生产关系的矛盾的理论。因而，在分析问题时，伯恩施坦只看到问题的表象，而没有看到问题的本质，在形而上学的唯心主义道路上愈走愈远。

伯恩施坦认为还有很多因素都使普遍性营业危机不可能了。他对恩格斯所指出的"处在一个空前激烈的新的世界性的崩溃的准备时期"表示异议，认为"在这一段话写作以来消逝的时间中，这一问题悬而未决"①。他一口气提出了两个疑问说："世界市场的地域扩展同消息传递和运输交通所需时间的异常缩短并在一起，是否已经使抵消各种扰乱的可能性如此增加，欧洲工业国家大为增加的财富同现代信用制度的灵活性以及工业卡特尔的兴起并在一起，是否已经使地方性或局部性扰乱对于一般营业情况的反作用力如此减少。"② 伯恩施坦所认为的世界市场扩张得越来越大、消息传递快捷、交通运输更加便利、财富的增加成为可能等已经使普遍性营业危机成为"根本不可能发生的了"。但事实上是，资本主义的垄断形式和垄断组织虽然发生了新的变化，新的垄断组织托拉斯、卡特尔、辛迪加等也不断涌现，资本主义矛盾好像从表面上调节和缓和了，但实质上资本主义世界无政府状态扩大化的趋势依然没有根本的改变。马克思说过："资本的躯体可以经常改变，但不会使资本有丝毫改变。"③ 这就是说资本形态的改变并没有改变资本的实质。伯恩施坦实际上是把他所研究的一切经济生活现象，同资本主义发展的整体关联、整个经济结构割裂开来，把资本主义出现的适应资本主义发展的局部现象当作独立的存在，当作一部死机器的拆

① 殷叙彝. 伯恩施坦文选 ［M］. 北京：人民出版社，2008：211.
② 殷叙彝. 伯恩施坦文选 ［M］. 北京：人民出版社，2008：212.
③ 马克思恩格斯文集：第1卷 ［M］. 北京：人民出版社，2009：725.

散的零件。伯恩施坦不能真正理解资本主义新现象的本质，正是由于方法论上的错误，他将资本主义社会所出现的一些新变化当成了资本主义已经适应社会发展的依据，这样只看现象，而不能透过现象看清资本主义本质的形而上学的观点注定会有问题，只有坚持辩证唯物主义整体性的观点才能正确看待这些变化。伯恩施坦的资本主义适应论否定了资本主义崩溃的内在必然性，从而离开了历史唯物主义的基础。资本主义发展的事实给了伯恩施坦一个响亮的耳光。

（二）实践上：资本主义经济危机的有增无减再一次证明资本主义适应论是站不住脚的

实践上，1896—1899 年恰是伯恩施坦颂扬资本主义的时期，他到处宣扬经济危机不会再发生，但是现实给了伯恩施坦当头一棒，那就是 1900 年资本主义世界便发生了延续两年半之久的新的经济危机，这次经济危机依然来势凶猛，造成大批工厂倒闭，失业人数剧增。继 1900 年的危机之后，1907 年美国银行业危机爆发，纽约半数以上的银行贷款被一些投资公司投在高风险、高回报的股市和债券上，整个金融市场"欣欣向荣"，陷入一种极度投机、近于疯狂的状态。但股市就像一根弹簧，外界的力越大，反弹的作用力也就越大，金融可以创造财富，同样也可以创造泡沫，而泡沫注定是脆弱的，这种金融泡沫越吹越大，最终化为乌有。而这种高利息高风险的投机活动最终成为市场崩塌的催化剂，引起金融危机的爆发。至此，资本主义的经济危机并没有消停，随之而来的是 1929 年纽约证券交易所的崩盘事件，这场股市大崩盘不仅反映了当时社会中的投机热潮，更直接地体现出以股市投机作为核心的资本主义文化，在当时，不仅多数投资者破产甚至自杀，更是给美国经济一记重创，造成华尔街有史以来形势最为严峻的十年大萧条。随后，1987 年 10 月又是美国股民的一段灾难记忆，这些普通的民众将自己一生的积蓄投入股市以期赚取养老钱，结果却在短短几天之内，随着股市的跌涨起伏消失殆尽，一时间银行破产、工厂倒闭、企业纷纷裁员，美国的金融市场再度陷入恐慌波动之中。庆幸的是，与 1929 年相比，这场股灾没有导致整体性的经济危机，但对美国经济的打击仍旧巨大，导致美国长时间的经济衰退。这种经济危机的爆发并没有日渐消减的趋势，反而日益猖狂，由 2007 年美国次贷危机引起的 2008 年的全面金融危机向全球蔓延，不仅对美国甚至给世界经济都带来了严重的影响。受多米诺骨牌效应的影响，此次全球金融危机尤其给发展中国家的经济基础带来重创，甚至导致长时间的经济衰退，严重影响了一些国家及地区经济的发展与稳定。这充分说明伯恩施坦的资本主义适应论被残酷的资本主义现实不攻自破。

伯恩施坦仅仅以 1873 年之后 20 多年没有出现普遍的经济危机这种资本主

义社会的表面现象来质疑马克思的危机理论，实际是他没有认清资本主义危机发生的根本即根植于资本主义生产方式之中，这需要从资本主义生产方式的内在矛盾来揭示问题，而不能只从个别资本家的立场出发来看问题。经济危机产生的原因不能仅仅从危机周期所经历的长短来衡量，而要剖析危机的内在结构和危机深藏的一般原因，对此恩格斯有清醒的认识。1884 年，恩格斯在《致奥·倍倍尔》的信中谈到资本主义经济危机发生和以前危机发生的不同，他说："美国和英国似乎都面临新危机的威胁，在英国这里，新危机到来之前，已经没有繁荣期作为前导了。"① 恩格斯这里已经认识到由于资本主义所发生的新变化，竞争已经被垄断所代替，资本主义垄断"为将来由整个社会即全民族来实行剥夺做好了准备"②。晚年的恩格斯更明确了资本主义制度下，社会生产力的提高，垄断组织有抵消旧危机重演的要素，这就导致经济危机周期和长短的变化，但是这些危机同时又包含着更多甚至是更猛烈的危机萌芽。

（三）方法上：伯恩斯坦故意曲解马克思的唯物史观、攻击辩证法

伯恩施坦远离马克思的唯物史观，攻击马克思的辩证法。在这一点上，当时第二国际理论家卢森堡、考茨基都对他进行过反驳和批判。卢森堡在 1899 年《社会改良还是革命》中指出："如果说，理论是外在世界印在人类头脑中的反射，那么对于伯恩施坦的最新理论无论如何得加上一句——往往是颠倒的反射。"③ 这说明伯恩施坦的世界观是本末倒置的，是唯心主义的。伯恩施坦通过他的论证试图使我们明白，出于物质的社会发展进程的客观必然性的论据消失了，他试图提供我们的是"唯心的论据"。考茨基在《伯恩施坦和社会民主党纲领》中从方法论层面展开对伯恩施坦的批判，他指出，马克思和恩格斯运用唯物史观，完成了对人类社会发展规律的论述。马克思对于历史发展必然性的描述被伯恩施坦当成一种阻碍社会发展的"教条"，当成宿命论。在这方面，伯恩施坦犯了方法论的错误。

伯恩施坦认为社会主义的胜利是虚无缥缈的，是空想，他认为所谓"社会主义的最终胜利"，"这并不因为有人用取自马克思恩格斯著作的武库的口号来装饰它而摆脱空想主义的性质。即使是最科学的理论，如果对它的结论做出教

---

①　马克思恩格斯全集：第46卷 ［M］．北京：人民出版社，1975：90.

②　马克思恩格斯文集：第7卷 ［M］．北京：人民出版社，2009：497.

③　中共中央马克思恩格斯列宁斯大林著作编译局国际共运史研究室．卢森堡文选：上卷 ［M］．北京：人民出版社，1984：74.

条主义的解释，也会导致空想主义"①，他指出，并不能因为搬用了马克思主义的词句就摆脱了空想主义的性质，但事实上并没有人搬用马克思主义，而恰恰是他，不仅曲解唯物史观，还攻击辩证法，这就是伯恩施坦对马克思主义"方法"的诋毁。这一点，连曾经和他非常亲密的盟友考茨基都无法认同，考茨基指出，"辩证法是马克思主义'最好的劳动工具'和'最锐利的武器'（恩格斯语）"②，伯恩施坦却丢掉了辩证法，不仅如此，他还把辩证法当成马克思学说中的"叛卖性因素"，是阻碍人们正确思维的"陷阱""泥潭"等。伯恩施坦竭力否定辩证法，未能理解辩证法的实质与精髓，因而他在研究问题时，自然不能运用联系的、发展的观点看问题，只能看到问题的现象，却难以触透问题的本质。

（四）思想上：维护资本主义私有制，不要消灭私有制、改造资本主义的生产关系，而是"和平长入社会主义"

伯恩施坦关于阶级矛盾缓和的观点，事实上是站不住脚的，当时的阶级矛盾并没有缓和，这可以从德国政府在"一战"期间，针对人民群众的反饥饿、反战争、反容克贵族以及大资产阶级的斗争所采取的镇压手段看出来。另外，在"一战"前，为了准备对中国的侵略战争，德国政府还制定了《防止颠覆法案》《特别法令》，甚至将反对发动侵华战争的李卜克内西以叛国罪判处一年半监禁。

伯恩施坦上述维护资本主义、美化资本主义的错误思想和他的世界观是分不开的，他信奉的哲学是新康德主义的伦理社会主义、拉萨尔主义以及费边改良主义。正如卢森堡所言，伯恩施坦主义就像"一个大垃圾堆"，是"一切思想体系的碎片"，而由这些"碎片"构成了伯恩施坦的思想。他吸取了众多机会主义思想的"长处"，自成一派，形成了他的一家之言。新康德主义的伦理社会主义正是伯恩施坦论证社会主义思想的理论出发点，伯恩施坦深受柯亨（H. Cohen）的影响，认为康德伦理学所颂扬的"绝对命令"的最高原则蕴含着"人是目的，而非手段"的精神意义，而这一精神完全体现了未来社会主义的道德理想，因此，同柯亨一样，伯恩施坦认为康德（Kant）的伦理学实则是一门社会主义学说，并把社会主义归结于工人的伦理要求与道德意向，以此否认阶级斗争，将社会主义束之高阁，理解为一种微妙的、说不清道不明的社会愿望。

---

① 殷叙彝. 伯恩施坦文选 [M]. 北京：人民出版社，2008：17.

② 中共中央马克思恩格斯列宁斯大林著作编译局国际共运史研究室. 德国社会民主党关于伯恩施坦问题的争论 [M]. 北京：生活·读书·新知三联书店，1981：22.

在此基础上，伯恩施坦亦吸取了费边的社会改良思想，认为社会主义是社会经济发展到一定阶段的产物，资本主义向社会主义演变的过程是循序渐进的自然过渡，并认为暴力革命是一种违背宪法的、有悖道德伦理的变革，将无产阶级的专政定义为"较低下的文化"，看成是"一种倒退，是政治上的返祖现象"①，认为流血的武装斗争将使多数人变得更加贫穷落魄，甚至丧失生命，是不为人民群众所接受的，以此鼓吹通过合乎宪法、合乎道德、渐进的平和的方式逐步向社会主义过渡，因而他宣扬阶级矛盾消失了，阶级对立不存在了，不需要通过流血牺牲来夺取政权，"和平长入社会主义"的方式是一种理想的方式。

伯恩施坦的这些思想与拉萨尔主义不谋而合，就伯恩施坦个人而言，他曾是拉萨尔主义的忠实信徒，并把拉萨尔的机会主义思想称为"丰富的精神遗产"。拉萨尔作为国家社会主义最有影响力的代言人，认为直接的普选权是工人参与政治生活的"黄金通道"，不仅是工人的政治基本原则，而且是"基本社会原则、一切社会援助的基本条件，它是改善工人等级物质状况的唯一手段"②。以此竭力颂扬资本主义，鼓吹直接选举、合法斗争、自由国家，反对任何具有暴力性质的社会变革，认为只有在国家帮助下建立生产合作社，通过普遍的直接的选举，才能够实现人人权利平等，从而实现专制国家向自由民主国家的转变。后来恩格斯在对拉萨尔的批判中将其主张称为"一种极其有害的幻想"，"似乎工人阶级可以不通过阶级斗争、不通过无产阶级专政就能和平长入社会主义"③。但拉萨尔口中的国家并不是无产阶级执掌政权下的国家，而是由警察、军队等军事官僚机构组成的政府组织，因此始终摆脱不了资本主义制度的剥削本质，掩饰不了为资产阶级政府辩护的虚伪内心。而伯恩施坦不仅没能够肃清拉萨尔主义的错误，反而坚持其右倾机会主义的错误思想，并尽数吸收，拼凑成一套属于自己的修正主义理论体系。

总之，纵观资本主义经济发展的历程，周期性的经济危机已然贯穿其中，细究其原因，资本主义的股份制度、信用制度有着不可逃脱的干系，并非如伯恩施坦所言信用制度的发展、垄断组织的产生能使资本主义的经济危机消除和避免。事实胜于雄辩，着眼社会发展现实，我们就能看到19世纪末20世纪初，

① 殷叙彝. 伯恩施坦文选［M］. 北京：人民出版社，2008：272.
② 《机会主义、修正主义资料选编》编译组. 拉萨尔言论［M］. 北京：生活·读书·新知三联书店，1976：71－83.
③ 海因里希·格姆科夫，等. 恩格斯传［M］. 易廷镇，侯焕良，译. 北京：人民出版社，2000：264.

伯恩施坦刚刚大谈特谈过资本主义适应论，资本主义经济危机的爆发就日渐猖狂，爆发的次数越来越频繁、波及的范围越来越广泛、影响也越来越深刻。这说明经济危机的发生从来就不是垄断组织、信用制度这些外在条件所能决定的。要知道，一棵大树的死亡往往是其根部的腐朽枯死导致的，资本主义社会也是如此，经济危机仅仅是死亡的树叶，透过经济危机的表象，我们不难发现危机的存在正是因为资本主义制度的基本矛盾，也就是说资本主义私有制的存在就是资本主义社会已经腐朽的树根。伯恩施坦妄图通过一些策略的调整在资本主义社会内部消除经济危机，避免资本主义崩溃，这就好比一棵大树根部早已腐朽枯死，还妄想修剪枝叶使其茁壮成长，这种想法何其荒谬，何其可笑。

细数伯恩施坦在理论、思想、方法、实践上存在的错误，不仅能够启示后人正确地看待资本主义社会出现的新现象，还可以证明马克思、恩格斯关于资本主义发展趋势的理论不是一种"错误的估计"，"两个必然"的认识实则是一种科学性的预见，以此拂去蒙在马克思主义理论上的尘灰，将《共产党宣言》背后的真理光芒重新展示在世人面前。

第二节　伯恩施坦对马克思劳动价值论和剩余价值理论的评判

伯恩施坦为了修正马克思"崩溃论"，建构起自己的资本主义适应论的理论体系，他首先要做的就是要为资本主义适应论寻找论据。那么他就要美化资本主义，两眼只看到资本主义发展中"好的方面"，对"经济危机""剥削"避而不见。为了达到他的目标，资本主义国家所出现的虚假繁荣被他夸大，帝国主义形成过程中所谓资本主义发展的"新材料"被他利用，为此，他建构起自己的一套理论，因为，他深知，马克思劳动价值论和剩余价值理论是马克思主义理论大厦的基石。为了达到摧毁马克思主义系统性、完整性、科学性的目的，伯恩施坦首先批判马克思的价值理论。

一、过于抽象的价值理论

庞巴维克（Eugen Böhm-Bawerk）是 19 世纪晚期著名的奥地利学派经济学家。1896 年，他发表了《卡尔·马克思及其体系的终结》（*Karl Marx And The End of His System*），这部著作是当时批评马克思的最有影响的著作，可以说是集当时资产阶级经济学家攻击和否定马克思经济理论之大成。庞巴维克把价值看成各种使用价值之间的一种数量关系，是对使用价值的一种抽象，并认为价值概念并非一个客观的存在物。伯恩施坦吸收了庞巴维克书中关于价值的思想，认为自己从庞巴维克的书中获益颇多，他轻易地给马克思的理论下了结论，那就是，马克思的理论只是某种抽象的假说。"略论马克思价值理论的意义"是伯恩施坦专门批判马克思的价值论的专门章节，他在1899年的《社会主义的前提和社会民主党的任务》中用很大篇幅来阐述这个问题，他认为，马克思的政治经济学理论只不过沿袭了英国古典经济学家的观点，是以抽象的劳动和抽象的价值为理论基础，进行了一系列的"抽象和还原"，他指出马克思自己认为，"在现代社会中，商品的价值在于花费在商品上的按时间衡量的社会必要劳动，但是在运用这一价值尺度时需要进行一系列的抽象和还原"①。伯恩施坦认为，运用这一价值尺度时，首先要把个别商品的特殊的使用价值抽象掉，其次要把各个劳动种类的特殊性抽象掉，把个别工人在勤勉、能力和装备等方面的差异抽象掉等。伯恩施坦认为，经过一系列的抽象后，这样"价值就失去了任何可衡量性，成了纯粹的思维的构想"②。

二、马克思的劳动价值论是一种"主观臆造"

按照伯恩施坦的看法，价值理论是一个纯抽象概念，马克思的劳动价值论在他看来更是一种"主观臆造"，因而，他认为劳动价值学说"只能作为思维的公式或科学假说而要求得到承认"③。伯恩施坦认为，马克思是利用经济思想史上原有的劳动价值论和更加抽象的思维构想，去分析资本主义社会，因此，马克思的政治经济学"仅仅在一定限度内才能生效"。伯恩施坦认为，马克思要假定一种决定价值的性质，"但这并不是劳动，而是需要，是效用。这种性质在实际生活中决定商品的价值量"④，伯恩施坦在这里看到了需要，也就是使用价值，他的这种看法具有一定的合理性，马克思也承认使用价值是价值的前提和基础，但伯恩施坦片面强调"需要"的这种唯效用论的价值观是不可取的，伯恩施坦强调"需要"是要否认劳动在创造价值中的重要作用。他认为马克思的价值理论不适宜作为研究的出发点，因为它不能说明社会产品的总价值。伯恩施坦试图综合马克思主义的价值概念与边际主义的价值概念，并把马克思的劳

---

① 殷叙彝. 伯恩施坦文选［M］. 北京：人民出版社，2008：175.
② 殷叙彝. 伯恩施坦文选［M］. 北京：人民出版社，2008：176.
③ 殷叙彝. 伯恩施坦文选［M］. 北京：人民出版社，2008：176.
④ 伯恩施坦. 社会主义的历史和理论［M］. 马元德，严隽旭，等译. 北京：东方出版社，1989：324.

动价值论和边际效用论等同，这种走折中主义路线的做法显然是错误的。

马克思在研究价值理论时通过对亚当·斯密价值理论的批判，对剩余价值思想史的考量，明确说明了商品的价值来自商品生产中所耗费的一般人类劳动，因而他为了研究的需要所运用的抽象法和庞巴维克为代表的奥地利学派的抽象法有着根本的不同。马克思为了反映事物的特征和本质属性，揭示出它们发展固有规律，采用了一种特殊的抽象法，对大量一般的、个别的甚至是偶然的现象进行观察、舍弃，发现事物之间的内在联系，概括出事物发展的必然规律，因此，马克思的这种抽象法无疑是科学的抽象法。反观之，以庞巴维克为代表的奥地利学派的做法则完全不同，他们不赞同历史的方法，主张用孤立的抽象演绎方法，把历史上根本不存在的所谓的孤立个人抽象出来，将其作为经济理论研究的出发点，试图用"人的欲望与物之间"的关系来代替在现实中无法回避的社会生产关系的探讨。这种历史观反映在价值观上，他们认为价值决定于人们的主观评价而不是商品的内在属性，这种做法就是在根本上否定价值的物质性内容，把价值变成了人的心理产物，毫无疑问，这是主观唯心主义的一种表现。这种价值论全面否定了马克思主义的价值论，与马克思主义价值论毫无共同之处。马克思从商品的特性中抽出抽象劳动，认为抽象劳动是决定价值实体的，而生产商品的具体劳动形成商品的使用价值，从而提出了劳动二重性理论，科学地揭示了商品生产的发展规律。但是伯恩施坦把马克思主义的科学的抽象与资产阶级的"抽象演绎法"混为一谈，把马克思主义的劳动价值论同资产阶级的边际效用派的价值论看作是一样的，因为"二者都建筑在抽象上面"。这样就成为价值不依赖于劳动，从而就掩盖了资本主义生产过程中的对抗性的阶级矛盾。伯恩施坦妄想用他的这个理论来修正和否定马克思的价值论，这不仅表明了他对马克思劳动价值论的实质及其科学价值的无知，更表现出他对劳动价值论的偏见。

马克思的劳动价值理论是马克思发现剩余价值理论的基石，其中"劳动的二重性"理论又是理解政治经济学的枢纽。劳动价值论说明了劳动在创造价值中的作用，揭示了资本家榨取工人的剩余劳动、榨取工人剩余价值的秘密。因而，伯恩施坦对马克思的批判，表面上看仅仅是理论上的争论，却是句句釜底抽薪。如果伯恩施坦的论断成立的话，那么资产阶级和无产阶级之间就不存在剥削和压迫，我们也不需要革命，不需要推翻资产阶级了。实际上伯恩施坦并没有对政治经济学进行深入、细致的研究，或者说他就是一个门外汉，他怎么能够理解马克思与古典经济学理论之间的内在逻辑联系呢？俗话说，行家看门道，外行看热闹，但是估计伯恩施坦连热闹都看不懂。纵观劳动价值论理论发展的历史脉络，在前马克思时代，英国古典政治经济学家亚当·斯密做出了重要贡献，这是不可否认的，他在认识到商品的两因素的基础上，第一个提出劳动创造价值的观点。但是他的理论有个重要缺陷就是没有或者不能够区分劳动的二重性。在劳动价值论发展历史上做出贡献最大的无疑是马克思。马克思首先创立了科学的劳动二重性理论，明确提出了什么样的劳动形成商品的价值，什么样的劳动形成商品的使用价值，以及为什么能形成价值和怎样形成价值，为进一步揭示剩余价值的真正来源提供了科学理论，也为创立剩余价值理论奠定了坚实基础。因此，马克思的劳动价值学说的科学性和生命力是毋庸置疑的，但是伯恩施坦在如何看待马克思与资产阶级经济学家的边际效用学派的价值论关系上犯了巨大错误，他把两者放在同等地位上相提并论，甚至混为一谈。伯恩施坦给马克思的劳动价值论下了一个标签性的结论，那就是"缺乏现实可行性"，他认为，马克思对商品及其价值的考察，缺乏"现实中"能够"衡量每个时期的总需求的尺度"。就此而言，马克思在劳动价值论中所做的"抽象"，"仅仅在一定限度内才能生效"。伯恩施坦把马克思的劳动价值论与庞巴维克、杰文斯（Jevons）的"边际效用论"等同，认为马克思与他们没有什么区别。伯恩施坦受费边派的代表人物肖（Shaw）和韦伯（Webb）等的影响，尤其学习了很多有关杰文斯边际学说的理论。杰文斯作为英国著名的经济学家，他在1871年《政治经济学理论》中将边际学说的价值与效用等同起来，并使之取决于个人的需要和供求关系。伯恩施坦在《劳动价值还是使用价值》这篇文章中，提出了经济价值的概念，并指出"经济价值具有二重性：它包含效用的因素（使用价值，需要）和制造费用的因素（劳动价值）"。但他的概念确实有点儿逻辑混乱，至少使人感到迷惑，因为他在使用概念时根本没有界定清楚这个概念的内涵和外延。他说："一件无须花费劳动就能得到的东西，无论它的效用有多大，它的经济价值也等于零；只要一件东西不能满足人的任何一种需要要求，投入这件东西的一切劳动便不能赋予它丝毫价值。"① 从这段话前面半句话可以看出，在这里，伯恩施坦口中的经济价值实际上就是马克思所讲的使用价值，后面半句话讲的是商品的价值。但我们前面在谈到他的经济价值二重性时可以看到，他那里的经济价值是使用价值和劳动价值的统一体。因而，可以看出伯恩施坦是混淆了马克思商品价值量这个概念的。伯恩施坦由于对《资本论》第三卷感到失望，以至于他对马克思的整个价值理论都产生了怀疑。伯恩施坦说：

---

① 伯恩施坦. 社会主义的历史和理论［M］. 马元德，严隽旭，等译. 北京：东方出版社，1989：323.

"劳动价值绝对不过是一把钥匙，不过是同有灵魂的原子一样的思想映像。"①还说劳动价值学说对马克思的几乎每一个学生都是致命的东西。伯恩施坦认为劳动价值论不能成为马克思剩余价值理论的基石来批判资本主义社会、论证社会主义合理性的依据。他指出，为什么劳动价值学说令人难以理解呢，"首先是由于劳动价值屡次被当成衡量资本家剥削工人的尺度，而把剩余价值率称为剥削率等"②，因而，伯恩施坦认为，不能用价值学说为劳动产品分配的正当性和不正当性提供规范，由此，伯恩施坦指出马克思结论肯定是不科学的。

三、把马克思的剩余价值理论等同于"一个以假说为根据的公式"

马克思之所以成为大思想家，与他为发展马克思主义理论所做出的杰出贡献是分不开的，若将这些贡献视为皇冠，那么皇冠上的明珠当之无愧地属于被称为马克思两大发现的唯物史观和剩余价值理论。社会主义能够摆脱空想，由空想变成现实，这两大发现居功至伟。而马克思的剩余价值理论，就是以劳动价值论为基础，揭示资本家剥削雇佣工人的劳动，创造剩余价值的秘密。资本家在花钱购买劳动力以后，工人的劳动力在生产过程中除能创造出保存生产资料的原有价值外，还会创造出新价值，这种新的价值要远远超过工人劳动力自身的价值，这两者之间的差额也即工人的无偿劳动的成果，也就是剩余价值。资本主义生产的直接目的，就是尽可能多地生产剩余价值或剩余产品，这是不以人的意志为转移的客观规律，因而马克思认为资本家和无产阶级之间存在着不可调和的矛盾，资本家对工人无偿劳动的占有是资本主义社会中对抗性矛盾和阶级斗争的根源。

否定马克思的劳动价值论仅仅是起点，伯恩施坦为了挖掉马克思主义政治经济学的根基，必然要先攻击劳动价值论，他把劳动价值论等同于"思维的公式或科学的假设"，而剩余价值理论是建立在劳动价值论基础上的。既然劳动价值论都不能成立，仅仅是思想的公式，那么剩余价值理论就"更加不过成了单纯的公式，成了一个以假设为根据的公式"③。他认为马克思的剩余价值理论没有科学性，只不过是一个假设的、简单的公式，而这个简单的公式不足以表现复杂的社会生产状况。正是由于伯恩施坦割裂马克思的劳动价值论和剩余价值论的联系，并对劳动价值论和剩余价值理论的科学性产生怀疑，所以他提出马

---

① 殷叙彝. 伯恩施坦文选［M］. 北京：人民出版社，2008：182.
② 殷叙彝. 伯恩施坦文选［M］. 北京：人民出版社，2008：183.
③ 殷叙彝. 伯恩施坦文选［M］. 北京：人民出版社，2008：176.

克思的学说不能为资本主义制度的合理性与不合理性提供依据。他认为，资本主义的剥削根本不需要用劳动价值论来证明，伯恩施坦还认为，马克思的剩余价值论仅仅是一种道德的命题或道德的谴责，这也"不能构成社会主义或共产主义的科学基础"。

伯恩施坦还对马克思只关注生产领域，不关注其他领域，颇有微词，他认为，其他领域是现代经济发展必不可少的要素。他认为，在马克思的体系中，"创造剩余价值的劳动的界限是多么狭小"①。伯恩施坦认为剩余价值的产生不仅仅是直接参与生产的雇佣工人创造的，那些非直接参与生产的生产人员也为剩余价值的产生做出了贡献。他举例说工厂主、商人、金融资本家都在"劳动"，都是剩余劳动的创造者。伯恩施坦这一说法明显是错误的，因为这些人的劳动是为自己有机会能够参与剩余价值的瓜分而劳动，并没有谁去剥削他们的劳动，怎么能说明他们是剩余劳动的创造者呢？这是伯恩施坦为资产阶级的剥削和资本主义的剥削本质涂脂抹粉，也是他否定资本主义基本矛盾的辩护。马克思通过研究分析一再强调，流通领域不能产生剩余价值，分配领域也不能产生剩余价值，而是从生产领域产生的，因而马克思就比较关心生产领域，他曾经指出过，人类最终的满足是在生产领域而不是在消费领域。

伯恩施坦认为资本家的利润只能依赖剥削劳动者获得是错误的。他指出，利润除了来自剩余劳动，还来自很多其他的因素，如目前股份公司的形成对利润的影响越来越明显。伯恩施坦认为，马克思对其他因素的忽视，夸大了资产阶级的剥削程度，把资本主义社会的敌对关系也夸大了。马克思把劳动价值论作为揭示和说明资本主义经济机制的"一把钥匙"，但是它"从某一点开始"就"失灵了"，伯恩施坦根本没有考虑到资本家剥削的隐蔽性，资本家可以不延长工人的劳动时间，也不需要加强劳动强度，而是通过提高科学技术手段就可以榨取工人的剩余价值，甚至榨取的比以前还高。伯恩施坦之所以千方百计地否定马克思的价值理论和劳动价值论，直接动机就是否定马克思的剥削理论，伯恩施坦所说及所做的这一切，是掩盖资本主义剥削，迷惑、欺骗工人阶级，为资本主义剥削制度做辩护，继而为推行他的改良主义大行其道而扫除障碍，最终还是服务于资产阶级统治。

---

① 殷叙彝. 伯恩施坦文选［M］. 北京：人民出版社，2008：181.

第三节 伯恩施坦对马克思资本积累理论的批判

马克思主义政治经济学具有鲜明的阶级性，其中马克思资本积累理论最鲜明地体现了这种阶级性。资本积累理论也是马克思继劳动价值论、剩余价值理论后所提出的另一影响深远的理论。马克思在《资本论》第一卷的第七篇《资本的积累过程》中用了简单再生产、剩余价值转化为资本、资本主义积累的一般规律、所谓原始积累、现代殖民理论来论述资本积累理论五章篇幅来阐述资本积累理论，《资本的积累过程》揭示了资本主义社会中资本积累的本质、一般规律和历史趋势，得出"两个必然"的结论。其中劳动价值论是基础，剩余价值理论是核心，而资本积累论则是必然结果。因而，马克思的资本积累论也是伯恩施坦的批判对象。他对马克思的资本积累理论下了判断，"是正确的，又是不正确的"①。马克思主义关于资本积累的理论，被伯恩施坦说成是不正确的，并扬言马克思的无产阶级贫困化理论已经"过时"，原因在于，伯恩施坦认为，由于马克思只考虑到劳动力因素，而没有考虑到随着资本主义的发展变得越来越突出的产生利润的其他因素，这就导致马克思对隐含在利润中的剥削成分的夸大，从而剩余价值和阶级对立都被夸大了。

一、伯恩施坦认为马克思"资本主义积累历史趋势"的论断是一种极端的"空想主义"

"资本主义积累的历史趋势"是根据资本主义发展的客观规律描述出来的，怎么被伯恩施坦冠以"空想主义"的名号呢？这两者放在一起，一般人可能都会认为，它们怎么联系在一起的呢？"资本主义积累的历史趋势"是马克思在《资本论》第23章"资本主义积累的一般规律"中关注的问题，他通过《资本论》前面章节的叙述说明了财富积累与贫困积累的两种趋势，把资本积累和工人的命运联系在一起，他认为，随着资本主义的发展，大生产排挤小生产以及组织股份公司等途径一定会被资本家及其集团利用起来，以便使资本迅速积聚和集中起来，使社会财富越来越集中在少数大资本家手中。而作为直接创造财富的劳动者却享受不了自己的劳动成果，被财富抛弃了，那么在这种情况下，当"生产资料的集中和劳动的社会化，达到了同它们的资本主义外壳不能相容

---

① 殷叙彝. 伯恩施坦文选［M］. 北京：人民出版社，2008：185.

的地步。这个外壳就要被炸毁了。资本主义私有制的丧钟就要响了。剥夺者就要被剥夺了"①。不过，伯恩施坦并不认同马克思这个结论，他在以《社会主义问题》为总题目发表的一系列论文中对马克思的资本积累学说进行了修正。他认为马克思关于"资本主义积累的历史趋势"的论断是另一种极端的"空想主义"。伯恩施坦批判社会民主党人的教条主义，认为他们是用马克思、恩格斯的言论来粉饰他们，他认为不能因为照搬照抄马克思、恩格斯经典著作中的材料，就忽略它"空想主义"的性质。他为了进一步说明马克思、恩格斯的"空想主义"，还专门引用了《资本论》第一卷的"资本主义积累的历史趋势"，这一节，指出"似乎'剥夺剥夺者'指的是必然随着灾变开始而且在全线同时发生的行动。但是这完全是空想主义地想出来的"②。在伯恩施坦看来，一种假定就是认为从资本主义社会到社会主义社会存在一种革命性的飞跃，但是，他认为，这是与旧的空想主义抽象对立的另一种形式的空想主义。伯恩施坦只承认量变，他认为资本主义社会到社会主义社会可以通过点滴的改良进行，因而，他满心欢喜地致力于各种改良活动，但是他不承认质变，否认从资本主义到社会主义的飞跃的革命性的变化。也就是说，在伯恩施坦看来，一切不顺从资本主义，不赞成在资本主义内部进行缝缝补补的工作，要划清资本主义与社会主义界限的行为，他都认为是临渊羡鱼，是异想天开。那么，他认为马克思认为的迟早会有一场规模巨大、来势凶猛的经济危机，最后发展成一场严重的社会危机的想法更是一种空想。因为在他看来社会灾变不可能在一夜之间就创造出条件的同样性。所谓的"条件的同样性"指的是随着资本主义改良而逐渐积累起来的条件。

二、资本不是集中而是趋于分散

马克思的资本积累理论一直是伯恩施坦在《社会主义的前提和社会民主党的任务》一书中反对的，他认为，随着生产力的发展，科学技术的进步出现了影响、阻碍资本积累的因素，如股份公司的发展、小生产的顽强性，这些足以抵抗资本主义大生产竞争，另外，资本主义劳动生产力的发展以及工会所开展的经济斗争都使得资本积累的速度变缓了。因而资本不是走向集中，而是日趋分散了。

---

① 马克思恩格斯全集：第 44 卷［M］．北京：人民出版社，2001：874.
② 殷叙彝．伯恩施坦文选［M］．北京：人民出版社，2008：17.

（一）股份公司的发展是限制资本积累的首要因素

"资本主义积累的一般规律"是马克思在《资本论》第一卷第 23 章中专门论述资本积累的章节，马克思说"资本积累的同时伴随着资本的积聚和集中"，但伯恩施坦对这句话进行了质疑，他认为马克思在谈到资本家数目的时候，完全忽视了资本家人数的增加，对股份公司的叙述也完全着重于从资本的集中，而不是从资本分散来阐述。伯恩施坦认为，这绝不是事实。马克思所设想的资本的积聚并没有发展到那种程度，主要表现为大企业并没有完全垄断市场，大企业的存在并不排斥中等企业和小企业的发展。伯恩施坦用大量统计数据来说明工人能够通过购买小份额股票而变成有产者。股份公司的兴起，是伯恩施坦颇有信心的武器，他认为凡是持有股票的人都会成为有产者，这实际上是蒲鲁东（Pierre-Joseph Proudhon）关于工人购买股票"就能赎回资本"理论的翻版和再现，因而他认为这样极有可能使已经集中起来的资本被广泛地分散，因此，资本不是集中而是分散，伯恩施坦看不到资本的积聚，他看到的只是资本所有权的扩大，因而，在伯恩施坦看来，随着股份公司的发展，人人都变成拥有资本的资本家了。所以，他认为，有产者不是减少而是增加了。这就否定了通过股份制形式可以使资本集中的事实。

问题在于，伯恩施坦实际上只看到了问题的表象，却忽略了问题的本质即资本的所有权问题。股份制不过是一种按照入股的方式，把多个分散的，属于不同所有人私人资本集中起来统一使用，合理经营，自负盈亏，按股分红的一种经济组织形式。控股权掌握在谁的手中决定了股份制的性质是什么样的。伯恩施坦没有意识到这些垄断组织虽然采取股份制的形式提高了资本社会化的程度，但相对于单个资本和个人企业资本的控股权限还是被某个人或集团控制着。单位资本虽然以股份制形式被分散，但实际上，资本所有权还依然被资本家牢牢掌握在手中，那么，资本主义社会的国有企业有没有改变资本主义私有制的性质呢？答案是肯定的，没有。因为掌握国家政权的资产阶级，不可能把资本所有权放给政府，更不可能留给工人阶级。所以，资本主义私人占有制好像一个大的肿瘤已经侵占了资本主义这个病躯的大部分，通过修修补补的方式，不可能改变资本主义剥削的实质，也根本不可能消除资本主义危机。伯恩施坦就像一个垂危的病人，妄想抓住卡特尔、托拉斯这样的"救命稻草"，认为这些企业主的联合组织通过对生产过程进行调整可以结束无政府状态、防止危机。但实际上这些垄断组织根本没有这些强大的作用，他们最多可以协调一些垄断组织的关系，因而，伯恩施坦实际上是在直接为垄断组织辩护。马克思早在自由竞争的资本主义时期，股份公司一开始出现，就指出它是资本集中的一个途径。随着资本主义由自由竞争阶段发展到帝国主义阶段，股份公司的这种作用并没有改变。在19世纪八九十年代，股份公司得到广泛的发展，这意味着资本积聚和集中过程的加强，而根本不是削弱。在伯恩施坦看来，小股东的出现表面上好像是资产阶级所有制的分散，好像是公司试图把股票无偿地分给所有想获得股票的人。实际上，小食利者是不得已才用现有的货币来购买股票的债券的。因此，在交易所中出售股票并没有在所有制分配方面带来丝毫新的变化。小资产者仍旧被大资本家所控制、操纵或者吞并，仍旧是为他们提供服务。尽管使有某些幸运的小股东发了财，"成了头面人物"，但实际上则是更多的小股东破了产，尤其是在随着股票贬值和大量破产而来的经济危机时期。在交易所混乱期间，最先失掉自己储蓄的是小股东。因此，股份公司最终会引起所有者数量的缩减，而不是增加。工人有时也购买股票，在拥有不多的股票和从中获得微薄收入的同时，工人还是像以前那样的无产者。实际上，股份公司加强了资本的积聚和集中，提高了剩余价值率，可能建立过去个别资本家无力创建的大企业，为垄断组织的发展开辟了道路。股份公司在集中了大量资本以后，击溃了自己的小竞争者，并与大竞争者缔结了关于价格、分割市场等的卡特尔协定。之后，又从其中产生了辛迪加，甚至是托拉斯。

在资本主义制度下，"股份公司的形式对于通过企业集中而实现财产集中的趋势在很显著的程度上起着对抗作用。它容许已经积聚的资本进行广泛的分裂，并且使各个巨头为了积聚工业企业的目的而占有资本成为多余的事"①。这就是说，股份公司有可能使集中起来的资本广泛地分散，而且使各个资本家豪族对以工业企业集中为目的的资本操纵落空。他认为，股份公司的一个作用，就是使资本由集中变为分散。股份公司的另一个作用，就是使中产阶级崛起，也就是说资产阶级不是在减少而是在增加。他还用一系列的统计材料说明："有产者的人数不是'或多或少地'增加，而简直就是更多了，就是说绝对地而且相对地增加了。"② 因而，如果以现在的发展情况来说，认为有产者的人数相对地或绝对地减少，怎么也是错误的。与此相反，不论绝对地或相对地都在增加。"有产者的数目没有减少，而是增加了。伴随着社会财富的巨大增值的，不是资本家巨头的数目愈来愈缩小，而是各种等级的资本家的数目不断增加。"③ 伯恩施

---

① 殷叙彝. 伯恩施坦文选［M］. 北京：人民出版社，2008：186.
② 殷叙彝. 伯恩施坦文选［M］. 北京：人民出版社，2008：189.
③ 殷叙彝. 伯恩施坦文选［M］. 北京：人民出版社，2008：101.

坦反复说明这个问题，但他并没有得出资本的所有权正在集中这样的推论。而股份公司的兴起又刺激了生产力的发展，从而加速向垄断资本主义的过渡。在股份公司中，起决定作用的是最大的垄断资本家，而不是小额股票的持有者。事实上，只要占40%，甚至更少的股票，就能操纵整个股份公司的业务。递增的股票数量，并不能得出有产者人数增加的结论，而只能说明财产有被转换成股票的趋势。列宁在《俄国经济生活》一文中指出，小储户为数众多并不意味着大资本的分散，恰恰相反，"而意味着大资本实力加强，连'人民'储蓄中的这一星半点存款也能加以支配。小储户在大企业入股，不仅没有成为更加独立的业主，反而成了更加依赖大业主的人"①。这并不像伯恩施坦所说的"有产者的人数不是'或多或少地'增加，而简直就是更多了"②，在《帝国主义是资本主义的最高阶段》一书中，列宁更深刻地揭露了修正主义者所鼓吹的"股份资本民主化"的实质。他指出，资产阶级的诡辩家和机会主义都期望，"资本的民主化"可以通过股票占有的"民主化"实现，但事实与此相反，"实际上它不过是加强金融寡头实力的一种手段而已"③。伯恩施坦在修正马克思关于资本和生产积聚与集中学说的同时，还攻击了马克思关于无产阶级贫困化的学说。他认为，卡特尔、托拉斯等垄断组织的发展，一方面增加了有产者人数，另一方面使普通的工人群众改善了物质生活状况。他说："现代生产方式最为突出的特征是劳动生产力的巨大提高——使用品的大量生产。这一财富留在哪里？……工业的雇佣工人超出他们自己的以工资为限的消费以外所生产的剩余产品留在哪里？"④ 于是，伯恩施坦就得出结论，既然资本家不能消费全部剩余价值，那么其余的部分就由其他阶级或工人所消费了。列宁嘲笑了伯恩施坦这种"滑稽的推论"，它表明伯恩施坦对马克思的实现论是一窍不通的。他以为剩余价值只有在个人消费领域内才能实现，而完全抛开了剩余价值的生产性消费。同时，他也完全回避了统治阶级的寄生性消费的增长。显然，伯恩施坦的这些说法，不仅在理论上是错误的，而且在实践上也是歪曲事实的，他的目的就是否认随着资本积聚和生产集中发展而日益尖锐的资本主义的矛盾，否认无产阶级革命的必然性。

---

① 列宁全集：第6卷［M］. 北京：人民出版社，2013：270.
② 殷叙彝. 伯恩施坦文选［M］. 北京：人民出版社，2008：189.
③ 列宁全集：第27卷［M］. 北京：人民出版社，2017：364.
④ 殷叙彝. 伯恩施坦文选［M］. 北京：人民出版社，2008：199.

三、小生产是限制资本积累的顽强性因素

伯恩施坦认为限制资本积累的第二个因素是小生产广泛发展，小生产具有稳定性和顽强性，能够抵抗资本主义大生产的竞争。伯恩施坦认为，由于小生产具有自身独特的优势，因而它的发展是有所增加的，而且日益表现出它比大生产优越的地方，中小企业并未被消灭，而是一如既往地遍地开花。伯恩施坦引用了英国的数据，认为"有 1/4 到 1/3 可以算作有关的生产部门中的营业人员以及一些不受工厂法支配的中等企业和大企业的人员。还剩下大约 300 万是细小企业中的雇员和小业主"①，"德国的统计图景大体和英国相同"②，法国、瑞士等国家也引用了统计材料，他试图说明，如果说，在数目日益增加的工业部门中，不断的技术进步和企业集中是一个真理，那么，小企业和中等企业也有发展事实表明自己完全有能力同大企业并存，这也是一个不会被驳倒和推翻的真理。列宁在批判伯恩施坦修正主义时，毫不留情地揭露了大生产排挤小生产的过程。伯恩施坦还分析了中小企业继续存在和发展的原因，主要有三点：第一，一大批工业或工业部门既适用于小企业和中等企业，也适用于大企业。如木材、皮革和金属加工工业中的许多部门都是如此。第二，商品到达消费者手中的方式，有利于小企业的生产，如面包制造业。第三，大企业的发展带动着中小企业的发展。"大企业本身哺育着小企业和中等企业"③，伯恩施坦以此来证明小企业和中等企业的坚持和兴起，来否认帝国主义时期大生产排挤小生产和生产集中的过程。伯恩施坦罗列了这么多国家的统计材料，是不是说明他的观点就是正确的呢？恰恰相反，他的观点依然是错误的，对于这个问题，卢森堡在《社会改良还是革命？》中对此进行了专门的分析，卢森堡认为，伯恩施坦的这些统计材料选择的统计方法本身就是存在问题的，"这不是根据每一个国家不同时期的可以比较的材料，而是不同国家一定时期的材料"④，因而，他所做的分析不可能是科学的。伯恩施坦是看到了不同国家之间的差异，并且做了调查，但是，怎么才能观察到不同国家在不同历史时期的差异呢？伯恩施坦这个工作没有做，而我们研究资本主义发展变化的最直接证据又恰恰要依靠这样的材料。另外，大生产排挤小生产者有各种有利条件，如它们在技术方面和经

---

① 殷叙彝. 伯恩施坦文选［M］. 北京：人民出版社，2008：194.
② 殷叙彝. 伯恩施坦文选［M］. 北京：人民出版社，2008：194.
③ 殷叙彝. 伯恩施坦文选［M］. 北京：人民出版社，2008：199.
④ 中共中央马克思恩格斯列宁斯大林著作编译局国际共运史研究室. 卢森堡文选：上卷［M］. 人民出版社，1984：113.

营方面都比小生产者占优势，他们可以利用某些产品降价，吸引顾客，打价格战，来拖垮小企业，从而必然促进资本的集中和中小生产者的破产。

四、资本家的消费相对于资本主义大生产就像是天平上的一根羽毛

伯恩施坦认为，随着资本主义发展，劳动生产力被大大提高了，社会财富越聚越多，但是，这些社会财富流到哪里去了？伯恩施坦指出，如果有的人认为有产者人数相对地或甚至绝对地减少，那是完全错误的，"有产者的人数不是'或多或少地'增加，而简直就是更多了，就是说绝对地而且相对地增加了"①。因为，资本家巨头在消费剩余价值部分方面，他们的消费是极其微小的，伯恩施坦认为那些资本家巨头"哪怕有着比民间笑话说他们具有的还大 10 倍的肚子，并且有着比他们实际所有的还多 10 倍的仆人，但是同每年的国民生产的量比起来——我们不妨想一想，资本主义大生产首先是大宗生产——他们的消费仍旧像是天平上的一根羽毛"②。伯恩施坦由此认为，中产阶级人数众多，他们才有可能消费了剩余价值的大部分，而不是资本家巨头，因而，他认为，随着社会财富的日益增长而出现的，"将不是数目日益缩小的资本家巨头，而是数目日益增加的各种等级资本家"③。伯恩施坦这里的错误在于，他把资本家对于剩余价值的占有等同于资本家的消费。实际上，虽然资本家没有消费那么多，但是对于财富的占有是越来越多的。

五、"工会在经济生活中能起任何持久的作用"

伯恩施坦对工会的作用进行了高度的评价，他指出"不是社会主义本身，但是它们作为工人组织包含着充分的社会主义因素，足以把自己发展成社会主义解放的有价值的和不可缺少的杠杆"④，伯恩施坦把工会和工人合作社作为实现社会主义的主要途径，他认为，工会作为工人组织，可以通过争取工人权益的活动，如可以逐渐把资本主义的利润进行再分配，使资本集中逐渐分散，通过实现工会的职能成为社会主义解放的有力武器。但是，我们知道工会根本不可能改变劳动和资本之间的关系。工会所能做的不外乎是为了提高人民物质生活水平而进行的点滴的经济改良斗争。这一点恰恰被伯恩施坦所看中，他认为，

---

① 殷叙彝. 伯恩施坦文选［M］. 北京：人民出版社，2008：189.
② 殷叙彝. 伯恩施坦文选［M］. 北京：人民出版社，2008：190－191.
③ 殷叙彝. 伯恩施坦文选［M］. 北京：人民出版社，2008：191－192.
④ 殷叙彝. 伯恩施坦文选［M］. 北京：人民出版社，2008：305.

工会和资本家达成一致，商定了双方合作的劳资合同，可以看作在工业中劳资双方的合股，所有这些都"包含有工人阶级获得真正社会解放的可能性"。为此，伯恩施坦强调工会的经济斗争，并且认为，工会或工联可以通过民主的方式，更好地实现他们的民主权利。"它们的倾向是摧毁资本的专制主义，使工人能够对工业的管理发生直接的影响"①，并强调必须"更高地评价工会在经济生活中能起任何持久的作用"②。伯恩施坦用这些"起限制作用的诸因素"，来修正马克思关于资本积累和生产积聚的学说，其目的就是试图否定社会主义革命的物质前提，否定资本积累规律的科学性。他一再重申马克思科学理论已经不适应时代发展，目的就是否定无产阶级专政及无产阶级革命的必然性。

总之，伯恩施坦一系列反对马克思关于资本集中、批判劳动价值论和剩余价值以及无产阶级贫困化消失的理论，直接否定了马克思主义政治经济学中最核心的部分，他美化资本主义制度、为"保留资本主义生产方式，和平长入社会主义"的改良主义路线制造理论根据。19世纪中后期世界资本主义发展的确出现了一系列新特点，伯恩施坦能观察到卡特尔、托拉斯和垄断资本的增长，以及伴随而来的生产的社会化和所有权与管理权的分离，这些有着重大意义的新现象，他作为一位密切关注时代趋势的观察家和改良家，能够比许多同时代的"马克思主义者"更清楚地洞察到这些趋势，这些是应该肯定的。但因为他只是会片面地分析，却不能透过资本主义发展的现象看透资本主义的本质，所以，他并不能准确地解释这些趋势，这是显而易见的。关于这一点，他也是清楚地知道的。"我基本上是一个擅长分析的人，而且是相当片面地只会分析。综合性的思维与总结对我来说是困难的。"③

---

① 殷叙彝. 伯恩施坦文选［M］. 北京：人民出版社，2008：265.
② 殷叙彝. 伯恩施坦文选［M］. 北京：人民出版社，2008：265.
③ 殷叙彝. 伯恩施坦文选［M］. 北京：人民出版社，2008：488.

第三章

罗莎·卢森堡关于资本主义发展趋势的理论

罗莎·卢森堡（1871—1919），是第二国际才华横溢、勇敢坚强的著名的左派代表人物，一位杰出的、优秀的女性，德国著名的马克思主义理论家、国际共产主义运动革命家，德国社会民主党的杰出领袖。卢森堡的一生是革命的一生，奋斗的一生。在反对伯恩施坦主义斗争中，她一直站在最前列，是反对伯恩施坦主义最积极的战士。为了从事她所热爱的共产主义运动事业，她因组织领导反对德国政府的革命活动，多次被捕入狱，她光辉的、为社会主义事业奋斗的一生最终定格于1919年1月15日的夜晚，那晚她遭到敌人残忍的杀害，为社会主义事业献出了宝贵的生命。在她短暂的48年生涯里，她不仅身体力行，奋战在革命最前沿，更加难能可贵的是她以敏锐的洞察力、大无畏的革命气概写出反对伯恩施坦主义的战斗檄文《社会改良还是革命?》；在狱中她以细腻的笔触，满怀对生命的无限眷恋，写出了《狱中书简》；她以广博的知识和深厚的经济学功底写出了两部经济学著作《国民经济学入门》和《资本积累论》。可以说，她是一位百科全书式的马克思主义理论家。单就经济科学来说，她精通经济学原理、经济史、经济学说史等。在她影响深远的经济学著作《资本积累论》中，她从资本积累与社会再生产的实现角度论述了帝国主义是资本主义的一种政策，发展了马克思资本积累理论，这些思想成果形成于卢森堡革命的不同时期、不同处境，是她的思考与积淀。《社会改良还是革命?》是她系统批判伯恩施坦错误思想的著作。书中对伯恩施坦资本主义适应论进行了系统的批驳，并在此基础上，提出了独具特色的关于资本主义发展趋势的理论——资本主义崩溃论。

第一节　卢森堡对伯恩施坦资本主义适应论的批驳

伯恩施坦修正和诋毁马克思主义的最明确证明——《社会主义的前提和社

会民主党的任务》于 1899 年正式出版。在这部著作中，伯恩施坦打着理论创新，发展马克思主义的旗号，肆意歪曲马克思、恩格斯的理论，并广泛传播其修正主义思想，因而，其理论在当时一经传开就引起了轩然大波。在关于资本主义发展趋势上，伯恩施坦以马克思所说的"崩溃"未出现为由全盘否定马克思的观点，并抛出了他关于资本主义发展的理论——资本主义适应论。卢森堡在 1898 年 9 月—1899 年 4 月专门著书《社会改良还是革命?》对伯恩施坦在《社会主义的前提和社会民主党的任务》中所表现出来的错误观点和错误论据逐条予以驳斥，并提出自己的见解和主张，该书也因此成为无产阶级批判伯恩施坦主义的代表性著作之一。

　　首先，为了有力地批判伯恩施坦的资本主义适应论，卢森堡利用资本主义社会中的鲜活事例和无产阶级斗争实践，论证了伯恩施坦所依仗的缓和资本主义危机的手段——卡特尔、信贷和工人的联合等是无效的，卢森堡论证了资本家的剩余价值实现是无比困难的，资本主义体系的"崩溃"是可以预见的，是不可避免的。她直言不讳地指出，假如伯恩施坦的理论成立的话，那么，将有可能造成整个无产阶级运动失去最终目标和前进动力。可见，伯恩施坦的理论归属和实践归属都只能是改良主义，其危害是巨大的。卢森堡还由此详细论证了社会改良是不可能实现的，阐述了社会改良和社会革命之间的原则不同和相互关系，以及无产阶级必须坚持社会革命的必要性。

　　其次，卢森堡作为一名杰出的无产阶级理论家和实践者，她在批判伯恩施坦的过程中自始至终保持着高度的原则性。她旗帜鲜明地指出，伯恩施坦思想错误的本质就是他所质疑的是关于资本主义社会的发展进程本身及其如何向社会主义制度过渡的原则问题，而不是资本主义社会发展的速度快与慢的枝节问题。卢森堡还从马克思主义的理论基础、革命实践活动的基本性质及从未来历史的基本走向等方面对她与伯恩施坦的论争的性质和重要性做了具体而完整的阐述。她用清晰而明确的方式一针见血地指出："或者，伯恩施坦对资本主义发展过程的看法是对的，那么，社会的社会主义改造就是空想，或者，社会主义不是空想，那么'适应工具'就必然站不住脚。问题就在这里。"[①] 为此，卢森堡对伯恩施坦的资本主义适应论等相关资本主义社会发展的思想进行了有的放矢的批驳。

---

① 中共中央马克思恩格斯列宁斯大林著作编译局国际共运史研究室. 卢森堡文选：上卷[M]. 北京：人民出版社，1984：79.

一、卢森堡批驳了伯恩施坦关于资本主义适应论的立论之基

资本主义社会兴起的卡特尔垄断组织、逐步完善的信用制度，以及日益便捷的交通工具所进行的更新换代使伯恩施坦对自己关于资本主义的判断过于乐观，他把这些条件的改善以及工人阶级生活状况的不断提升等现象都当作资本主义能够适应社会发展的手段，并且以此为论据展开论述，得到"世界市场的巨大的地域扩展同消息传递和运输交通所需时间的异常缩短……欧洲工业国家的大为增加的财富同现代信用制度的灵活性以及工业卡特尔的兴起……以致至少在较长时期内可以把像从前的那种类型的普遍性营业危机看成根本不可能发生的了"① 的判断。伯恩施坦缘何有此思想呢？其思想错在什么地方呢？卢森堡分析，伯恩施坦错误思想源自他想当然地以为通过这些手段可以缓和资本主义经济内部的矛盾，进一步削减矛盾的激化程度，甚至消除矛盾的发展，进而可以防止或杜绝经济危机的爆发。那么，伯恩施坦到底错在什么地方呢？卢森堡认为其错误之处在于，伯恩施坦仅仅看到资本主义发生的新变化，从资本主义的外部现象来推论整个资本主义发展变化的规律，这种思想认识是典型的只见树木，不见森林，它割裂了部分和总体的关系，因而他只看到局部，看不到整体，就不能抓住现象的本质，其错误之处是不言而喻的。"马克思有一把有魔力的钥匙，这把钥匙使他揭开了一切资本主义现象最深奥的秘密，使他能够轻易地解决了连斯密和李嘉图这样的资产阶级古典经济学大师都没料到其存在的问题，但是，这把钥匙是什么呢？这不是别的，就是把整个资本主义经济当作一个历史现象来理解。"② 伯恩施坦所列举的这些现象也只能停留在现象上，它虽然在生产的社会性方面进行了突出的反映，但是根本不可能消除资本主义经济内部的矛盾，哪怕仅仅是缓和，也是做不到的。因此，卢森堡从伯恩施坦所提出的立论之基——资本主义适应手段着手，采取釜底抽薪的办法，用具体事实逐一剖析伯恩施坦这些论据的不合理性，进而批判伯恩施坦的资本主义"适应论"是站不住脚的，是错误的，这也成为批判伯恩施坦错误思想的最有力武器之一。

（一）信用是促进危机形成的重要因素，它不能减轻或者消除危机

"信用"这一概念历来为伯恩施坦所重视，他在文稿中曾反复述及。伯恩施

---

① 殷叙彝. 伯恩施坦文选［M］. 北京：人民出版社，2008：212.
② 中共中央马克思恩格斯列宁斯大林著作编译局国际共运史研究室. 卢森堡文选：上卷［M］. 北京：人民出版社，1984：117.

坦认为信用本身具有多方面的职能，这也决定了其在经济中起到多方面的作用。卢森堡对伯恩施坦一再推崇信用能够减轻经济危机的观点予以反驳和批评，她认为，在资本主义经济发展中信用所起的作用是多方面的，伯恩施坦的错误理解在于，他的眼中只有信用的积极因素，而没有看到信用的消极因素。信用的发展与完备确实能够促进股份公司的产生与发展，它可以加速资本的循环周转，可以充分发扬其"增加生产力的膨胀能力"，在工业生产领域，通过信用手段能够让一个资本家支配控制更多人的资本，实现远超过自身规模的资本进行组织生产活动；在商品流通流域，通过信用手段能够促进资本加速循环，提高资本周转率。从这个方面来看，信用在资本主义经济发展过程中起着积极的作用。然而，卢森堡敏锐地指出信用另一方面的消极作用，即生产的膨胀能力和膨胀趋势同有限的消费能力之间的矛盾中产生的，信用的这种促进生产能力极大提高和生产规模急速扩张的内在动力被充分开发出来，必然会造成生产不断超越市场容纳能力的限制。如它作为生产要素使生产过剩，但是，一旦发生危机，在危机过程中，它又把自己唤起的生产力更加彻底地摧毁掉。因而，卢森堡从信用"根本不是"排除危机的手段，"也不是"哪怕减轻危机的手段，而是对于危机的形成"倒是一个特别有力的因素"[1] 这方面说明了，信用作为抵制危机的手段是不可能的，它恰好是把危机推向绝顶的手段。"信用恰恰是使这种矛盾尽可能经常发作的特殊手段。"[2] 卢森堡明确地指出，信用的发展恰恰加剧了生产方式和交换方式、生产方式和占有方式、财产关系和生产关系、生产的社会性和资本主义私有制这四个方面的矛盾。这些矛盾与资本主义生产方式、交换方式、生产关系、私有制有关，这表明，如果不废除资本主义私有制，信用的发展反而会进一步加剧经济危机。

信用一方面给资本主义带来了某种弹性，另一方面也把资本主义生产变成无节制的生产，而这种无节制的生产又是相互高度关联的、敏感的，它能够把资本主义的一切矛盾复制出来，使商品交换和生产过程循环加速，而成为使生产和消费之间的矛盾尽可能频繁爆发的手段。

（二）伯恩施坦误解了企业主联合组织的性质，这种组织并不能防止危机

恩格斯认为随着卡特尔、托拉斯等组织的产生和发展，许多国家实行了保

---

① 中共中央马克思恩格斯列宁斯大林著作编译局国际共运史研究室．卢森堡文选：上卷[M]．北京：人民出版社，1984：80.

② 中共中央马克思恩格斯列宁斯大林著作编译局国际共运史研究室．卢森堡文选：上卷[M]．北京：人民出版社，1984：79-80.

护关税政策，但是这些都包含着"未来的更剧烈得多的危机的胚芽"，伯恩施坦并不认同恩格斯的这种说法，他认为还需要等等看，在市场不断扩大和生产部门继续增多的情况下，短期内根本不会遭遇像以前的那种普遍危机。他认为这些卡特尔、托拉斯的作用很大，大到可以通过对生产活动与市场关系施加影响，以达到减少危机、结束无政府状态的程度。伯恩施坦的这些观点也因此成为其赖以论证资本主义具有"适应"能力的最重要证据之一。

卢森堡对此予以批驳，她认为企业主联合组织的性质，伯恩施坦是不了解的或者是故意混淆的，因而，他用来论证资本主义具有"适应"能力的证据是毫无根据的，他的观点也是荒谬的。她说："只有当卡特尔、托拉斯等变成近乎包罗一切、居于支配生产地位的生产形式的时候，才说得上通过企业主联合组织防止资本主义无政府状态。但是，卡特尔本身的性质排斥了这种情况的发生。"①

针对伯恩施坦用企业主联合组织可以减少危机并以此为论据证明资本主义具有"适应"能力的言论，卢森堡从以下几个方面进行了系统性批驳：

首先，伯恩施坦认为企业主联合组织能够对社会经济施加强大的影响，甚至这种影响是无所不能的，足可以抵御各种风险的，但是，卢森堡认为企业主联合组织根本不是什么"普遍性的组织"，如果将其推而广之，在一切重要的工业部门中实行，根本不可能发挥其应有的作用。为此，卢森堡分析道，企业主们之间建立联合组织的目的，就是防止和消除企业之间的恶性竞争，以寻求在世界市场上获取更多的利润，提高他们在世界市场的份额。在这种组织中，如果一个企业要提高其利润，就必然要由其他企业做出让渡，靠牺牲其他企业的利益才能实现。这样，当这种组织扩展到一切重要的工业部门，其作用就必然随之消失。"用卡特尔消除危机是拼命为资本主义涂脂抹粉的资产阶级经济学家的无稽之谈。"② 不管资本家们建立卡特尔等组织的初衷是什么，或许是联合起来以获取更大的市场份额或利润，或许是消灭资本主义国家的无政府状态，事实上却加剧了无政府状态，成为无政府状态泛滥的根源之一。

其次，卢森堡认为卡特尔等企业主联合组织还在世界市场上造成更大范围的无政府状态。卡特尔为了提高产品在国内市场的利润率，他们想尽办法把国内市场上的闲置资本和设备利用起来，专门为国外生产，再以低于国内市场的

---

① 中共中央马克思恩格斯列宁斯大林著作编译局国际共运史研究室. 卢森堡文选：上卷 [M]. 北京：人民出版社，1984：82.

② 列宁全集：第27卷 [M]. 北京：人民出版社，1990：344.

价格倾销到国外市场，国外市场的竞争无疑被加剧了，这必然导致世界市场上更大范围的无政府状态。

最后，卢森堡认为，资本主义发展到一定阶段就会出现企业主联合组织，它是一定的资本主义生产方式的表现形式。资本家们如何防止资本主义利润率急剧下降呢？实际上就可以通过企业主联合组织，但是通过这种手段，并不能制止生产的无政府状态。因此，在卢森堡看来，为了制止生产率的下降，企业主联合组织所使用的无非是采取与危机时期同样的方法，把一部分积累的资本闲置起来，再拿到国外市场上碰碰运气，但是，这样根本谈不上祛除资本主义社会的通病，反而会导致生产者与消费者之间的斗争尖锐化，其必然结果就是使生产方式和交换方式、生产方式和占有方式之间的矛盾更加激化。"从其对于资本主义经济的最后的作用来看，卡特尔不仅不是消除资本主义矛盾的'适应手段'，而恰恰是资本主义自己造成的加剧它固有的无政府状态、暴露它内含的矛盾、加速它灭亡的一个手段。"①

（三）资本主义大工业发展趋势与中小企业关系的探讨

关于资本主义大工业发展趋势与中小企业的探讨，也是伯恩施坦资本主义适应论的一个重要方面，伯恩施坦的观点是中小企业将沿着直线逐步走向灭亡，他还用当前中小企业的存在与发展，来反证大企业增长。在这方面，卢森堡认为资本主义大工业发展趋势被伯恩施坦"完全误解"了。"如果人们以为随着大工业的发展，中等企业就会逐步从地面上消失，那么，这实际上是把大工业的发展完全误解了。"② 她指出，中小企业不但不会随着大工业的发展而消失，反而，它的存在对资本主义经济中的科技革命起着特殊的作用和影响，它们在资本主义的发展总过程中恰恰起着技术革命的作用。中小企业在资本主义大工业发展中的作用不可小觑，对于这一点，伯恩施坦也是深知的，但他似乎忘记了这个资本主义中等企业发展的规律，"小资本既然是技术进步的先锋，而技术进步又是资本主义经济生命攸关的脉搏，那么，小资本显然是资本主义发展的不可分离的伴随现象，它随着资本主义的消失而消失"③。而伯恩施坦所认为的中等企业的逐步消失，也并不像伯恩施坦所认为的那样，是表示资本主义的革命

---

① 中共中央马克思恩格斯列宁斯大林著作编译局国际共运史研究室．卢森堡文选：上卷［M］．北京：人民出版社，1984：85．

② 中共中央马克思恩格斯列宁斯大林著作编译局国际共运史研究室．卢森堡文选：上卷［M］．北京：人民出版社，1984：88．

③ 中共中央马克思恩格斯列宁斯大林著作编译局国际共运史研究室．卢森堡文选：上卷［M］．北京：人民出版社，1984：89．

发展进程，而这恰恰说明资本主义发展的停滞。

在伯恩施坦看来能够使资本主义越来越适应发展的"适应手段"，一是信用，二是企业主联合组织，三是中小企业。而这些在卢森堡看来，都不值得一提，因为这些都是从表面上做文章，这些手段只是缓和资本主义的局部矛盾，根本不可能解决实际问题，根本不可能改变资本主义世界的无政府状态，也更不可能改变无政府扩大化趋势。马克思说过："资本的躯体可以经常改变，但不会使资本有丝毫改变。"① 资本作为资本的实质并不会因为资本形态的改变而改变。卢森堡认为伯恩施坦所犯的错误在于方法论错误，他一看到资本主义社会出现了卡特尔、信用公司就认为这些新现象的出现使资本主义危机会减弱或者消失，而实际上资本主义的危机就是资本主义制度的寄生胎，它的出现是一种必然，而不是一种偶然现象，不是能轻易消除的。他抓住了资本主义社会的细节和局部现象，却把资本主义社会资本主义私人所有制这个最本质的特征忽略掉了。资本主义社会所出现的一切经济生活现象，被伯恩施坦从资本主义发展的有机整体中割裂开来，当作孤立的存在，当作一部死机器的拆散的零件，而不是把它们放在同整个经济结构的联系上去理解，这就导致他不可能把握资本主义的特征与真正本质。而他将资本主义社会所出现的细枝末节的变化当作真正的资本主义所发生的根本变化，又形而上学地离开了资本主义崩溃的内在必然性，这样就导致他不能从资本主义私有制这个根源找到社会主义根据，只见树木，不见森林，历史唯物主义的基本原理被他抛到脑后。只有坚持总体的观点才能理解这些变化，卢森堡的批判击中了伯恩施坦主义的命脉。

二、卢森堡对伯恩施坦批判"劳动价值论"的反批判

把马克思的劳动价值论看作"纯粹的思维的构想"，是伯恩施坦对马克思劳动价值论的否定与批评，这就最清楚地表明：伯恩施坦根本不懂得劳动价值论，马克思劳动价值论根本不是"思维中想象的产物"的抽象，而是一种"现实的社会存在"。卢森堡认为，伯恩施坦对政治经济学基本原理的了解是比较浅薄的，他的思维表现出惊人的混乱。卢森堡质问伯恩施坦道："如果劳动价值是一种抽象，一种'思想映象'，那么，每个服了兵役、纳了税的正直公民，都同马克思一样，有权把任何无稽之谈制造成这样一个'思想映象'，也就是制造成价

---

① 马克思恩格斯选集：第1卷 [M]．北京：人民出版社，1995：345.

值规律。"① 卢森堡的意思说明，如果马克思的劳动价值论是一种思想的映象，那么任何人都可以把任何无稽之谈制造出思想映象，而实际上这是不可能的，这清楚地表明了卢森堡对伯恩施坦否定马克思的质疑。卢森堡指责伯恩施坦道："马克思的抽象不是一种发明，而是一种发现。"② 卢森堡还明确地说明，劳动价值论存在于商品经济中，它不是想象的东西，而是一种现实的社会存在，现实到可以拿来进行实践，可以用来剪裁、锤打、称量和模压。卢森堡接着说，只有伯恩施坦推崇的庞巴维克、杰文斯学派的抽象效用才是一种"思维映象"，甚至可以说是一种没有思想的映象，是一种不能张扬的愚蠢，伯恩施坦之流由于头脑中存在着这种思想映象，就不可能理解马克思的劳动价值论，对马克思的价值规律也是一窍不通。她认为，众所周知，价值规律对揭示整个资本主义经济和劳动价值之间的联系的重要作用，如果不了解这一点，难以揭示资本主义社会的剥削之谜。

伯恩施坦之所以对劳动价值论进行批评、否定和横加指责，实际上是为他质疑剩余价值理论，进而否定资本主义崩溃论做铺垫的。劳动价值论一旦被否定，被他批倒，就等于马克思所认定的资本家对工人劳动剥削不存在；劳动剥削不存在，无产阶级也就没有必要进行推翻资产阶级的斗争了，那么马克思、恩格斯所谓的历史发展的必然性也就不存在了。社会主义的根据也就不要从经济上找原因了，这样也等于否定了马克思的唯物主义。卢森堡认为，伯恩施坦将社会主义的基础不是放置在经济的必然性上而是放在公平观念的基础上，这完全是一种唯心主义的历史观。卢森堡在《社会改良还是革命？》中开篇就批评伯恩施坦的方法，并指出"如果说，理论是外在世界印在人类头脑中的反射，那么，对于伯恩施坦的［最新］理论无论如何得加上一句——往往是颠倒了的反射。"③ 这说明了伯恩施坦理论与实践脱节的唯心主义世界观。而马克思的科学性、严谨性的证明通过他的劳动价值论与他的唯物史观、科学社会主义理论完全一致，也可以说明。这也是卢森堡非常认同的。卢森堡认为，正是因为马克思一开始就以社会主义者的立场，在观察资本主义经济的时候用历史的观念，用历史唯物主义的方法进行，他才能够解释资本主义经济的"象形文字"。卢森

---

① 中共中央马克思恩格斯列宁斯大林著作编译局国际共运史研究室. 卢森堡文选：上卷 [M]. 北京：人民出版社，1984：116.

② 中共中央马克思恩格斯列宁斯大林著作编译局国际共运史研究室. 卢森堡文选：上卷 [M]. 北京：人民出版社，1984：116.

③ 中共中央马克思恩格斯列宁斯大林著作编译局国际共运史研究室. 卢森堡文选：上卷 [M]. 北京：人民出版社，1984：74.

堡在这里，把资本主义经济当作象形文字，而只有马克思才能解读，说明了马克思与黑格尔辩证法之间的根本区别，但这些伯恩施坦既没有认真研究过，也没有认真辨析过，却对马克思做了一种似是而非、自以为是的武断裁定，说明伯恩施坦受唯心主义历史观的影响与依赖是非常严重的，说明认为社会主义是一个抽象的"原则"的人恰恰是他自己。他唯心主义哲学基础发展的必然结果就是他对马克思劳动价值的否定，同时他诋毁科学社会主义理论也就是顺理成章的事情。总之，卢森堡对伯恩施坦提出的种种理论观点和策略主张的内在关系和本质进行了一针见血的揭露与批判，以此为基础，对马克思的劳动价值论做了深刻的阐释。

三、批驳伯恩施坦两个假设的不可能

伯恩施坦资本主义适应论暗含两个假设，第一个假设，伯恩施坦认为世界市场可以不受限制地扩大以至无穷无尽，卢森堡认为这在理论上不可能。第二个假设是生产力的增长受到阻碍，以至于它不会超出市场的框子，卢森堡认为事实上与发展相反。她认为，在正常情况下，资本主义能够使自己和这两个假设之一为前提，"或者，世界市场可以不受限制地扩大以至无穷无尽，或者是，相反，生产力的增长受到阻碍，以至于它不会超出市场的框子"①。但是，卢森堡分析道："前者在物理上不可能，后者与事实相反，技术革命正在一切生产部门一步紧接着一步地前进，每天在唤起新的生产力。"② 下面我们重点分析一下，卢森堡为什么认为伯恩施坦所假定的两个前提不成立，并对伯恩施坦的两个假设进行批驳。

（一）资本主义的无限积累是不可能的

卢森堡的《资本积累论》专门论述了资本主义的无限积累是不可能的。她在文中以马克思再生产理论为中心，提出在只有工人和资本家两个阶级的封闭的资本主义环境中资本积累无法实现的观点，强调非资本主义市场是解决资本积累问题不可或缺的因素。她提出的关于世界市场的理论不仅发展了马克思的资本积累理论，而且卢森堡顺着伯恩施坦的推理逻辑一步步把伯恩施坦的资本主义适应论逼向了死胡同。按照伯恩施坦的理论，通过完善的交通工具，把各

---

① 中共中央马克思恩格斯列宁斯大林著作编译局国际共运史研究室. 卢森堡文选：上卷[M]. 北京：人民出版社，1984：88.

② 罗莎·卢森堡. 社会改良还是社会革命？[M]. 徐坚，译. 北京：生活·读书·新知三联书店，1958：13.

个国家之间的距离缩短了，世界市场的范围就扩大了，那么资本主义所生产的过多商品就能够在国外找到销路，资本主义社会的经济危机就可以因世界市场的扩大而消除。但事实上，卢森堡认为，随着世界市场的扩大，资本家的野心也随之发展，市场需求到底多少，资本家不能更清楚地预测，在这种前提下，生产的盲目性加剧，这样生产和交换的矛盾就变得更加尖锐。同时，由于各个国家之间联系越来越超出一国的范围，各个国家在经济上的来往更加密切，越来越多的国家参与进来，世界经济联系加强了，这种情况下，各个国家之间牵一发而动全身，一个国家发生经济危机，势必导致其他国家也深受影响，因而世界市场的扩大不但不能避免危机，反而使危机爆发的频率更高，范围也更加广泛。所以，卢森堡认为，伯恩施坦所倡导的交通工具的完善，世界市场的扩大这些手段只能是使得资本主义经济危机在世界范围内更加普遍化，形成世界性的经济危机。卢森堡指出马克思在《资本论》第二卷中对扩大再生产的分析，这一章实际上并未完成。马克思只是把扩大再生产的资本积累问题提了出来，但并未给予完满的解答。不能仅仅停留于这种状态，而应予突破，卢森堡从资本积累实现角度，探讨非资本主义市场是资本主义国家进一步争夺的主要阵地，这样才能从理论上说明资本主义合乎规律地向帝国主义转变的内在结构。卢森堡指出，一旦积累运动按照她认为的，计划与现实相符合，那么资本积累由于其历史局限，必然终结，资本主义生产就终结了。如果积累是不可能的，那么生产的进一步增加也是不可能的。这说明资本主义的灭亡是具有客观历史必然性的。因而，她也认为，随之而来的是帝国主义最后阶段的矛盾挣扎，这是资本主义存在历史的最后阶段。

（二）资本主义生产力的增长没有受到阻碍，但受到市场的限制，没有了市场，生产力再高也会灭亡

卢森堡认为，生产力在当时资本主义社会的增长不仅没有受到阻碍，而且技术革命正在一切生产部门紧锣密鼓地前进，每天都在唤醒新的生产力。资本主义由于私有制的局限性，制造了一个悖论，也就是本来资本家认为，生产力发展了，就会克服私有制的局限性，但事实相反，资本主义社会就像被一张网困住的人，越是努力挣扎，捆得越紧。卢森堡认为马克思的扩大再生产限定了条件是在纯资本主义社会中自行发展，认为马克思资本积累只需要在资本主义国家内部，处理好生产与消费的关系就可以解决，资本积累可以不需要国外市场。实际上卢森堡这一点看法是对马克思的误解，马克思并没有把扩大再生产限制在纯资本主义范围内，如果这样的话，马克思就不会有世界历史理论。马克思当时只是为了研究的方便，在资本主义内部把扩大再生产分为第一部类和

第二部类。但卢森堡显然没有意识到这一点。事实上，马克思是通过剖析资本主义私有制，分析了资本主义社会无法解决生产日益扩大，而人民有效需求不足的矛盾，因为这部分还涉及国际贸易，在他的扩大再生产理论中为了研究方便，未进行全面的分析。卢森堡认为，她找到了资本主义的灭亡的一种可能，即限制资本主义发展的关键，那就是资本主义发展受到市场的限制，她认为没有了市场，资本家生产的产品卖不出去，那么即使生产力再高也会灭亡。卢森堡预言资本主义终于有一天再也找不到国外市场。卢森堡的世界市场理论预言了扩张自己的殖民地是资本主义国家追求的必然目标，也从理论上试图说明资本主义与国外市场的关系，她解释了帝国主义与殖民主义两者的必然联系。因此卢森堡关于国外市场的理论，从另一个角度论证了帝国主义是资本主义的必然的、最后的一个阶段，凸显了其理论的逻辑必然性。从此意义上来说，卢森堡在帝国主义的认识与列宁的认识是完全一致的。

四、从资本主义制度可能造成的三个后果来论证资本主义崩溃的必然性

社会主义实现的"客观必然性"是通过伯恩施坦向马克思资本主义"崩溃"理论的宣战与彻底否定为标志而充分展开的。社会主义的根据在伯恩施坦看来不是经济的原因，而是道德的原因，这造成他在唯心主义的道路上越走越远，离开了历史唯物主义的基础。卢森堡认为资本主义可能造成三个后果，这是社会主义科学基础的前提："第一是，资本主义经济不断增长的无政府状态，这使它的崩溃成为不可避免；第二是，生产过程大踏步地走向社会化，这就为未来的社会制度创造了坚实的出发点；第三是无产阶级力量的不断增长和阶级觉悟的普遍提高，这是即将来到的变革的积极因素。"① 这三个后果是社会主义的科学基础，由此可以看出，伯恩施坦所倡导的资本主义适应论铲除的是科学社会主义的基石。

卢森堡通过资本主义制度本身的矛盾以及资本主义制度可能造成的三个后果说明资本主义必然走向崩溃的历史命运，也从另一个侧面批判了伯恩施坦的资本主义适应论。

（一）资本主义经济不断增长的无政府状态，使资本主义崩溃不可避免

卢森堡指出，资本主义崩溃的必然性并不像伯恩施坦所讲的那样是可能性变小了，而是可能性变大了。因为资本主义之所以会崩溃是因为它无法克服其

---

① 中共中央马克思恩格斯列宁斯大林著作编译局国际共运史研究室. 卢森堡文选：上卷
[M]. 北京：人民出版社，1984：76.

自身的弊端，即无法克服"无政府状态"这个无法治愈的痼疾，这个痼疾根源于资本主义的物质生产方式，因而社会主义的历史必然性绝不像伯恩施坦所说的那样是空想出来的，而是从资本主义制度的不断增长的无政府状态中表现出来的。卢森堡领悟了《资本论》所揭示的资本主义崩溃不可避免的实质，也把资本主义制度与资本主义无法克服的痼疾紧密联系起来。资本主义生产方式是区别于以往任何生产方式的。资本主义的基本矛盾达到了不可调和的地步，这是资本主义社会必然发生经济危机和必然崩溃的真正原因。

而卢森堡正是对资本主义社会的基本矛盾认识得非常清楚、透彻，才能断然、决然地反对伯恩施坦的资本主义适应论，并给予伯恩施坦的资本主义适应论当头一棒。当今，我们仍然要清醒地认识资本主义社会出现的一系列新现象仍旧不能改变资本主义社会的本质。

（二）生产过程社会化，为未来社会制度创造了坚实基础

关于生产社会化，伯恩施坦是看到的，他认为社会主义的思想界在废除了崩溃论后，绝不会因此丧失丝毫说服力，因为在伯恩施坦看来，他所列举的信用，卡特尔以及交通工具的完善，是生产和交换社会化的前提，一部分甚至是它的发端。伯恩施坦认为，这些都是社会主义的要素。对此，卢森堡认为，伯恩施坦这种看法是经不起推敲的，也是一个错误的结论。信用，卡特尔以及交通工具的完善等，这些被伯恩施坦称作资本主义"适应工具"的，只是更强烈地表现出生产的社会性，而且这种生产的社会性是保持在它的资本主义形式上。它使社会化的生产向生产社会化过渡成为多余的了。因而把这些现象表现为社会主义的前提和出发点，是从概念上说的，但从历史上看并不是如此，这是伯恩施坦拒斥社会革命，按照他的思路，进行社会改良的借口。

（三）无产阶级的独特优点，是未来社会变革的积极因素

最初无产阶级在早期阶段的斗争，由于阶级觉悟不高，认为自己之所以失业、限于贫困是机器造成的，于是在反对资产阶级的斗争中，他们就用砸毁机器，捣毁厂房来发泄不满，反对资本主义的斗争处在自发阶段，他们的斗争也满足于一些减少工时、提高工资的经济利益。随着工人起义的屡次失败，马克思、恩格斯意识到先进理论对工人阶级的重要性，工人的阶级觉悟如何，直接影响斗争的开展和斗争的结局。1848 年马克思发表了《共产党宣言》，这是马克思、恩格斯为共产主义者同盟写的纲领，这部划时代著作被看作马克思主义诞生的标志，被誉为工人阶级的"圣经"。从此，工人阶级斗争有了自己的指导思想，无产阶级觉悟也有了很大的提高，他们逐渐认识到自己陷于贫困的根源

是资本主义剥削制度，要摆脱剥削和贫困，必须推翻资本主义的统治，用社会主义制度代替资本主义制度，由此，反对资产阶级的斗争便从自发斗争的阶段发展到自觉斗争的阶段。无产阶级处于受苦受累的社会底层，这样的阶级本性决定了它具有无产阶级本身独有的阶级觉悟。但他们的阶级觉悟还没有达到能够科学地认识本阶级的地位、根本利益和历史使命的程度，要提高他们的阶级觉悟，需要在马克思主义理论的指导下，接受无产阶级政党的马克思主义教育，积极参加无产阶级革命斗争的实践。无产阶级的阶级觉悟程度，直接决定未来社会变革的方向。

第二节　卢森堡资本积累全球化理论的历史与逻辑

"时代是思想之母，实践是理论之源"①，卢森堡的资本积累理论作为适应时代发展的产物，有它产生的历史背景和理论前提。作为对其他资本积累理论的批判发展，它不仅是在关于资本主义论争的语境下写的，也是在关于资本主义的理论层面上对马克思资本积累理论的创造性发展。卢森堡认为马克思的资本积累理论的核心是构建了一种再生产图式，而这是一种理想的模式。在卢森堡看来，马克思的再生产图式建立在一个仅有资产阶级和工人阶级两个群体的封闭的资本主义环境里的模式，可是在资本主义社会，仅靠这两个阶级是没有办法充分实现剩余价值的，由此，她围绕着剩余价值的实现，对马克思的经济理论进行了自己的诠释与说明。她认为，剩余价值不能简单地在资本主义社会这个有限的空间内寻找，还需要拓展剩余价值的实现渠道，到资本主义社会以外寻找，对商品有购买能力的群体叫什么名字呢？卢森堡认为，这就是除了资产阶级和工人阶级以外的——非资本主义社会阶层。而这个非资本主义社会我们也叫它"第三市场"，这实际上就是她的资本积累及全球化思想。当这个非资本主义社会——"第三市场"，由于帝国主义国家之间的争夺，日益缩小的时候，资本主义自身的积累将无以为继，资本主义将不可避免地走向崩溃。这就是卢森堡在全面地分析、批判马克思的扩大再生产图式之后，她在《资本积累论》一书中重点论述的资本积累理论。资本积累理论的核心就是剩余价值无法充分实现，导致"消费不足"，最终资本主义走向崩溃。

---

① 习近平谈治国理政：第 2 卷［M］．北京：外文出版社，2017：34．

一、卢森堡资本积累全球化提出的历史背景

积累论和崩溃论是卢森堡经济危机理论的主要内容。她对资本积累过程和对剩余价值实现困难的关注，直接影响着她对资本主义发展命运和社会主义革命的判断，卢森堡提出开拓"第三市场"可以解决生产相对过剩的危机，促进资本积累。

卢森堡资本积累全球化思想与她当时所处的现实环境密切相连。19 世纪末至 20 世纪初，资本主义发展表面上是和平的、繁荣的，但实际上资产阶级和无产阶级的斗争更复杂、更尖锐。帝国主义国家之间为了进一步扩张自己的势力范围，不顾一切地发动了侵略战争。面对资本主义世界的复杂局势，迫切需要无产阶级革命理论家们对帝国主义及其矛盾给出合理的解释，卢森堡在此背景下创作出《资本积累论》，并提出剩余价值实现上的困难，在此基础上提出拓展"第三市场"理论，从而转嫁资本主义经济危机，这也是她的资本全球化思想的理论逻辑。

（一）德国的统一为经济的发展提供了保障

封建社会的生产关系在资产阶级革命后逐渐土崩瓦解，资本主义社会也因而摆脱了封建生产关系的羁绊，这为资本主义的进一步发展创造了较为宽松的社会条件，从而得到快速发展的机会。人类社会通过第一次工业革命的开展，步入了蒸汽时代。这极大地推动了生产力的发展，正如马克思和恩格斯在《共产党宣言》中的评价："资产阶级在它不到一百年的阶级统治中所创造的生产力比过去一切时代所创造的生产力还要多，还要大。"①

德国资本主义经济之所以能够赶上并超越法国和英国，取得跳跃式的发展，完全得益于 19 世纪 70 年代德国的统一。这样，一战前，德国就成了欧洲大工业的中心。分析其原因，主要有两点：首先，德国的统一，结束了政治上的分裂局面，从而促进了德国统一市场的形成。其次，在经济上，一是法国 50 亿法郎赔款用在发展工业，特别是军事工业上；二是，由于德国产业革命进行得比较晚，更易于接受外国先进的科学技术成就，这两方面的因素对德国经济的发展起着积极的促进作用，因此，十九世纪七八十年代，德国完成产业革命后，资本主义工业跳跃式发展起来。伴随着机器大工业的发展，资本主义的社会生产力与生产关系的冲突也日益加剧。由于资本主义大工业的迅速发展，伴随着

---

① 马克思恩格斯选集：第 1 卷［M］．北京：人民出版社，1995：471．

1873 年所发生的经济危机，这就迫切需要政府统一进行管理，从而加速了德国垄断组织的形成。最终，垄断组织逐渐控制了工业生产，同时，也理所当然地形成德国经济生活的基础。

（二）政治方面

任何一种理论的形成都不是一蹴而就的，它总是扎根于现实，源于现实，是时代精神的积淀，卢森堡资本积累全球化思想也是如此。从 19 世纪末期开始，作为国际共产主义运动的左派领导人物，卢森堡的政治敏锐性是非常强的，她一直密切关注资产阶级在国内实施的军国主义政策。资本主义国家所推行的殖民扩张政策，是同军国主义化进程紧密联系在一起的。为此，她针对资本主义的军国主义先后写作了《社会改良还是革命?》（1898）、《民军和军国主义》（1899）。她指出，军国主义对于资产阶级是必不可少的，在资本主义政治和经济中，军国主义扮演着重要的角色。因而，无产阶级要把反对资本主义制度的革命和反对军国主义的斗争结合起来。卢森堡既指出了"资本主义制度的统治或许还要长久保持下去，但是总有一天，丧钟迟早会敲响"① 的未来的远景，又号召全世界无产阶级，为了能使他们在决定性的时刻担负起伟大的任务，有必要通过不断的国际行动实践为这一时刻做好准备。1910 年以后，随着资本主义国家由自由竞争阶段向垄断阶段的过渡，资本主义国家与非资本主义国家、资本主义国家与资本主义国家之间的矛盾与对立进一步扩大。资本主义国家与非资本主义国家的矛盾主要表现在资本主义国家在国际上推行"世界政策"，大举入侵非资本主义地区，因而非资本主义国家的无产阶级反对帝国主义的斗争风起云涌；资本主义列强之间的军备竞赛愈演愈烈，争夺、瓜分殖民地并造成列强之间的矛盾进一步激化是资本主义国家之间的矛盾的集中表现。世界大战一触即发。在国际上，资本主义的殖民扩张政策到处蔓延，落后国家饱受凌辱、惨遭劫难。

（三）卢森堡所生活的环境条件

卢森堡出生于俄属殖民地波兰，作为俄国的殖民地，波兰人民遭受着本国大资产阶级和俄国大资产阶级的双重压迫，卢森堡作为被压迫民族的一员，她能够极其敏锐地捕捉到资本主义列强对殖民地人民的殖民扩张和掠夺政策。对于她提出资本积累论的背景，有一段比较经典的文字描述，她说："资本主义历

---

① 中共中央马克思恩格斯列宁斯大林著作编译局国际共运史研究室. 卢森堡文选：上卷[M]. 北京：人民出版社，1984：275.

史地生育并发达于非资本主义的社会环境之中。"① 卢森堡对资本主义国家对非资本主义国家的依赖、剥削的认识是非常深刻的，她对非资本主义国家不得不向资本主义国家提供原材料、燃料和商品倾销市场进行了揭露，还对西欧诸国的资本主义，在农村与在都市分别产生的不同地方进行了区分。

二、卢森堡资本积累全球化形成的历史逻辑

"马克思时代的资本主义总体上是在西欧资本主义生产方式体系内部运行的"②，因而，马克思在研究资本积累的过程中，主要是从资本主义内部矛盾来说明资本积累问题，为此，马克思透过资本主义世界纷繁复杂的表象，抽丝剥茧地运用了不同于一般抽象思维方法的科学的抽象法，把资本主义社会一些表象剥离出来。因为马克思所生活的时代，对外贸易还不发达，马克思就抽象掉了对外贸易，他假定两个阶级的存在即工人和资本家阶级，而排除了其他阶级，但随着 19 世纪末资本主义的发展逐渐超出了西欧资本主义体系，西欧以外的资本主义体系得以扩展，工人和资本家已经不能满足剩余价值的实现了，而他们之外的"第三者"（即非资本主义市场）对资本主义再积累的实现起到了至关重要的作用。卢森堡在这种情况下，从资本主义生存的外部环境和资本实现的条件来说明资本积累问题。她认为，在扩大再生产的条件下，第二部类势必会出现剩余产品，而单靠工人是无法消化掉所有的剩余产品的，这样产品的销售就会成为问题，为了进一步扩大再生产，资本家阶级必须在工人和资本家以外寻求市场，即非资本主义市场。

（一）初步产生资本积累要靠外部实现的思想

1893 年报告是受波兰王国社会民主党机关刊物《工人事业》杂志编辑部邀请在第三次国际社会主义工人代表大会上所做的，报告中说："由于俄国的销售市场……掠夺来的剩余价值变成黄金。"③ 这句话有几个方面的含义，一是说明了波兰工人创造的剩余价值在俄国销售市场得以实现，二是说明了非资本主义经济成分的存在，三是说明了资本积累要靠非资本主义环境实现的思想。卢森堡说明了在世界市场其他国家存在商品过剩难以解决的情况下，波兰的大工业

---

① 罗莎·卢森堡. 资本积累论［M］. 彭尘舜，吴纪先，译. 北京：生活·读书·新知三联书店，1959：359，290.

② 熊敏. 资本全球化的逻辑与历史——罗莎·卢森堡资本积累理论研究［M］. 北京：人民出版社，2011：23.

③ 中共中央马克思恩格斯列宁斯大林著作编译局国际共运史研究室. 卢森堡文选：上卷［M］. 北京：人民出版社，1984：7.

却能够存在和发展的原因，即"依靠它同俄国在政治上的共存"①，而两国之间的联系也因为共存而存在。卢森堡还说明了俄国政府为了他自身的经济利益，还在不断促进波兰的工业，这样的政策使两国的联系进一步加强。卢森堡此处说明了波兰的大工业能够存在和发展的原因，在于它依靠俄国，这表明此时她已经产生了资本积累要靠非资本主义环境来实现的思想。

（二）资本积累实现思想的进一步发展

卢森堡的《社会改良还是革命?》内容丰富、具体，里面既有关于资本主义的发展趋势和剩余价值实现的探讨与分析，更有对伯恩施坦一系列错误思想的批判，另外也对资本主义发展的阶段和资本积累等问题及它们之间的关系进行了较为详细的考察和论证，书中还提到实现资本积累的方式——关税政策和军国主义。卢森堡对关税政策和军国主义评价说："在资本主义的历史上，曾经起过不可缺少的作用。在这个意义上，也就是起过进步的、革命的作用。"② 卢森堡对资本主义的关税政策和军国主义进行了一分为二的辩证分析，她首先肯定了它们在历史上曾经所起的积极作用，然后她又客观地分析现在保护关税政策的消极作用，"现在各工业部门是互相依赖的，对于这些产品征收了保护关税，就会抬高国内其他商品的生产价值"③。这里的"企业主却需要关税来保护他们的销售"蕴含着非资本主义市场是实现资本积累的手段的思想。"军国主义已经对他们（资产阶级）成了不可缺少的东西……第一，它是个斗争的手段……第二，它是最重要的投资方式……第三，它是国内阶级统治的工具，用来反对劳动人民。"④ 军国主义这一投资形式，在后来的卢森堡资本积累理论中发展为资本积累的一个领域。

（三）资本积累实现思想的进一步形成与完善

1905 年俄国革命爆发后，卢森堡积极支持俄国革命，并撰写文章《俄国革命》。1907 年 10 月，卢森堡成为德国社会民主党党校教授政治经济学的一名教师，在授课的教学实践过程中，她发现了国民经济史中，有"第三者"被掠夺

① 中共中央马克思恩格斯列宁斯大林著作编译局国际共运史研究室. 卢森堡文选：上卷 [M]. 北京：人民出版社，1984：8.

② 中共中央马克思恩格斯列宁斯大林著作编译局国际共运史研究室. 卢森堡文选：上卷 [M]. 北京：人民出版社，1984：97.

③ 中共中央马克思恩格斯列宁斯大林著作编译局国际共运史研究室. 卢森堡文选：上卷 [M]. 北京：人民出版社，1984：97.

④ 罗莎·卢森堡. 资本积累论 [M]. 彭尘舜，吴纪先，译. 北京：生活·读书·新知三联书店，1959：359.

的悲惨事实，这激起她的愤怒。她深入研究马克思的资本再生产理论同当时的帝国主义政策的问题，并于 1908 年开始着手写作《国民经济学入门》这本书，该书实际上是"国民经济学"和"国民经济史"两门课的讲稿，生前并没有出版，到 1925 年首次出版。由于卢森堡一方面要忙于参加党的活动，另一方面还要忙于在党校讲授政治经济学，导致写作工作被频繁被打断。从 1911 年开始，卢森堡中断了《国民经济学入门》的写作，1912 年初是卢森堡计划最终完成《国民经济学入门》的写作时间。但是，由于写作遇到一些难以克服的问题，这就是卢森堡所认为的，对资本主义如何进行客观的描述生产发生的总进程以及分析它的客观历史界限，她感到没有多大把握。等卢森堡进行了精密的考察和认真的研究之后，她更感到困难，因为她意识到此处不是仅靠说明、阐释能够解决的问题，"而且还存在着理论上牵涉马克思《资本论》第二卷的内容，以及有关现今帝国主义政策的实际和它的经济根源的问题"①。卢森堡在《资本积累论》的"序言"中说明了放弃《国民经济学入门》的写作工作，转而写作《资本积累论》的原因。在先期研究的基础上，她在短短四个月时间内最终完成了《资本积累论》900 页的手稿，并于 1913 年先行出版了影响深远的《资本积累论》。这是她关于资本积累的专门著作，也是《国民经济学》的通俗入门著作。她后来针对多方面的批评，她又写了《资本积累——一个反批判（马克思的信仰者怎样理解马克思的理论)》（以下简称《资本积累——一个反批判》）一书，该书开章明义地指出，研究资本积累所要解决的根本问题是"探索这些资本主义积累——通过逐渐扩大生产积累资本——的看不见的客观规律"②。

《国民经济学入门》于 1925 年在她逝世后才出版。资本主义生产方式的矛盾是卢森堡的著作《国民经济学入门》第六章"资本主义经济的各种倾向"关注的一个重点，在书中她描述了"资本主义生产方式，比之从前一切生产方式，其显著的特点在于力图把自己的势力机械地扩大到全世界，并排斥其他所有旧的社会形态"③，这样就出现小工业生产、手工业生产和小农经济被资本主义生产方式不断排挤、挤压，其导致的结果，一方面是"资本统治范围的巨大扩张、世界市场和世界经济的形成。在世界市场内部，地球上所有有居民的地带，同

---

① 罗莎·卢森堡. 资本积累论［M］. 彭尘舜，吴纪先，译. 北京：生活·读书·新知三联书店，1959：359.3.

② 罗莎·卢森堡，尼布哈林. 帝国主义与资本积累［M］. 柴金如，梁丙添，戴永保，译. 哈尔滨：黑龙江人民出版社，1982：62.

③ 罗莎·卢森堡. 国民经济学入门［M］. 彭尘舜，译. 北京：生活·读书·新知三联书店，1962：254.

时互为生产者、互为生产物的消费者，作为席卷全世界的同一经济的参与者而进行共同劳动"①。另一方面则是随着资本主义世界经济的形成，贫困加剧，劳动人民负担加重、毫无保障，但少数人积累了巨额资本。这样，"资本主义世界经济就意味着资本家专门以资本积累的目的，日益使全人类在无限贫困和痛苦之下"②，为了进一步扩大资本积累，使所有的后进国家都卷入世界经济中，资本家就通过世界贸易的发展和殖民地的掠夺这两种途径进行资本侵入，侵入到欧洲以外诸国。这主要通过两个阶段进行："第一，通过商业的侵入，把土著居民卷入商品交换中，部分地还将土著居民现有的生产形态转化为商品生产；第二，采用各种手段，掠夺土著居民的土地，从而攫取他们的生产资料。这种生产资料在欧洲人手中转化为资本，而土著居民则变成无产者。"③ 在上述两个阶段之后，迟早会出现第三个阶段：即 "或者由欧洲移民，或者由富有的土著居民在殖民地建立起自己的资本主义生产"④。

落后的生产形态在资本主义生产方式下被到处排挤，与此相反，资本主义生产方式下却获得巨大的扩张，资本的权力和统治扩大到全世界。"资本主义正是在这样的发展中，陷入根本矛盾的困境：资本主义愈加排挤落后的生产形态，那么，为了追求利润所创立的、供满足现有资本主义企业扩大生产的要求的市场界限就愈加狭小。"⑤ 可见，资本主义生产的扩张、技术进步、世界生产力的发展本身没有什么限制，市场却要依赖于消费者有支付能力的需求、商品生产量及其价格，这样会造成一方急于膨胀，而另一方已经陷于疲软状态，不能满足生产力发展的要求，生产力的发展与市场的扩张并不同步，一腿长一腿短的现状，资本主义工商业危机就自然而然发生了。资本主义最终走向崩溃就成为一种必然。

---

① 罗莎·卢森堡. 国民经济学入门 [M]. 彭尘舜，译. 北京：生活·读书·新知三联书店，1962：256.
② 罗莎·卢森堡. 国民经济学入门 [M]. 彭尘舜，译. 北京：生活·读书·新知三联书店，1962：257.
③ 罗莎·卢森堡. 国民经济学入门 [M]. 彭尘舜，译. 北京：生活·读书·新知三联书店，1962：258.
④ 罗莎·卢森堡. 国民经济学入门 [M]. 彭尘舜，译. 北京：生活·读书·新知三联书店，1962：258.
⑤ 罗莎·卢森堡. 国民经济学入门 [M]. 彭尘舜，译. 北京：生活·读书·新知三联书店，1962：260.

三、卢森堡资本积累全球化的理论逻辑

《资本积累论》是卢森堡描述资本积累全球化的代表性著作，"罗莎·卢森堡资本积累理论最突出的贡献是说明了全球资本主义的解释模式"①，而这本著作的写作离不开她对魁奈（Francois Quesnay）、亚当·斯密和马克思等理论家的借鉴与参考，他们关于资本主义扩大再生产理论是卢森堡《资本积累论》中关于资本积累的条件、历史、本质的思想理论基础，卢森堡关于资本积累理论的介绍反映了她的资本积累的全球化理论。

卢森堡的资本积累全球化理论批判性地参考借鉴了魁奈、亚当·斯密等理论家关于资本主义积累理论中部分合理性的东西，又深入研究了马克思扩大再生产理论中关于资本积累的理论，并以此为指导，进行大量的调研和思考活动，提出了许多开创性见解，形成了自己独具特色的资本积累全球化理论。可以这样说，她不但继承了马克思的资本积累理论，而且在某种程度创造性地发展了马克思主义资本积累理论。

要想了解她的扩大再生产理论及其资本积累理论的来龙去脉，必须从其对前人的资本积累理论的借鉴与批判开始。

（一）对魁奈再生产理论的批判与发展

魁奈是法国重农学派的鼻祖，古典政治经济学的奠基人之一。1758 年他发表了《经济表》，这篇文章凝结了他关于财富积累的主要观点。他不仅对法国当时的重商主义把财物与货币等同的思想进行了批评，而且对社会资本的再生产和流通思想做了初步的尝试，对经济体系进行了全面总结，是经济学家对资本主义宏观经济分析的第一次天才探索，马克思对此高度评价。魁奈认为土地是财富的源头，只有农业才能创造财富。所谓"纯产品"在魁奈看来就是财富的增加，但是商品都不生产"纯产品"，只有农业才生产"纯产品"。魁奈的"纯产品"学说实际上就是剩余价值学说。在"纯产品"概念的基础上，剩余价值及其起源被魁奈揭示。卢森堡对魁奈的观点并不是完全赞同，她批判魁奈关于当再生产和流通的条件都已准备就绪时，再生产就能沿着既定轨道运行的理论。魁奈认为，这不能完全说明再生产的进行。从资本积累的视角看，纯产品的获得途径，既可以从农业中获得，也可以从工业中获得，并不是农业的私有物，而魁奈作为重农学派的代表，只重视了农业，而忽视了工业中纯产品的获得问

---

① 熊敏. 资本全球化的逻辑与历史——罗莎·卢森堡资本积累理论研究［M］. 北京：人民出版社，2011：23.

题，这从《经济表》中可以看出来。从再生产的视角看，卢森堡觉得工业和农业既可划分在生产生活资料的第一部类，也能划分在生产资料的第二部类。

（二）批判"斯密教条"

"斯密教条"是英国古典政治经济学家斯密在再生产问题上，提出的经济学领域中非常有名的观点，又译"斯密信条"。按照马克思主义的观点，社会总产品的价值是由"C + V + M"组成，但斯密认为社会总产品只能分解为工资、利润和地租三种收入，即分解为（V + M），而不包括生产资料（即不变资本 C）的价值，即：C + V + M = V + M，在这个公式中，他把产品的总价值"C + V + M"与创造的新价值"V + M"等同了，商品价值构成中的 C，即生产资料的价值被丢掉了，因而斯密也不可能正确理解和说明社会资本再生产。

斯密对再生产过程的分析借鉴超越了魁奈，他不是集中在一个地方谈再生产过程和资本积累理论。这是他和魁奈的不同，魁奈是在《经济表》中谈再生产过程和资本积累理论的。斯密的资本积累理论则分散在《国富论》各个章节里。斯密认为，工业和农业一样，也能创造出纯产品。也就是说工业和农业一样，其劳动是创造价值的。卢森堡评价英国古典学派迈进了一大步，说："他们声称每一种劳动都是生产的，从而揭露了在工业中创造价值，正如在农业中一样。"①

卢森堡指出，斯密认为社会纯产品应该是一个大国的全体居民的"总收入减去维持固定资本和流动资本的费用，其余留供居民自由使用的便是纯收入"，而"国民财富的大小，不是取决于其总收入的大小，而是取决于其纯收入的大小。"② 斯密后来也感觉到他的信条"C + V + M = V + M"是有问题，为了弥补他的错误，他又迂回曲折地用前面所说的"总收入"，即"C + V + M"来表示。而"纯收入"就是全部的"V + M"，因而斯密这一点也是错误的。在我们看来总收入是一年内全体劳动者创造的新价值，即"V + M"，而纯收入则只是 M 部分。在资本积累理论问题上，斯密犯了一个严重的错误，他否认生产资料的存在，不了解生产商品的劳动具有两重性，就无法说明，劳动者的一次劳动，怎能既创造价值，又将 C 的价值转移到商品中去，因而否认 C 的存在，理由是 C 最终全部化为"V + M"，在斯密看来，产品价值虽等于"C + V + M"，但由于 C

① 罗莎·卢森堡. 资本积累论 [M]. 彭尘舜，吴纪先，译. 北京：生活·读书·新知三联书店，1959：359，23.

② 亚当·斯密. 国民财富的性质和原因的研究：上卷 [M]. 郭大力，王亚南，译. 北京：商务印书馆，1972 03.

不断地分解为"V＋M"，C 最终全部化为"V＋M"，全部价值就可以转变为"V＋M"。于是，斯密的经济理论中就存在这样的情形：C＋V＋M＝V＋M。这就是经济学说史上有名的"斯密教条"，斯密的理论使再生产理论研究成为不可能。

（三）卢森堡对马克思资本积累理论的发展与局限

马克思在简单再生产理论是运用了科学的抽象法把其他阶级一概排除在外而假定只有工人和资本家两个阶级。马克思把社会总产品的价值看作是不变资本和可变资本以及剩余价值之和，用公式表示为：社会总产品价值＝C＋V＋M。

马克思按照社会总产品的实物形态，把社会生产分为两大部类。第一部类指生产资料的生产（简称Ⅰ），第二部类指消费资料的生产（简称Ⅱ）。马克思从价值形态上把社会总产品分成三部分，由不变资本 C（原料、机器、厂房等）、可变资本 V（工资）和剩余价值 M（M 大于利润 P）三部分组成。在此基础上，社会资本简单再生产和扩大再生产的图式被建构。马克思的扩大再生产理论一直遭到卢森堡的批评，她认为马克思的再生产理论是有局限性的，他虽然看到了资本的扩大问题，但是他分析的视野还不够宽广，他把资本主义的生产与消费仅仅局限在资本主义范围内，没有看到外部环境（非资本主义）在资本积累中的重要作用。卢森堡把马克思的扩大再生产理论称为实现论即剩余价值如何实现的问题。卢森堡认为，马克思理论有一个重大缺憾就是在分析和解决剩余价值的实现问题上明显不足。为此，她专门撰写了《资本积累论》《资本积累——一个反批判》，系统地阐述她的资本积累思想。针对马克思的社会资本再生产理论，她在《资本积累论》开宗明义地提出研究目的，那就是继续关注"社会总资本的再生产问题"，她认为马克思关于资本积累在纯资本主义社会实现的思想过于理想化，"资本积累不能在纯粹的资本主义社会内部实现"，这仅仅是一种抽象的理论假设，资本主义生产应该包括物质资料商品生产和剩余价值生产两部分，而剩余价值生产不能仅仅考虑到剩余价值的生产，还应该包括剩余价值实现，这样才能把生产与消费两个环节衔接起来，而剩余价值的后期消费仅仅靠资本主义社会是无法充分保证消费掉的，非资本主义环境将成为剩余价值实现的重要一环，即"资本积累必须以非资本主义环境为前提"，因而她强调资本主义的横向扩展，认为资本积累要通过"排挤落后的生产形态"而发展。该观点打破常规做出了不同于马克思的资本实现和积累论。她的学说一经提出，就引起了轩然大波，褒贬不一。不过如果仅仅就再生产理论而言，卢森堡批判的理论基础显然是站不住脚的。民粹派经济学家在实现论上犯了与卢森堡相类似的错误，得到的结论是俄国资本主义发展不起来，列宁批判民粹派的理论文章也可以拿来批判卢森堡。不过，卢森堡资本积累开拓了资本积累的视域与外在向度，从这一点上对于我们理解资本主义走向帝国主义阶段起到非常重要的作用，"卢森堡《资本积累论》在'实现论'或扩大再生产问题上的错误，主要是学理上的"①。

1. 资本积累不可能通过资本主义自身而存在

资本积累能通过资本主义自身而存在吗？对此，卢森堡认为这是不可能的。卢卡奇（Georg Lukacs）曾经指出，假如资本能够被人们无限制地积累，就等于证明了资本有无限生命力，"如果资本主义生产方式能够无限制地保证生产力的提高，即经济上的进步，那么它就是不可征服的"②。这后面的一个"如果"，也从一个假设说明了资本主义生产方式根本不能够无限制地保证生产力的提高。从这一点上，可以看出，卢卡奇与卢森堡观点是一致的。卢森堡对马克思的资本积累理论中的再生产图式不赞同，她认为，马克思再生产图式是建立在一种美好的设想之上，这种设想的理想色彩太浓。因为在卢森堡看来，马克思的再生产图式是把资本主义社会假设为仅有资产阶级和工人阶级两个群体构成，这是一种封闭的环境，她认为扩大再生产就要增加生产资料 C 和可变资本 V，剩余价值也要增加，因为如果不能增加剩余价值，资本家是不会干赔本的生意的。可是剩余价值增加的部分仅靠资产阶级和无产阶级根本没有办法消费掉，这就造成剩余价值不能充分实现，无产阶级消费不起，资本家还要用来进一步扩大再生产，他们也不可能全部消费掉。能否在资本主义社会之外，寻求一个非资本主义阶层有充分的商品购买能力呢？答案显然是肯定的，卢森堡自认为她找到了这样的一个非资本主义阶层，她提炼出了自己独特见解的理论。卢森堡认为马克思的扩大再生产图式是纯粹理论上的抽象，但在实践上，面对资本家不断扩大的剩余价值，他们到底是如何实现的，马克思并没有指明，马克思只是通过图式告诉我们，是资本家本身，只有他们才能实现。那么，事实上是不是这样呢？是不是资本家实现了剩余价值？他们又是如何实现的？卢森堡急于找出答案，她把马克思的扩大再生产模式进行了仔细地分析，却仅仅是从图式上能够看到资本家为了日益扩大生产规模，而对剩余价值进行再使用。从而，卢

① 张一兵. 资本主义理解史［M］.2 卷. 南京：江苏人民出版社，2009：516.
② 乔治·卢卡奇. 历史和阶级意识——马克思主义辩证法研究［M］. 张西平，译. 重庆：重庆出版社，1989：87.

森堡得出了结论，"资本家变成为了扩大再生产而扩大再生产的糊涂虫了"①。卢森堡认为，资本家显然是不糊涂的，问题出在哪儿呢？卢森堡认为，只能说明马克思的"C＋V＋M"这个公式在现实的资本主义经济中，对整个社会而言，是不适用的。因为，在卢森堡看来，这样实现资本的积累，是非常困难的，仅仅是毫无目标地增加生产资料的生产，总资本概念是现实的，而不仅仅是生产概念的诠释。她认为，马克思扩大再生产图式是有缺陷的，缺陷存在的原因在于，"完全没有考虑到增大的劳动生产力"②。卢森堡认为，随着积累的进行，两大部类的C（不变资本）处在递增中。但与此同时，卢森堡又高度评价马克思这个生产图式"具有客观的社会正确性"③，但是因为它缺乏实践上的应用性，即使简单再生产也存在着这个缺陷，更别提复杂的扩大再生产。

2. 对商品有支付能力的需求从哪里来

"积累的起点是什么"④ 是马克思扩大再生产图式没有进一步考虑到的理论，也是理论在现实的资本主义经济中不适用的原因，卢森堡认为，虽然两大部类都考虑到积累问题，仅仅依靠积累的愿望和积累的技术前提，不可能在资本主义商品生产经济中充分保障剩余价值的实现。为了保证按照积累的期望顺利实现剩余价值，即资本积累能在事实上前进和生产事实上扩大，卢森堡认为，需要另外一个条件，即对商品有支付能力的需求必须也在增长。"剩余价值由谁实现"的问题，是卢森堡资本积累理论的核心，她研究这个问题的出发点是什么？这可以从《资本积累论》的"原序"中看出来，就是从经济角度探寻帝国主义的实质和根源，这也是她研究资本积累问题的初衷，对于源源不断的需求，从何处来？卢森堡也给出了自己肯定的答案，她认为，考虑从马克思图式中第一部类和第二部类的资本家那里来，是不可能的，"它不能从他们个人的消费中产生"⑤。卢森堡认为，只有从资本家和工人阶级以外寻找不断增长的有支付能力的需求。卢森堡进一步解释为什么需求不能从第一部类和第二部类的资本家

① 罗莎·卢森堡. 资本积累论［M］. 彭尘舜，吴纪先，译. 北京：生活·读书·新知三联书店，1959：262.
② 罗莎·卢森堡. 资本积累论［M］. 彭尘舜，吴纪先，译. 北京：生活·读书·新知三联书店，1959：263.
③ 罗莎·卢森堡. 资本积累论［M］. 彭尘舜，吴纪先，译. 北京：生活·读书·新知三联书店，1959：86.
④ 罗莎·卢森堡. 资本积累论［M］. 彭尘舜，吴纪先，译. 北京：生活·读书·新知三联书店，1959：87.
⑤ 罗莎·卢森堡. 资本积累论［M］. 彭尘舜，吴纪先，译. 北京：生活·读书·新知三联书店，1959：87.

本身那里来的原因。这是因为：为了扩大再生产，资本家自己会抑制自己不把剩余价值全部消费掉，工人阶级也没有办法消费掉，那么如何满足商品有支付能力的需求呢？在卢森堡看来，在资本主义社会通过资本主义生产方式自身来实现资本积累是不可能的，要从流通过程来寻求外界的非资本主义环境，也就是从资本的交换关系来实现。

卢森堡还强调在现实的扩大再生产中只有把"非资本主义生产方式"纳入进去，才有可能顺利实现资本积累。因而，非资本主义生产形态是资本主义积累得以顺利进行的前提。她指出，无论在逻辑上还是在现实中，试图在一个没有对外经济关系的、封闭的资本主义制度内部实现作为资本积累源泉的剩余价值，是不可能的。资本主义"扩大到一切国家中，不仅赋予那些国家以同一的经济形态，而且还把它们结合成一个巨大的资本主义世界经济"①。

第三节 资本积累全球化与资本主义灭亡

卢森堡的资本积累全球化思想有一个关键词就是"非资本主义"环境或区域，她把它与资本主义积累紧密联系起来，并由此推出了当资本主义积累再也找不到可以找到的非资本主义环境时，资本主义就要灭亡了。

第一次世界大战前，国际上已经有很多经济学家对资本积累理论开展了比较深入细致的研究，且出了不少研究成果，但较有建树的当数英国的经济学家霍布森（John A. Hobson）和奥地利的经济学家希法亭（Rudolf Hilferding）。他们的代表作分别是霍布森 1902 年所写的《帝国主义》，以及希法亭 1910 年出版的、被誉为"《资本论》续篇"的《金融资本》一书，他们在各自书中对资本积累进行了比较详细的描述，但是，两人的资本积累研究主要侧重于资本积累和帝国主义产生方面的相关理论，而对资本积累的其他方面研究不多。卢森堡则在他们研究的基础上更进一步，发展了霍布森和希法亭的思想，她将研究的着眼点集中于资本主义宗主国内部发生的各种现象方面，并进行系统研究，提出了自己的独特见解，出版了其代表作之一的《资本积累论》，成为继霍布森和希法亭之后的研究资本积累理论最著名的学者。

---

① 罗莎·卢森堡. 资本积累论［M］. 彭尘舜，吴纪先，译. 北京：生活·读书·新知三联书店，1959：255.

一、研究资本积累理论范式的转变：探讨非资本主义环境被打破与征服的阶段和条件

研究资本积累的视角的变化是卢森堡研究的一个特色，她把传统的资本积累理论局限于资本主义内部的研究范式打破了，拓展了研究资本积累的视野，并将着眼点聚焦于非资本主义环境，着重研究资本主义征服的非资本主义环境的阶段和条件，这为后来的资本积累研究提供了新的思路。

（一）资本主义征服非资本主义环境的阶段

卢森堡从资本主义的发展角度出发，把"资本对自然经济的斗争，资本对商品经济的斗争，资本在世界舞台上为争夺现存的积累条件而斗争"[1] 看作资本主义积累所处环境的三个阶段，其中第三个阶段是资本主义的最后阶段，即资本主义处于濒临灭亡和崩溃的阶段，这个时期也是资本主义为争夺资源或者最后能实现资本积累的环境地域进行疯狂掠夺的时期。下面重点论述资本在世界舞台上如何为争夺现存的积累条件而斗争的这一阶段。

卢森堡在《资本积累论》中，重点探讨了落后的、非资本主义区域和国家是如何被世界资本主义侵入的，这些地区原有的生产方式和文化传统又是如何被资本主义破坏掉的，卢森堡把她对落后地区人民群众的关切融入她的研究中，深刻地说明了他们被西方资本主义通过经济、政治、文化侵入，被殖民化的过程，这些区域被动地纳入了世界资本主义体系。通过卢森堡大量丰富而具体的实例，详细而生动地描述再现，证实了剩余价值的实现，它的确是依存于非资本主义的消费者。正因为如此，卢森堡认为，世界资本主义国家为了他们的生存，为了他们的野心，必然会不顾一切地扩大生产规模，掠夺非资本主义区域的资源，进行再生产；为了顺利完成资本积累，他们会不惜花费一切代价向非资本主义区域扩张。因而，卢森堡认为马克思的扩大再生产公式在理论上是可行的，但在实际上是行不通的。关于扩大再生产的资本积累问题马克思在《资本论》第二卷中只是提出来了，但并未给出完满的解答，因而，马克思对扩大再生产的分析实际上并未完成。卢森堡对资本主义生产方式的内在矛盾进行了认真的思考，她指出"一方面资本主义需要非资本主义的社会结构，才能使资本主义的积累能够继续不断地进行；而另一方面资本主义又在前进中不断同化

---

[1]　罗莎·卢森堡. 资本积累论［M］. 彭尘舜，吴纪先，译. 北京：生活·读书·新知三联书店，1959：290 - 291.

那些条件，而正是这些条件才能保证资本主义本身的存在"①。

马克思的扩大再生产理论成为卢森堡批评的焦点，再生产理论也被她看作兜圈子式的循环推论，实际上这个看法是不全面的。卢森堡指出，从马克思扩大再生产理论来看，第一部类和第二部类之所以要扩大再生产，为的是满足另一部类和自己的需要。那么那些不断扩大的剩余价值靠谁来实现呢？按照马克思的再生产图式，"是资本家本身，只有他们才能实现……他们为了日益扩大自己的生产，而使用它……资本家就成为一种为了扩大生产而扩大生产的糊涂虫"②，卢森堡这段话实际上暴露了她并不真正了解资本主义生产的实质：由于生产竞争和资本家千方百计追逐剩余价值的本性，导致资本家事实上恰恰成了"为了扩大生产而扩大生产的糊涂虫"，正因为这样，资本主义社会被称为人类社会所有剥削方式中最能发展生产力的方式。

卢森堡认为资本积累被分成两步进行。第一步：将用于积累的物质资料卖给"非资本主义阶层"取得货币；第二步：再用这些货币向"非资本主义阶层"购买用于扩大生产的生产资料和劳动力，即生产要素。也就是说，资本主义需要的原料、粮食和劳动力要素，必须由"第三者"提供。通过这两次交换，最终实现资本积累。这两次交换，虽然是资本主义与资本主义的交换，但这才算不仅在物质上而且在价值上完成了资本积累。反之，她认为如果没有这个非资本主义环境的"第三者"，资本积累不可能实现。但实际上她的这种理论是错误的。因为剩余价值的实现问题难道非要靠非资本主义阶层的出口产品单独进行吗？如纺织工业需要棉花，难道棉花非要由农民或者奴隶生产吗？它也可以由资本主义的大农庄生产棉花。因而，剩余价值的实现除了要有生产者还要有售卖者，是在商品全部价值实现中实现的。按照她的理论，经过"非资本主义阶层"即"第三者"这个中介的一卖一买的等价交换之后，"非资本主义阶层"好像并没有丝毫损失，那么资本积累是如何实现的呢？"第三者"仅仅是充当了商品交换的媒介而已。

卢森堡资本积累理论隐含着一个潜在的难以解决的困境，那就是她把资本主义灭亡定位为能给资本主义提供营养的外部环境的资源的耗竭，她虽然也批判资本主义社会所存在的种种内在矛盾，但是她的关注点并不是这些内在矛盾，

---

① 罗莎·卢森堡. 资本积累论 [M]. 彭尘舜，吴纪先，译. 北京：生活·读书·新知三联书店，1959：289.

② 罗莎·卢森堡. 资本积累论 [M]. 彭尘舜，吴纪先，译. 北京：生活·读书·新知三联书店，1959：262.

而且卢森堡否定这些内在矛盾具有推动资本主义前进的能力，她认为注定资本主义必然灭亡的也不是这些内在矛盾。由此她得出结论，当剩余价值在第三市场难以得到实现，资本主义国家必将发动殖民掠夺，最终资本主义会自行消灭。卢森堡试图从理论上找到帝国主义的经济根源，用她的资本积累理论给帝国主义以经济上的说明，在实际斗争中找到战胜帝国主义的途径，但是她的理论是有缺陷的，仅仅从流通领域而不从生产领域来说明，是她理论上难以突破的一个瓶颈。

（二）探讨非资本主义阶层被资本主义侵占的条件和手段

资本主义生存的前提和条件是卢森堡潜心研究的重要问题，通过研究，她认为满足资本主义生存的前提和条件就是要不断进行资本积累，由此，对资本主义的考察视野扩大了，从一国的资本积累扩展到全球世界资本主义的形成和发展。卢森堡认为资本积累不是孤立的，而是一个有机整体。在卢森堡看来，资本积累过程也是具体的，历史的，既有纯粹的经济过程，又有处理资本主义国家与非资本主义国家之间的关系过程，对于如何处理他们的关系，卢森堡所关注的主要方法就是资本积累的外部条件，她认为可以通过殖民掠夺、国际间的借款、势力范围争夺或者战争来实现。因而，在资本积累理论上，卢森堡不仅强调内部市场，而且强调外部市场，即非资本主义市场，她认为只有这样才能从理论上说明资本主义向帝国主义转变的合乎规律的内在结构。卢森堡这一认识对我们分析帝国主义的特征、本质，及其他们的侵略、掠夺本性及其所产生的负面影响是有很大帮助的，这也可以说是卢森堡在发展马克思主义方面的一个独特的贡献。

卢森堡对推动资本积累动力的关注由生产转移到消费，她把研究的视域从剩余价值如何产生转移到如何实现剩余价值的问题上，她认为，资本主义的"根本矛盾"是资本主义体系同非资本主义阶层和国家之间的矛盾，而不再是马克思的理论图式中指认的资本主义体系内部的生产和消费的矛盾，非资本主义阶层和非资本主义世界环境的存在是资本主义暂时得以生存的原因，同时这些因素的存在也是资本主义得以延续的客观历史条件和最终界限。

二、卢森堡揭示了资本全球性拓展的外在限度——非资本主义市场

卢森堡认为，在一个绝对的资本主义环境里要想实现资本积累是根本不可能的。她提出了资本积累得以实现需要资本主义市场与非资本主义市场这两个市场主体，她认为"抽象掉其他阶级"是马克思资本主义扩大再生产理论探讨的一个特点，卢森堡认为资本积累在只有工人和资本家两个阶级的封闭的"纯"资本主义环境中资本积累无法实现。那么如何突破这个问题的瓶颈呢？卢森堡认为解决马克思资本积累理论实现问题的关键是能否打开非资本主义市场，她强调指出，在只有工人和资本家两个阶级的封闭的资本主义环境中资本积累无法实现，而资本主义国家从资本问世之日起，就一直通过贩卖黑人、殖民掠夺等方式毁坏手工业者和农民，使中间阶层无产阶级化，进而向非资本主义阶层和民族进行扩张。卢森堡指出对非资本主义区域的侵入和控制，是资本主义宗主国资本得以积累，扩大再生产得以实现的最重要的条件。非资本主义市场可以为资本积累提供销售市场、生产资料的来源和雇佣劳动力，从而保证资本积累的顺利进行。

在这个资本积累的整体过程中，资本积累的内部市场是指资本主义生产方式内部的生产和流通，而资本积累的外部市场主要是指非资本主义生产方式。资本积累通过资本积累的内部市场与外部市场这两个环节得以实现，即"作为一个历史过程，资本积累，不管它的理论如何，在一切方面是依存于非资本主义的社会阶层及社会结构形态的"[①]。

资本主义扩大再生产所造成的矛盾，那就是相对狭小的市场和无限扩张的生产之间的矛盾，这是资本主义生产方式的决定性矛盾。这个认识和马克思关于资本主义生产方式的矛盾认识是不同的。她认为马克思注重对资本主义生产方式内在限度的揭示，马克思提出了"资本主义生产的真正限制是资本自身"，但是卢森堡认为这个说明是有局限性的，她把研究重点集中于对资本主义生产方式即资本全球性拓展的外在限度的揭示，试图进一步说明资本主义生产的限制性条件，这是她对马克思资本积累理论的进一步发展。她指出，资本主义的终极危机将由资本拓展的外在限度导致。资本主义"扩大到一切国家中，不仅赋予那些国家以统一的经济形态，而且还把它们结合成一个巨大的资本主义世界经济"[②]，卢森堡同时又指出，资本主义生产方式的优点是"比之从来一切生产方式，其显著的特点在于力图把自己的势力机械地扩大到全世界，并排斥其他所有旧的社会形态"[③]。她继而指出："资本如果没有全地球的生产资料与劳

---

① 罗莎·卢森堡. 资本积累论 [M]. 彭尘舜，吴纪先，译. 北京：生活·读书·新知三联书店，1959：289.

② 罗莎·卢森堡. 国民经济学入门 [M]. 彭尘舜，译. 北京：生活·读书·新知三联书店，1962：254.

③ 罗莎·卢森堡. 国民经济学入门 [M]. 彭尘舜，译. 北京：生活·读书·新知三联书店，1962：254.

动力，那是不成的。"① 为了使积累顺利进行，必然需要一个资本积累的历史环境，"必需要地球上一切地带的自然财富及劳动力。绝大部分的资源和劳动力，事实上还存在于前资本主义生产形态的范围内"②。

因而，卢森堡认为，资本扩张是资本主义进行资本积累的重要途径。如何完成资本扩张呢？通常有两条途径来进行。一是，通过发展资本主义自身，二是通过对殖民地的掠夺。两种资本扩张的途径往往是交织在一起的，而发展资本主义、殖民掠夺、世界贸易市场的形成，又是同样问题的不同方面，其中发展资本主义和世界贸易市场的形成，是同一个问题的两个方面，世界贸易市场的形成离不开资本主义扩张，同时资本主义扩张也可以进一步推动世界市场的形成。但是，在资本主义疯狂排挤落后生产形态，对他们进行殖民掠夺、侵略、扩张的过程中，非资本主义市场能够满足扩大再生产要求的地方却变得越来越狭小。资本主义扩大再生产的需要在狭小的市场里面根本不能消化掉，在这种情况下，资本主义试图隐藏的内在矛盾再无藏身之地。因而，从资本主义发展的历史进程看，正是资本积累的外部需求推动着资本在全球的侵略性扩张，而最终结果却是陷入资本主义扩大再生产与市场无法继续扩大这种无法解决的矛盾中去。

卢森堡把资本积累由生产领域转移到剩余价值的实现上，那么也就把主要矛盾从资本主义私有制与社会化大生产的矛盾转移到资本主义国家与非资本主义国家的矛盾上，从封闭的资本主义社会内部转移到国际上。

三、对非资本主义市场的争夺是资本主义灭亡的可靠手段

就像马克思、恩格斯在《共产党宣言》中所说的"资本主义创造了它自身的掘墓人"。资本主义国家对资本的疯狂追逐以及资本家的贪欲，致使他们之间在相互竞争的过程中发生日益严重的冲突，卢森堡指出，帝国主义在摧毁非资本主义文化的过程中，他们的手段越是横暴、残忍、彻底，那么，它也就愈加迅速地挖掉资本积累自己的立足之地。因而，她指出："帝国主义虽是延长资本主义寿命的历史方法，它也是带领资本主义走向迅速结束的一个可靠手段。"③

---

① 罗莎·卢森堡. 资本积累论 [M]. 彭尘舜，吴纪先，译. 北京：生活·读书·新知三联书店，1959：288.

② 罗莎·卢森堡. 资本积累论 [M]. 彭尘舜，吴纪先，译. 北京：生活·读书·新知三联书店，1959：288.

③ 罗莎·卢森堡. 资本积累论 [M]. 彭尘舜，吴纪先，译. 北京：生活·读书·新知三联书店，1959：359.

她指出，从地理范围来看，未被侵占的非资本主义市场依旧占领很多区域，但相对于资本主义高速发展的生产力来说，这些区域太微不足道了，当这些资本主义国家都在试图为他们生产的剩余产品寻找出路，试图实现剩余产品的资本化，而非资本主义市场已经被完全侵占，已经没有再扩大的市场的时候，资本主义就要灭亡了。卢森堡《资本积累论》在看到资本主义无限积累不可能的同时，还进一步论证了资本主义必然灭亡的可能性以及无产阶级革命必然胜利的结论，这是她从两个方面取得的较大成果。当然卢森堡的理论并不是完美的，也存在着瑕疵，这也是卢森堡《资本积累论》被各方批评的原因之一。卢森堡理论错误的核心是离开积累的内在规律，不是从资本主义无法解决的内在矛盾出发，而是离开资本主义的生产过程而转向流通过程，她假设："资本主义积累的动力必须来自消费需求的增加，忽视了资本主义生产的动力不是额外的需求，而是不顾市场限制扩大生产的趋势这一事实。"① 卢森堡把非资本主义经济成分看作解决社会资本扩大再生产问题的关键，虽然这也有利于揭示帝国主义本质及其经济根源，但她的核心论点却是建立在她对马克思积累体系修正的基础之上。实际上马克思和卢森堡从不同的角度论证了资本主义必然走向崩溃的事实。卢森堡发展了马克思关于"剥夺性积累"的学说，她指出，发达国家内部产业资本的发展，导致了生产过剩和资本过剩，这种过剩的根源在于资本家不肯通过扩大劳动者消费和就业，来消化过剩资本和过剩产品，这就导致发达国家内部的资本"过度积累"，也正是内部的"过度积累"迫使资本家去创造一个不平等的"外部"，就需要强制手段，需要暴力，这种暴力就是帝国主义。

卢森堡的《资本积累论》出版之时，是受到列宁的质疑和批判的，这可以从他的书信和文章中看出来。卢森堡和布哈林的观点也有明显的分歧，这表现在：卢森堡在资本主义生产过程中看到的是如何实现剩余价值的问题，而布哈林则认为资本家看重的是利润的攫取。

在世界经济全球化这一历史背景下，卢森堡在她的《社会改良还是革命?》《资本积累论》《资本积累———一个反批判》中，批判了伯恩施坦的资本主义适应论、危机论、崩溃论，说明了帝国主义时代东西方国家之间的本质关系，她的资本积累全球化理论的思想价值再度凸显出来。

总之，卢森堡的理论虽然受到时代发展和她自身认识水平的限制，她的资本积累理论还存在一些问题，但是，她在《资本积累论》中所提出的资本积累

① 克拉克. 经济危机理论：马克思的视角 [M]. 杨健生，译. 北京：北京师范大学出版社，2011：58.

全球化的观点，随着时代的发展至今还闪耀着光辉。这得益于她在《资本积累论》中总体性方法的运用。运用这一方法分析和解决问题，才能在极其复杂的社会背景下，针对资本主义的新发展及资本无限积累的趋势，进一步认清资本主义和社会主义的本质。

第四章

考茨基关于资本主义发展趋势的认识

卡尔·考茨基是德国社会民主党和国际工人运动的著名理论家，也是第二国际机会主义派别领袖之一。1854 年，考茨基出生于布拉格，后进入维也纳大学学习，他在 1876 年结识了威廉·李卜克内西和奥古斯特·倍倍尔，并于同年开始向德奥社会民主党机关刊物投稿。1880 年，应德国社会民主党、改良主义者卡尔·赫希伯格的聘请，考茨基当了他出版事业的助手。在苏黎世，考茨基认识了当时担任赫希伯格秘书的伯恩施坦，两人逐渐成了"莫逆之交"。考茨基在 1881 年初开始与恩格斯通信，不久，即同年 3 月，他到了伦敦，在这里会见了马克思和恩格斯，受到了他们很多的教育，从此，考茨基开始信仰马克思主义，并逐步成为一个马克思主义者。1883 年，考茨基在斯图加特创刊创办了社会民主党学术性杂志《新时代》，并担任主编至 1917 年。1885 年 12 月，考茨基迁居到了伦敦，在那里继续编辑出版《新时代》，同时，他在恩格斯的直接领导下，利用大英博物馆进行科学研究，认真研究马克思和恩格斯的著作，有了较大的进步。1887 年考茨基发表了《卡尔·马克思的经济学说》一书，通俗地论述了马克思的经济理论，恩格斯对这本书做了比较肯定的评价，说"尽管不总是十分准确，但是还不坏"①。1888 年，考茨基离开伦敦，到了维也纳。第二年，恩格斯因为年迈视力不佳的原因，独自编辑出版马克思所有遗著感到力不从心。为了培养一些人能辨认马克思潦草的字体，以便在必要时能代替自己完成这个重要任务，他建议考茨基协助整理马克思《资本论》第四卷——《剩余价值学说史》的手稿。考茨基接受了这一委托，不久就开始着手进行这一艰巨工作。1895 年，恩格斯逝世后，考茨基除了对以伯恩施坦为代表的修正主义批判外，还将整理好的马克思的《资本论》第四卷（即《剩余价值学说史》）手稿编辑出版，尽管在编辑过程中，考茨基对马克思的手稿处理有许多不当之处，但做出的贡献还是有目共睹的。

---

① 马克思恩格斯全集：第 37 卷 [M]．北京：人民出版社，1971：9.

总的说来，考茨基前期还是很受马克思、恩格斯赏识的，他也为马克思主义的传播和发展做出了很大贡献。一是，他创办的《新时代》刊物是第二国际理论家思想交流的重要平台，在宣传马克思主义方面起着至关重要的作用，成为当时国际共运的一大亮点。二是，他协助恩格斯整理马克思的鸿篇巨制——《资本论》，并亲自编撰出版了《资本论》第四卷——《剩余价值学说史》。三是，恩格斯逝世后，他坚持马克思主义的立场、观点和方法，积极著文批驳伯恩施坦主义错误思潮。但是，令人遗憾的是，由于他政治立场不够坚定，受日益尖锐复杂阶级斗争影响和日趋泛滥的机会主义思潮冲击，考茨基的观点逐渐发生了微妙的变化，蜕变成了中派。尽管"左翼"派学者对其一些中派主义观点进行了批判，但他并没有改变，反而逐步沦为机会主义者。1910 年，对考茨基而言是至关重要的一年，这一年成为考茨基人生的分水岭，考茨基成为第二国际中派代表人物。1914 年，考茨基著述《帝国主义》，在文章中他反对无产阶级专政，反对暴力革命，发表了一系列错误言论，逐渐偏离马克思主义，走向机会主义。后来，他又陆续写了不少的著作，提出了一系列理论观点，均是表面上打着马克思主义的旗号与招牌，实际上却是对马克思主义进行简单处理，甚至是完全违背马克思主义基本原理，彻底抛弃马克思主义立场、观点和方法。尤其在对待帝国主义的殖民政策上，他违背原则持热烈拥护的态度，这无疑是与马克思主义的观点背道而驰的。考茨基立场的转变对国际共产主义运动造成了极为恶劣的影响。

第一节　考茨基前期针对伯恩施坦资本主义经济发展基本趋势的批判

考茨基前期作为一个深受恩格斯信任的马克思主义者，针对党内伯恩施坦关于资本主义发展的一些错误言论，也积极撰文进行批判。他在 1886 年写成的《马克思的经济学说》努力再现马克思《资本论》的思想过程，并用生动形象的语言叙述马克思政治经济学思想。《卡·考茨基致爱·伯恩施坦》是考茨基在斯图加特大会结束后不久，写给伯恩施坦的一封非常有名的信，考茨基指责伯恩施坦说："你宣称价值理论、辩证法、唯物主义……资本论关于原始积累的结论都是错误的，那么，马克思主义还剩下什么呢？"①

《伯恩施坦和社会民主党纲领》是考茨基在 1899 年写成的，他把自己在
1899 年 4 月陆续发表在《前进报》和《新时代》刊物上对伯恩施坦批判的系列
文章整理出来公开出版，这就是对伯恩施坦经济理论进行批判的代表性著作。
倍倍尔高度评价了这部代表性的著作，他指出，持续了整整一年的关于伯恩施
坦观点的讨论，终于"考茨基的著名著作……使这场讨论暂告一段落"②。这本
书之所以得到高度评价，一是考茨基注重从方法论角度并且运用马克思主义的
立场、观点、方法来进行有理、有力的批判。二是"对伯恩施坦最全面、最有
力的批判来自当时还是马克思主义的考茨基"③。他指出了方法在研究中的重要
性。"在马克思主义的社会主义中，决定性的是方法，而不是结论。"④ 并说明
结论可改变性。考茨基这本著作从方法、纲领、策略三个方面对伯恩施坦否定
马克思劳动价值论、资本积累理论，否定资本主义发展趋势和经济危机理论进
行了全面批判。考茨基是如何通过从方法论角度对伯恩施坦《社会主义的前提
和社会民主党的任务》进行批判的，这是我们下面需要重点探讨的。

一、考茨基对伯恩施坦否定劳动价值论的认识与批评

劳动价值论是马克思分析资本主义的再生产过程的前提和基础，马克思通
过分析说明了资本家是如何通过资本的原始积累进行资本主义扩张的，资本积
累又是如何最终否定资本主义自身的，其中必要的推动力离不开资本主义基本
矛盾不断激化。资本主义生产方式得以形成又离不开资本的不断积累，因而，
资本家为了追求剩余价值必然千方百计地扩大生产规模，改进技术，不断进行
资本积累，而这则为资本主义否定自身准备了物质条件。随着资本像滚雪球一
样越聚越多，社会化生产的程度不断提高，而社会化大规模的生产必然要求生
产社会化，这在客观上使生产和资本进一步集中，资本的社会化占有成为可能
……总之，当资本主义系统不能被自己释放的时候，公共财产将不可避免地取
代私人财产，社会主义将取代资本主义。

对于修正马克思主义政治经济学理论，伯恩施坦有清醒的认识。他认为只

---

① 中共中央马克思恩格斯列宁斯大林著作编译局国际共运史研究室. 德国社会民主党关于
伯恩施坦问题的争论 [M]. 北京：生活·读书·新知三联书店，1981：77.

② 中共中央马克思恩格斯列宁斯大林著作编译局国际共运史研究室. 德国社会民主党关于
伯恩施坦问题的争论 [M]. 北京：生活·读书·新知三联书店，1981：183.

③ 马健行. 帝国主义理论形成史 [M]. 北京：中国社会科学出版社，1993：54。

④ 转引自考茨基. 伯恩施坦和社会民主党纲领 [M]. 德国：德文版，18.

有彻底撼动马克思政治经济学的根基，给予马克思资本积累理论致命一击，才能否定资本积累的一般历史趋势是错误的，只有如此，才能彻底否定社会主义革命的客观必然性。所以，马克思的劳动价值论成为伯恩施坦要批判的理论之基，伯恩施坦是十分清楚劳动价值论在马克思政治经济学中的分量的。他要对马克思两大发现之一——剩余价值论进行攻击，伯恩施坦认为这是马克思政治经济学最核心的东西。在他内心深处，他对马克思劳动价值论和剩余价值理论并不认同，认为这些理论实际上是和资产阶级的边际效用学派的价值论一样的"纯粹思维的产物"，从这个角度理解，马克思的经济危机论和德国庸俗经济家洛贝尔图斯的"消费不足论"没有多大的差别。

（一）考茨基对伯恩施坦攻击马克思的劳动价值论错误原因的分析

考茨基写了不少著作批判伯恩施坦把马克思的劳动价值学说当成"纯粹思维的产物"的反马克思主义论调，比如，他撰写的《伯恩施坦和社会民主党纲领》这本书主要从方法论层面批判了伯恩施坦的折中主义价值论。他又通过1899年出版的《伯恩施坦和社会民主党的纲领。反批评》《土地问题》《论对马克思主义的理论和实践的批评》（《反对伯恩施坦》）对修正主义的许多错误思想进行了批判，并从唯物主义角度捍卫和宣传了马克思主义的政治经济学思想。

考茨基认真研读了伯恩施坦关于劳动价值论的论述，并进行了分析，他指出，伯恩施坦之所以对马克思的唯物史观和辩证法进行诋毁，主要原因在于伯恩施坦曲解了马克思劳动价值论。

第一，伯恩施坦在理解马克思劳动价值论的本质规定性中离开了唯物史观的基本原理。考茨基指出，认真观察市场就会发现，尽管价格的种种波动受供求关系的影响而变动，但实际上每一种商品的价格并不是仅仅受供求的影响，它们的变动都具有在一定的波动范围内变化的趋势，并不是任意的、毫无规律的变动。而它的价值就是由一定的波动幅度决定的，因此，考茨基认为，价值是"真实的事实"而绝不像伯恩施坦所说的是"纯粹思维的事实"。考茨基明确指出考察市场可以发现，尽管商品的价格受供求的变化而变化，但这种变化并不是随意的，而是保持一定波动的幅度，这种波动的幅度就是价值。

"价值论所应有的目的是什么呢？"考茨基发问道，"这个目的不是别的，就是提供理解当代生产方式的钥匙"①。因而，考茨基认为，当代生产方式，即当代资本主义商品经济这一生产方式的前提是不能脱离的，因为这是形成科学的

---

① 转引自考茨基．伯恩施坦和社会民主党纲领［M］．德国：德文版，36.

价值理论的基础，是价值理论思维的现实基础与基本事实。而在资本主义生产方式中，商品生产占统治地位，在这种模式下，生产不是直接为了消费，而是为了出卖。买卖是资本主义基本的经济活动，如果要了解这个过程，就要理解商品交换的基本规律。研究价值规律的目的就是了解交换的基本规律。马克思科学的劳动价值论的创立就是以唯物史观为基础，以对当代资本主义生产方式发展规律掌握为前提的。同时，真正能作为"理解当代生产方式的钥匙"的，也只有科学的劳动价值论。伯恩施坦污蔑马克思的唯物史观，就不可能搞清劳动价值论的方法论基础，更不可能搞清楚马克思劳动价值论的"一定的目的"。按伯恩施坦的思路，他选择的只能是曲解和否定劳动价值论。

第二，伯恩施坦在理解劳动价值论的本质规定性的时候背离了辩证法的基本法则。马克思在劳动价值论中阐述了劳动与价值之间的辩证统一关系，处处体现出光辉的辩证法思想，但是伯恩施坦把辩证法看作是马克思主义理论中的"陷阱"，当然也就不可能理解马克思的辩证法思想，也就更难以理解劳动价值论。这样，按照折中主义的方法来理解的劳动价值论，只能被伯恩施坦肢解得支离破碎，最终他只能放弃马克思劳动价值论。考茨基认为，作为价值论的批判者，没有提出什么积极的东西，这正如他作为唯物主义历史观的批判者一样，如果说，他有超过马克思的"进步"之处，就是观念的一致性被他以折中主义替代。

（二）考茨基对伯恩施坦反对马克思劳动价值论的批评

考茨基在他的 1886 年《卡尔·马克思的经济学说》中发展了马克思的劳动价值论思想。伯恩施坦提出反对马克思的劳动价值的言论后，考茨基又写了一部批判伯恩施坦错误观点的非常有名的著作——《伯恩施坦和社会民主党纲领》，在书中针对伯恩施坦对"马克思的理论还不完备"的观点，考茨基中肯地指出，马克思的理论并不是科学的极限，而且马克思自己也是一再重申这个观点，新的事实和新的研究方法随着历史的发展也在不断被提供，这都要求进一步发展理论。列宁也为卡尔·考茨基的书，写了书评——《伯恩施坦与社会民主党的纲领。反批评》，在书评中，列宁赞同考茨基对伯恩施坦的批判，他指出，"如果伯恩施坦试图利用新的事实和新的研究方法来进一步发展理论，那大家都会感谢他"[①]，但是伯恩施坦的目的很显然不是这样，也许他根本不想这样做。伯恩施坦对攻击马克思的学生很感兴趣，但是，他对一些问题自己又搞不

---

① 列宁全集：第 2 卷［M］. 北京：人民出版社，2013：178.

清楚，只能含糊其词，模棱两可，意见也只能是折中主义的。考茨基很讨厌伯恩施坦到处打着反对思想束缚的旗号，认为自己是创新者、叛逆者，他指出伯恩施坦仅仅是个胆小的折中主义者，而不是伟大的叛逆者，因为叛逆者从来都是力求观点的统一和完整，这是他们的本色。而伯恩施坦既恭维马克思，同时又恭维庞巴维克，这怎么能称得上叛逆呢！伯恩施坦很显然是调和各派思想的折中主义者。

　　总的说来，考茨基在对伯恩施坦反对马克思劳动价值论的斗争中做出了有益的贡献。

二、考茨基对伯恩施坦否定资本集中理论的批评

　　针对伯恩施坦否认资本集中的基本事实，考茨基进行了系统的批判。

　　首先，考茨基以其人之道还治其人之身。德国工业调查统计的数字是伯恩施坦曾引用过来说明资本分散的，考茨基却用伯恩施坦在《当前德国工业的发展的程度》引用的资料来证明马克思关于资本集中理论的正确性，批判伯恩施坦在资本集中问题上的模糊观点。考茨基指出，在伯恩施坦这篇文章中，他自己曾经明确地认为，当前德国工业发展的一个明显特点是，小企业发展成了大企业，手工业式的企业发展为工厂式的企业，工厂式的企业发展为规模庞大的工业企业。很明显，这里描述的就是资本集中。伯恩施坦在《崩溃论和殖民政策》中也指出，"在真正的工业里，企业的集中最为显著。……小型企业减少了3%到4%，而相反中型企业却增加了60%，大型企业增加了83%"[1]，这难道不能说明资本集中吗？为什么伯恩施坦得出资本分散的结论呢？接着考茨基通过对各主要行业中企业规模变化统计资料的分析，详尽论述了19世纪末德国资本集中的基本特征。

　　考茨基还根据伯恩施坦1895年关于按职业划分的就业人数的变动的统计数字资料来说明雇佣工人的比例增加了许多，这说明资本家的资本集中了。从伯恩施坦在《崩溃论和殖民政策》中的统计资料可以看出，1882年企业的雇佣人员是564652人，1895年则为665607人，增加了17.88%，[2] 且业主与雇员的比例是1：2，而1895年的比例是1：3。[3] 从此可以看出，资本主义经济是如何发

---

① 殷叙彝.伯恩施坦文选［M］.北京：人民出版社，2008：60.
② 殷叙彝.伯恩施坦文选［M］.北京：人民出版社，2008：61.
③ 刘佩弦，马健行.第二国际若干人物的思想研究［M］.北京：中国人民大学出版社，1994：155.

展的，工人队伍又是如何扩大的。

其次，考茨基为了进一步深入分析德国资本集中的情况，他引用辛茨海梅尔的《关于德国大工厂企业继续形成的界限》一书提供的资料说明，1882 年大工厂工业的产值才占全德工业总产值的一半，而 1895 年即已占到三分之二。如果我们不是闭眼不见，掩耳盗铃，那就不能不承认资本迅速地集中的事实。他认为资本集中的趋势，在工业中比在商业和交通运输业中发展得快；在工业中，矿业、化学工业、纺织工业、机器及仪表制造业、造纸工业中的资本集中发展得更快些，小企业减少得也较为迅速。相反，在牲畜饲养业和渔业、服装业和洗衣业、旅店及饮食业中，基本上还是小企业占主导。但是，即使在这些小企业占主导的行业中，1882—1895 年也出现了明显的资本集中趋势。例如，德国的牲畜饲养业和渔业中，5 人以下的小企业中就业的工人只增加了 3.7%，而在50 人以上的大企业就业的工人增加了 700.9%。这说明 1882—1895 年出现了极为明显的大企业迅速增长的趋势。因此，全面的考察资本主义生产方式后，我们依然会得出，资本集中在 19 世纪末不但没有丝毫减缓、减弱，相反有了更为显著的发展。

再次，针对伯恩施坦关于股份公司的认识，考茨基也是不赞同的。考茨基指出，伯恩施坦所谓股份公司发展，导致资本和生产过程的集中因而被阻止了、妨碍了，致使"有产者"人数增加的论断，更是没有什么理论根据的。考茨基指出，股份公司的成立并未改变现有的资本分配。考茨基指出，在这个不讲情面的资本主义社会，股票不是赠送的，而是供出售。股票并不仅仅是带来金钱，而是以有钱为前提。"股份公司……只不过干了储蓄所和银行也能干的事"，股份公司使"不足以经营资本主义企业的小额资金变成资本……不过这种形式丝毫没有改变资本主义社会现有财产的既存的分配状况"①。因而，股份制并不像伯恩施坦所幻想的，会导致资本分散，资本不仅没有分散，反而把小资产阶级和上层无产阶级的一些资金继续引诱到资本家的口袋里。这不仅不会妨碍资本的集中，反而是一种加速资本集中的手段，只有如此，才有可能建立起单个资本无法建立的规模庞大的企业。

最后，考茨基还根据 19 世纪末资本主义经济发展的新现象，分析了资本集中导致"垄断化"的新特征。考茨基指出，一个唯一的组织通过把一切企业联合组织起来，这是实现整个工业部门垄断化的方式。通过这种方式他们从生产中排除了竞争对手，这种垄断现象是在马克思逝世（1883 年）后才出现的普遍

---

① 转引自考茨基. 伯恩施坦和社会民主党纲领［M］. 德国：德文版，100.

的具有经济意义的现象。"自那以后垄断化又有进一步发展以致越来越明显地支配着资本主义国家的全部经济生活乃至政治生活。"① 这说明考茨基注意到资本主义特征转变的事实，也说明了资本主义已经"不仅是某一小城市的而且是某一大国的"垄断，这充分证明了考茨基也认识到资本主义走向了帝国主义阶段。资本集中向资本垄断化的发展，一方面表现为各种同类企业的卡特尔化和托拉斯化，另一方面表现为种类繁多的各式各样的企业集中于一人之手，这就是私人垄断的典型特征，这也是 19 世纪末资本主义社会经济生活中最具典型特征的现象。考茨基的结论就是：资本主义经过几乎不到 20 年的垄断化的发展，集中的趋势越来越明显，这个现象"只有靠资本的集中才有可能出现，这个发展反过来又十分有力地促进了资本的集中"②。

　　另外，考茨基还详尽地论述了资本主义制度"崩溃"、股份公司发展的性质、新的中间阶层及资本主义经济危机等问题。考茨基在《爱尔福特纲领解说》中谈到资本积累过程中大企业和小企业的发展趋势，他指出"伴随着对生产资料的这种垄断，分散的小企业日益被巨大的大企业排挤"③，就这样随着经济危机的日益发展和扩大，就形成了一条有产者和一无所有的人之间的鸿沟。考茨基提出了关于经济危机的理解，他指出，"经济危机的根源在于资本主义生产方式的本质，它一天比一天扩大，越来越具有毁灭性质，它使普遍不安成为社会常态，并证明，生产力的发展已经超出现今的社会所能容纳的范围。生产资料私有制开始与生产力的合理使用与发展不相容了"④。《伯恩施坦和德国社会民主党纲领》是考茨基反对伯恩施坦对马克思资本积累理论攻击的另一部代表性著作。考茨基分析了马克思关于劳动者自己劳动、劳动成果归自身支配这种所有制形式被资本主义私有制，即以剥削他人劳动为基础的私有制所排挤的过程。考茨基指出，马克思对资本积累规律或发展趋势的概括是这样的："现在要剥夺的已经不再是独立经营的劳动者，而是剥削许多工人的资本家了。这种剥夺是通过资本主义生产本身的内在规律的作用，即通过资本的积聚进行的。"⑤ 考茨基认为，随着科学被日益自觉地应用于技术方面，技术逐步革新和日益进步，

---

①　转引自考茨基. 伯恩施坦和社会民主党纲领［M］. 德国：德文版，79.
②　转引自考茨基. 伯恩施坦和社会民主党纲领［M］. 德国：德文版，80.
③　卡尔·考茨基. 爱尔福特纲领解说［M］. 陈冬野，译. 北京：生活·读书·新知三联书店，1963：3.
④　卡尔·考茨基. 爱尔福特纲领解说［M］. 陈东野，译. 北京：生活·读书·新知三联书店，1963：3.
⑤　马克思恩格斯文集：第9卷［M］. 北京：人民出版社，2009：140.

资本主义生产率不断提高，新的资本积累也在不断进行着，这就带来了不可避免的结果：一方面是资本巨头的不断减少，另一方面是对每个工人剥削得越来越重，剩余价值量也就增加得越快，贫困人口不断增加，无产阶级队伍不断壮大，他们的反抗也日益增长。资本主义生产关系就成了阻碍生产力继续发展的桎梏，已经到了剥夺资本家的时候了。因为生产资料的集中和生产的社会化矛盾，已经和资本主义发达的生产力不相适应了，资本主义外壳已经不能容纳落后的生产关系，而代表先进生产方式的无产阶级就要炸毁这个束缚生产力发展的外壳了，因而社会主义的建立和资本主义灭亡是不可避免的。

考茨基认为，炸毁资本主义外壳、敲响资本主义丧钟、剥夺被剥夺者的社会财富应该当作一个历史过程来了解，这种过程的发生是必然的，不是一蹴而就的。社会主义一定会实现，这是必然的，但是它们采取何种形式和速度却是不可预料的。伯恩施坦对马克思和考茨基关于资本积累的理论采取了抵制的态度，他从三个方面否定马克思的资本积累理论，否定资本主义的发展趋势，第一，他从有产者的人数来看，他认为有产者的人数不是像马克思所说的是在减少而是在继续增加；当然，前面我们已经分析过，他把拥有少量股票的工人都看成有产者。第二，小企业并未衰落，伯恩施坦认为，小企业如雨后春笋似的遍地开花，但实际上，很多小企业在大企业的冲击下，正趋于倒闭和破产。第三，爆发全面性的、毁灭性的危机的概率越来越小。伯恩施坦的这种说法，被事实打了响亮的一记耳光，他刚刚预测危机短期不会再来，欧洲和日本就于1900年爆发了经济危机。

三、考茨基对伯恩施坦否定马克思关于资本主义发展历史趋势的批评

最初，对伯恩施坦攻击马克思有关资本主义发展趋势的理论，考茨基重视程度是不够的。后来，他在党内群众的压力下，进行反思，逐渐认识到伯恩施坦否定马克思关于资本主义发展趋势理论的严重性。因而，他在1899年9月出版的《伯恩施坦和社会民主党纲领》一书第二篇"纲领"中，考茨基突出了对资本主义发展趋势问题的论述。他认为，对资本主义发展趋势问题的理解，"将决定社会主义运动的生命力"。考茨基针对伯恩施坦关于资本主义发展趋势论述中的理论谬误，详尽地论述了资本主义制度的"崩溃"、资本积累过程中大企业和小企业的发展趋势、股份公司发展的性质、剩余价值的用途等问题。

考茨基认为，马克思主义关于资本主义生产方式发展的历史趋势理论被伯恩施坦有意曲解了。在马克思和恩格斯的著作里或者马克思、恩格斯本人难道提出过社会主义生产方式是资本主义生产方式"自行"崩溃的结果吗？考茨基

认为这是伯恩施坦想当然的结果。事实上，马克思和恩格斯在对资本主义生产方式发展趋势的论述，不但没有提出过"自行崩溃"论，反而是看到了新的因素，即如何推动、号召无产阶级进行反对资本家阶级的阶级斗争；而且马克思还看到了在斗争中，无产阶级实现了人数的增长，能够更加团结协作，他们的才智、阶级觉悟和政治成熟程度等方面都增长了；无产阶级的经济地位通过这种斗争也变得越来越高，并使"无产阶级不可避免地要组成政党和使这个党不可避免地要获得胜利，同样也会使社会主义生产方式的建立……成为不可避免的"①。马克思一连用了三个"不可避免"说明了无产阶级进行阶级斗争的重要性。

对伯恩施坦一再提到的马克思资本主义"崩溃论"，考茨基是很反感的，他反驳伯恩施坦说，马克思、恩格斯并没有伯恩施坦所说的那种"崩溃论"。马克思也从来没有把"崩溃"一定同经济危机联系起来。考茨基认为，这是伯恩施坦的歪曲，是由他本人杜撰并强加给马克思和恩格斯的。伯恩施坦对于考茨基这一指责也非常不服气，他在《崩溃论和殖民政策》中反驳考茨基说："据说崩溃论一词是我的一个杜撰，如果他——考茨基——'没有弄错'（!）"②

考茨基很干脆地否认马克思主义理论和德国社会民主党纲领中存在伯恩施坦所称作的那种"崩溃论"。他认为，资本主义生产方式的"崩溃"离不开资本主义生产方式的矛盾发展和社会阶级斗争的尖锐化，同时也是无产阶级力量的壮大和无产阶级政党共同发挥作用的结果。他指出伯恩施坦通过自己杜撰"可笑的崩溃论"，反对马克思主义关于资本主义生产方式发展历史趋势的理论，而且还通过对马克思经济学中基本理论的曲解，否定马克思主义关于资本主义生产方式发展历史趋势理论的科学性。例如，伯恩施坦把马克思关于"剥夺者被剥夺"的理论，贬斥为"吓人的奇谈"，把它看作是科学社会主义中的"空想"因素。考茨基分析了伯恩施坦上述论点极其错误的原因。他认为，首先，"剥夺者被剥夺"是马克思对资本主义生产方式历史发展趋势的一种概述，但是，我们难以确切地预测到它到来的形式。它"应该被当作历史过程来理解，它的到来是不可避免的，但是它到来的形式和速度是难以确切预测的。我们要想确定马克思理论的正确性，既不取决于这种灾变的或大或小的概率，也不取决于或快或慢的发展速度，而是取决于它所遵循的方向。预测在什么情况下或者在什么时候发生政治的或社会的灾变，这不是马克思主义理论的必然结论，

---

① 马健行. 马克思主义史：第2卷 [M]. 北京：人民出版社，1995：40.
② 殷叙彝. 伯恩施坦文选 [M]. 北京：人民出版社，2008：56.

而是要从一定的政治的和社会的态势中推断出来的"①。伯恩施坦把资本主义生产方式发展的历史趋势同资本主义发展的现实状态混淆在一起，很显然要犯错误；伯恩施坦还用一些暂时的资本主义现实经济发展中的现象形态来否定资本主义经济发展的内在的、必然的趋势，这就犯了以偏概全的错误。

另外，马克思在资本集中的基础上说明了随着生产力的发展，财富的两极分化与对立会越来越大，在此基础上，他提出"剥夺者被剥夺"的理论。伯恩施坦注意到马克思这一结论，但是他使用了一些相互完全没有联系的统计数字，一些不全面的统计材料，最后做出了与马克思截然相反的结论，那就是资本集中不是加剧了，而是变得缓和了。考茨基认为，在对资本集中问题的研究中，必须注意到："各个工商行业中的资本集中的进展并不是平衡的。大企业夺取了一个又一个领域，把某一领域的小企业排挤掉，但并不因此就把这个领域的小企业主统统都赶入无产阶级的行列。他们从一种业务中被排挤后，企业的领域变得越来越狭窄，而小企业的数目从整体上来看未必就减少。在这里表现为大企业的发展，在那里则表现为小企业的增加、分号的充斥等；在这里小企业由于大企业的竞争而衰落，在那里则可能由于小企业自身之间的激烈竞争而破落。因此，小企业被迫日益实行劳动的专业化，这反过来又为大企业或迟或早向这个领域进军准备了条件。"② 这就是说，我们不应该用某些行业中小企业的存在与充斥，来否定资本集中的趋势，也不应该把资本集中简单地理解为所有的行业都同时发生小企业锐减和大企业剧增。

伯恩施坦认为，马克思所预测的社会的发展方向，并不是现代经济发展的正确方向。为了驳斥伯恩施坦的这种错误看法，考茨基特别详尽地分析了现代经济发展的基本趋向。在考茨基看来，马克思的预测是经得住 19 世纪末资本主义经济发展实际检验的科学武器。考茨基详细地分析了 1882 年和 1895 年的德国工业的调查材料，他指出，这些材料充分地证实了马克思的理论，并且完全肯定了资本的积聚过程和小生产被排挤的过程。就连伯恩施坦本人在 1896 年也十分肯定地承认过这件事实，现在却无限制地夸大小生产的力量和作用。例如，伯恩施坦断定 20 个工人以下的企业有几十万个，考茨基认为，这是伯恩施坦在悲观的心情下多加了一个零的结果，实际上这种企业在德国不到五万个。而且，伯恩施坦在统计的时候并没有明确谁属于小企业主，而是将马车夫、听差、掘墓工、卖水果的小贩以及在家里替资本家干活的女裁缝等都算作小企业主！同

---

① 转引自考茨基. 伯恩施坦和社会民主党纲领［M］. 德国：德文版，50.
② 考茨基. 伯恩施坦和社会民主党纲领［M］. 德国：德文版，50.

时，考茨基也没有停留在马克思已有的理论结论上，而是他运用了马克思的方法，联系资本主义经济发展的新现象、新特征，对马克思的理论做了透彻的阐述。正因为这样，考茨基对伯恩施坦的批判就显得更为有力，也更令人信服，伯恩施坦的理论谬误也暴露得更为彻底。

列宁针对考茨基的《伯恩施坦与社会民主党的纲领》写了《伯恩施坦与社会民主党的纲领。反批评》，在书中他评论道，马克思19世纪40年代和60年代的著作都被考茨基完整地摘引了，不仅如此，他还分析了马克思主义的基本思想，但伯恩施坦却说考茨基的引用并不是马克思的理论，而是考茨基对马克思理论的解释和引申。但实际上，列宁认为，伯恩施坦这种指责是毫无道理的。

四、考茨基的危机理论及其对伯恩施坦修正马克思危机理论的批判

（一）考茨基利用资本主义生产与市场的矛盾，探讨了他"消费不足"的危机理论

考茨基并没有充分展开对危机理论的论述，但是，他在1892年出版了《爱尔福特纲领解说》一书，在《爱尔福特纲领解说》第三章"资本家阶级"第八节"经济危机"中，专门探讨了经济危机及其产生，分析的重点是资本主义发展的长期趋势及其长期生产过剩理论。他指出了经济危机发展的阶段性，认为："经济危机是商品生产发展到一定阶段时必然时时发生的。"[1] 考茨基把经济危机产生的根源与生产过剩联系在一起，他指出，现代的巨大危机是"生产过剩的结果"[2]，同时，他指出了增加危机存在的风险因素。生产者对其产品需求是无知的，因为每一个人都是为他人生产，"社会的全部生产却并不是按照计划布置的"[3]。恰恰相反，社会上到底对每一个生产者所生产的商品的需要量有多大，需要他们自行估计。考茨基并没有从资本主义制度本身来说明他的生产过剩理论，而"消费不足论"则是他的危机理论所隐含的核心观点，虽然他行文中并没有明确提到，但实际上"消费不足论"时时影响着他，这是他对生产过剩理论的改造结果。从他所举四个人在市场上买东西的例子便可以窥豹一斑。1887年，考茨基首次出版了《马克思的经济学说》一书，在这里，考茨基将经

---

① 卡尔·考茨基. 爱尔福特纲领解说［M］. 陈东野，译. 北京：生活·读书·新知三联书店，1963：69.

② 卡尔·考茨基. 爱尔福特纲领解说［M］. 陈东野，译. 北京：生活·读书·新知三联书店，1963：69.

③ 卡尔·考茨基. 爱尔福特纲领解说［M］. 陈东野，译. 北京：生活·读书·新知三联书店，1963：70.

济危机视为商业周期的一个方面，用十分简短的语言谈到经济危机。考茨基认为，在资本主义生产方式下，是由于"正常状态的周期性的被破坏，是商品生产规律得以实现的媒介。正常状态的被破坏，过去只造成临时性的局部困难，这些困难是容易忍受的，往往是可以消除的，但现在却表现为周期性的奇灾大祸，延续好几年"①，他这里所说的"奇灾大祸"就是指的"经济危机"。

考茨基认为，资本主义生产达到一定规模后，它就要不断地扩大市场，"资本主义生产的市场的扩张，它越过一切地方界限和国家界限，使全球成为它的市场"②，但是市场的扩大，与资本主义生产发展的步伐和要求并不是同步的，资本主义生产遇到的障碍会越来越大。因而，市场就成为推动经济危机周期交替的重要推手。资本家致力于不断地开辟新市场，但很快又达到饱和。在这里，经济高涨的时期越来越短，危机的时间却越来越长。生产的周期性扩张本来是资本主义生产内在规律推动的结果，但在考茨基理论中，生产的周期性扩张却是市场的发展所驱动的结果。考茨基认为，对资本主义积累的限制只有"原料供应和产品市场"，在这种情况下，资本家就有了生产的狂热，为此，他们不断开辟新的市场，为工厂提供新原料和新顾客。随着市场每一次重大的扩张，资本主义生产都有一段如火如荼的时期，但是当销售的商品导致市场逐渐饱和时，就出现了市场的停滞时期。同样，在《爱尔福特纲领解说》中，考茨基也提到，商业周期以及与其相伴的商业危机，原因都在于"由市场所引起的扩大生产的临时性刺激"③。

在现代社会中，"确定商品的需求和现存数量，变得越来越困难了"④。考茨基说明了为什么商品的需求和现存数量，越来越严重困难的原因，是由于世界市场的存在，交通和通信的发展。考茨基还进一步明确了经济危机产生的原因：他指出周期性危机主要是由生产无计划性引起的。除此以外，他在著作《爱尔福特纲领解说》中指出经常的慢性的生产过剩也是一个重要原因，人力浪费也日益严重，并且互相依赖的系统变得日益复杂，也意味着危机的风险日益增大。他指出，作为现代生产方式的经济结构，正在日益变得复杂和敏感，所

---

① 卡尔·考茨基. 马克思的经济学说［M］. 区维，译. 北京：生活·读书·新知三联书店，1958：206.

② 卡尔·考茨基. 爱尔福特纲领解说［M］. 陈东野，译. 北京：生活·读书·新知三联书店，1963：79.

③ 卡尔·考茨基. 爱尔福特纲领解说［M］. 陈东野，译. 北京：生活·读书·新知三联书店，1963：79.

④ 卡尔·考茨基. 爱尔福特纲领解说［M］. 陈东野，译. 北京：生活·读书·新知三联书店，1963：72.

以，"只有在它无数齿轮全部彼此密切配合、正确地执行应负的职责的时候，它才能毫无阻碍地活动下去。从来还没有过一种生产方式，像现代的生产方式这样要求有计划的调节。但是，私有财产制度却使这个机构没有可能实行计划和建立秩序"①。

考茨基认为信用是使现代生产方式具有弹性的主要原因之一，但是不可小觑信用的两面性，一方面，通过信用的借贷作用，可以完成以前资金不足不能完成的任务，另一方面，信用也使危机发生的可能性增加。考茨基的"长期萧条"理论是不是另一种崩溃论，这是一个值得讨论的问题，但是，不管怎么样，这说明考茨基在早期是支持马克思的危机理论的。他在1901—1902年的《新时代》第20集、第二卷发表的《危机理论》中说："阶级对立改善的概念，是和我们的危机理论不相容的。如果后者是正确的，那么，资本主义生产方式就是在走向一个继续萧条的时期。"② 他又提出可以通过卡特尔消除危机的梦想，通过米勒兰式的试验不知不觉地、和平地、一步步地战胜政治权势的梦想，以及以社会主义精神浸润英国统治阶级的梦想消除"各种各样的危机、冲突和灾难{krisen, kriege, katastrophen}，这三个可爱的（k）字头，就是资本主义的发展历程展现在未来数十年的前景。"③

（二）考茨基对伯恩施坦否定经济危机理论的批判

伯恩施坦否定马克思普遍性营业危机理论，否定马克思理论的科学性，他的思维方法具有形而上学性。

首先，伯恩施坦认为马克思所说的周期性危机并不存在，并不是每十年出现一次、有规律地进行的，这是伯恩施坦否定马克思危机理论的首要证据。考茨基在"危机论"这一章中指出，马克思只是指出了经济危机的事实，是对经验事实的确认，并没有说明工业危机都是按照十年一个周期进行的循环，马克思是通过观察，说明了危机发生的周期性。而不是马克思发明了危机的周期，问题的关键不在于危机是不是一定会每十年重现一次，而在于危机是否会定期重现。恩格斯自己就说过，近来这个周期已经有了变化。

考茨基认为，在商品经济之中，危机的因素一开始就存在着，商品生产并

---

① 卡尔·考茨基. 爱尔福特纲领解说 [M]. 陈东野，译. 北京：生活·读书·新知三联书店，1963：52.
② 保罗·斯威齐. 资本主义发展论 [M]. 陈观烈，秦亚男，译. 北京：商务印书馆，2009：253.
③ 保罗·斯威齐. 资本主义发展论 [M]. 陈观烈，秦亚男，译. 北京：商务印书馆，2009：254.

不能把一些没有什么关系的生产者联系在一起。如果市场需求少于工厂生产，价格就下降。如果市场需求大于工厂生产，价格就上涨。因此完全按生产价格把商品卖出去是不可能的，而生产价格与商品生产的价格不一致却是一种经常的、定期发生的现象，恰恰是这种现象对于危机的形成起着促进的作用。不过这仅仅为经济危机的形成提供了一种可能性，经济危机的发生还需要其他条件。在资本主义社会，商品生产越来越普遍，每一个商品生产者都依赖自己的生产进行。与此同时，由于社会分工和信用的发展，各个商品生产者彼此之间的依赖关系变得愈来愈密切，商品生产或者商品流通的某一个环节发生问题就会引起商品滞销或者混乱。但是随着商品生产的日益扩大和商品流通的快速发展，以前狭小的地方市场已经不能满足日益扩大的商品生产的需要，逐渐被巨大的世界市场代替了，商品销售的中间环节日益增多，他们就这样介入生产者与消费者之间，使生产者和消费者之间的交流受阻，导致生产者根本无法全面了解市场情况。

　　其次，科学技术、信用和大量产业后备军所造成的"合力"使资本主义具有了更大的伸缩性和跳跃发展的可能性，也可以被称为有助于减弱经济危机的"三驾马车"，但是，"三驾马车"因为受需求提高与生产迅速扩大的同步影响，并不能消除危机。

　　最后，残酷的资本主义竞争，导致资本家承受了无形压力，从而驱使他们不断扩大生产，进而占据更有利的竞争地位和追求更大的利润空间，这也是资本主义生产方式自身存在的必然。但是，扩大的资本主义生产必然要求市场要随着生产的扩大而扩大，这种市场扩大不是单纯的物质需求的扩大，更重要的是经济需求的扩大，即有购买能力的有效需求的扩大，甚至可以这样说，这种需求在某种意义上成为决定资本主义再生产能否实现的重要环节和关键指标。然而，这样要求可以实现购买力需求越来越大的趋势，就与资本主义发展的另一种趋势——资本家要攫取越来越多的利润发生了尖锐的矛盾。相对而言，资本家实现利润越大，越要求压低工人的工资在总成本中的比例，尽管这不一定会使工人的工资绝对额减少，但工人总的有效需求越来越小的趋势是不争的事实。于是，不断扩大市场反而成为资本家进行抉择的最大难题。当然，市场的扩大，无论是规模的扩大还是新的要素的投入，都会促进生产的发展，但是，生产发展到一定地步又会驱使生产趋于过剩，生产的自我调控和政府宏观调控受挫后，甚至会发生经济危机。话又说回来，任何危机都会孕育新的机会，局部危机后，随着新的要素投入、新的技术革新出现，资本家又有利可图了，这驱使资本家积极发展新的利润来源，争取新的市场。但是，市场的扩大总归是有限度的，当市场的扩大再也跟不上生产扩大的速度时，甚至两者发展的趋势越来越不相适应时，资本主义生产方式必然陷入不可救药的境地。

只要经济发展上去，这种状况就会出现，因为国内外市场终究是有限的。当然这个极点，这个限度，不是僵死的，而是有伸缩性的。但是路子越走越狭窄是必然的。世界资本主义增长的速度越来越快，世界市场则很难长期相应地扩大。一旦市场扩大的可能性丧失殆尽，人民群众就无法容忍资本主义生产方式的存在。因而，考茨基认为，只要生产资料资本主义私有制存在一天，危机就是不可避免的。"经济危机的根源在于资本主义生产方式的本质，它一天比一天扩大，越来越具有毁灭性质。"① 不仅如此，由于资本主义生产方式的存在，经济危机已经由非正常的现象成为一种常态，这说明了生产资料私有制已经成为阻碍生产力发展的桎梏。考茨基还指出，卡特尔在消除危机方面不但无能为力，而且所引起的破坏性远超过以前所遇到的危机。

不过，考茨基还天真地认为建立一种"超卡特尔"就能消除危机。这种"超卡特尔"就是把所有的卡特尔"联合成为一个单一的卡特尔"②，然后，在这个卡特尔手里集中了所有的资本主义国家全部生产资料，不过，他还补充了一个条件，"生产资料私有制确实废除……成立卡特尔才能消除危机"③，实际上这是他对卡特尔消除危机的进一步说明，这个说明本来与马克思消灭私有制，经济危机可以消失的观点具有一致性，但他又说"所有的卡特尔联合成为一个单一的卡特尔"④ 就可以消除危机。这是他在《爱尔福特纲领解说》谈到的观点，这一观点是他后来"超帝国主义"理论的萌芽。考茨基另一个理论上的严重缺陷就是他没有从资本主义经济的基本矛盾说明经济危机的根源，而把危机的根源单纯归结为生产无限扩展的可能性与消费市场的有限性的矛盾。

另外，伯恩施坦一再重申卡特尔、托拉斯等垄断组织可以限制和调节生产，这样就不会出现生产过剩，经济危机就可以避免，资本主义的适应能力就增强了。但事实是不是真如伯恩施坦所认为的那样呢？经济危机真的能因为企业主卡特尔的出现，就避免吗？事实并不是如此。请看美国这个自由资本主义国家，

---

① 卡尔·考茨基. 爱尔福特纲领解说 [M]. 陈东野，译. 北京：生活·读书·新知三联书店，1963：4.

② 卡尔·考茨基. 爱尔福特纲领解说 [M]. 陈东野，译. 北京：生活·读书·新知三联书店，1963：78.

③ 卡尔·考茨基. 爱尔福特纲领解说 [M]. 陈东野，译. 北京：生活·读书·新知三联书店，1963：78.

④ 卡尔·考茨基. 爱尔福特纲领解说 [M]. 陈东野，译. 北京：生活·读书·新知三联书店，1963：78.

有卡特尔垄断组织，但是，资本主义的无计划生产受到限制了吗？答案是否定的，生产反而大大发展了。因为私有制没有改变，资本家的逐利本性没有改变，他们一方面限制国内市场的生产，但扩大了国外市场的生产，就像一个装面粉的口袋，有两个封口，它一边扎上一个封口，却又解开另一个封口，卡特尔企业也是如此，他们准备了两手，假如在国内市场出售商品赔钱，他们就在国外以高于利润的垄断价格把商品卖给消费者。

俄国的杜冈·巴兰诺夫斯基是伯恩施坦的积极追随者，他否定普遍危机的观点就是认为生产和消费之间不存在矛盾。为了批判杜冈·巴兰诺夫斯基，考茨基简单地概述了马克思对消费不足与危机关系的论述。之所以这样做，一方面，主要是因为杜冈完全否定消费不足与危机的联系；另一方面，也有一些资产阶级学者把危机的直接原因归结为消费不足。

考茨基正确而客观地评价消费不足，他指出，消费不足是以往阶级社会中存在过的普遍现象，但是由此而造成的生产过剩危机是近代才出现的问题。只有在为出卖而生产的地方，才可以由生产过剩形成危机，也就是说危机是同商品生产相联系的。由于商品生产的出现，生产过剩这个概念本身也具有了新的含义。以往，生产过剩是同生产超出已有的消费可能性相联系。现在，在商品生产产生以后，不论居民的消费是否已真正全部满足，凡生产超过占有货币的消费者的需求就是生产过剩。这种过剩是一个相对的概念。

总之，考茨基在同伯恩施坦论战时，在探讨资本主义危机的原因时，考茨基对资本主义再生产过程中的生产与消费的矛盾进行了比较充分的说明，但是，他却避开经济危机的最深层次的原因，避而不谈资本主义社会生产的社会性和资本主义私人占有之间的矛盾，而是从销售方面即资本主义扩大再生产过程的市场界限来谈。考茨基认为，资本主义的实际终结，是因为资本主义市场的狭小，无法满足产品的销售而造成了销售的困难，因而后期考茨基是支持殖民掠夺和扩张的。可见，考茨基从消费不足方面并没能正确地说明马克思主义的危机理论。考茨基试图把他所理解的马克思的危机理论再推进一步，为此，他提出从长期看危机日趋严重的观点。他认为，除非半路上来了一个社会主义的胜利，否则一个"长期萧条"的时期迟早一定要发生。

1910 年，对于考茨基是一个重要的转折点，他开始转向中派。1914 年 9 月，他发表的《帝国主义》一书是他转向中派主义的代表性著作，提出了有名的"超帝国主义论"。他在 1927 年著文，更是推翻了自己以前所提出的资本主义难逃长期萧条的理论："指望有朝一日，危机变得那么广泛、持久，致使资本主义生产不可能继续进行下去并且不可避免地要为一个社会主义制度所代替，这样的一种预料，今日再也得不到支持了。"① 不过，考茨基在《爱尔福特纲领解说》一书对工业危机的讨论中，却从未提及消费不足问题，他指出，震撼世界市场的现代的巨大的危机，是生产过剩的结果。在此处，他并没有将生产过剩与消费不足联系起来，而是与"市场无政府状态"联系起来。但是，他还没有达到恩格斯的高度，将市场无政府状态与资本主义生产的规律联系起来，而仅仅是和"与商品生产有必然联系的无计划性的结果"联系起来，从而，周期性生产过剩成为商业周期一个常规阶段，即繁荣刺激了生产过剩，导致危机和萧条。

第二节　考茨基整理出版《资本论》第四卷对资本主义趋势理论的贡献

马克思《资本论》第四卷即它的历史批判部分是考茨基在 1905—1910 年，以《剩余价值学说史》为书名出版的。这样，马克思《剩余价值理论》的手稿被分成三卷编辑出版后，马克思《资本论》第四卷（以《剩余价值学说史》为名）第一次被公之于世，在世界范围内得到广泛流传，100 多年间，该书曾被翻译成好几种文字，为各国无产阶级的革命斗争提供了新的理论武器，很多著名的马克思主义者，都曾经在自己的著作里，引用该书的观点，从这个意义上说，考茨基为马克思主义理论传播做出了卓越的贡献。考茨基所编《剩余价值学说史》由郭大力同志翻译并于 1949 年 6 月，由实践出版社出版。2011 年 6 月，由北京理工大学出版社再版。出版后，它在我国经济理论界引起了很大的反响，对我们发展马克思主义政治经济学发挥了重要作用。

那么考茨基是如何参与到《资本论》第四卷的工作中来的呢？他又为《资本论》第四卷的出版做了哪些工作呢？

一、考茨基临危受命，《资本论》第四卷曲折出版

按照马克思本来的出版计划，是准备把《剩余价值理论》部分编辑为《资本论》第三卷，这部分是马克思《1861—1863 年经济学手稿》中手稿的大部分，也是整理得最细致的部分，后成为《资本论》第四卷（册）的草稿。马克

---

① 保罗·斯威齐. 资本主义发展论——马克思主义政治经济学原理［M］. 陈观烈，秦亚南，译. 北京：商务印书馆，2011：254.

思在《致路德维希·库格曼》的信中说，"全部著作分为以下几部分：第一册资本的生产过程。第二册资本的流通过程。第三册总过程的各种形式。第四册理论史。第一卷包括头两册。我想把第三册编做第二卷，第四册编做第三卷"①，作为政治经济学的核心问题的剩余价值理论，被马克思重点关注。马克思不仅关注理论本身的阐述，还系统地分析和批判了各派资产阶级经济学家的经济学说。《资本论》第一卷第一版序言的最后也进一步说明了马克思的写作计划，"这部著作的第二卷将探讨资本的流通过程（第二册）和总过程的各种形式（第三册），第三卷即最后一卷（第四册）将探讨理论史"②。这是马克思对《资本论》的总体构想：即三卷（Band）四册（Buch）。

恩格斯后来没有完全按照马克思的想法出版，他准备把《资本论》编辑为四卷出版。1883年，马克思仅仅出版了《资本论》第一卷就逝世了，恩格斯为了完成马克思的遗愿，经过认真研究和精心整理，于1885年出版了《资本论》第二卷，1894年出版了第三卷。但是，由于《资本论》第三卷编辑和出版占用了恩格斯大部分时间，他无法分身整理和编辑《剩余价值理论》，手稿的工作被拖延下来了。在编辑《资本论》第三卷的任务尚未完成，更是只字未动《剩余价值理论》手稿的情况下，恩格斯考虑到自己年龄已大，且视力已经严重衰减的状况及编辑《资本论》第三卷的艰巨性，"首先而且主要妨碍我的，是长期视力衰退，因此，我多年来不得不把写作时间限制到最低限度"③，且手稿的剩余部分，马克思的字迹更为凌乱，整理马克思手稿的庞大任务已经不可能完成。于是，1889年1月，他建议考茨基和伯恩施坦参与到整理马克思的《资本论》第四卷手稿工作中来。恩格斯给考茨基写了一封信。信中说："我应考虑到，不仅使马克思的这一部手稿，而且使马克思的其他手稿离了我也能为人们所利用。要做到这一点，我得教会一些人辨认这些潦草的笔迹，以便必要时能代替我，在目前哪怕能够帮助做些出版工作也好。为此我能够用的只有你和爱德。所以我首先建议，我们三个人来做这件事。……"④ 然后，恩格斯又说明了为什么要让考茨基主要负责的原因，那就是爱德（指伯恩施坦）可能会完全陷于《社会民主党人报》编辑部的工作，以及同他的业务有关的种种困难和纠纷之中。⑤

---

① 马克思恩格斯文集：第10卷［M］. 北京：人民出版社，2009：246.
② 马克思恩格斯文集：第5卷［M］. 北京：人民出版社，2009：13.
③ 马克思恩格斯文集：第7卷［M］. 北京：人民出版社，2009：4.
④ 马克思恩格斯文集：第10卷［M］. 北京：人民出版社，2009：572.
⑤ 马克思. 剩余价值学说史：第1卷［M］. 郭大力，译. 北京：北京理工大学出版社，2011：2.

二、考茨基对《剩余价值理论》的整理：从《资本论》第四卷变成与《资本论》并行的著作

要完成马克思和恩格斯未竟的事业，考茨基觉得任务是比较艰巨的。因为考茨基从恩格斯以前的交代中，已经意识到任务的重要性和艰巨性。他对《剩余价值理论》的整理，本来最初是准备按照"马克思的计划"和"恩格斯的预期"来完成的。但是，在应该怎样去删节原稿上，考茨基不知道如何去处理，最后把《剩余价值理论》从《资本论》第四卷变成与《资本论》并行的著作。

（一）考茨基对《剩余价值学说史》①的整理与编辑

考茨基在《剩余价值理论》整理的过程中，把工作分成两步，第一步"把原稿抄成一个可读的草稿"，考茨基指出"凡是知道马克思书法的人，都知道那是怎样难于辨认"，为此，考茨基自己抄写了一部分，还请他的助手居尔维奇博士抄写草稿的大部分。第二步，把材料分成一节一节，"马克思的草稿，不是准备付印的……只是为自己理解的。……全是顺笔直书，想到什么就写什么"②。考茨基指出，由于马克思的草稿全是一气呵成，几乎没有分章节，这样著作的布局，对此进行整理和编辑"自始就感觉非常困难"，考茨基一再强调，他面前最大的困难"是怎样整理这个外观上的混乱"③。

考茨基通过五步来完成《剩余价值理论》的整理与编辑工作：

第一，确定全书各章的划分及其标题，这是最困难的。考茨基将全书分为三卷，第一卷剩余价值学说之起源至亚当·斯密（《政治经济学》批判，第220—444页）；第二卷"大卫·李嘉图"（《政治经济学》批判，第445—751页）；第三卷为"马尔萨斯和李嘉图学派的解体"（《政治经济学》批判，第752—1157页）。

第二，充分调整、编辑和补充内容。考茨基认为，马克思"同一个思想的说明，往往被分裂在极不相同的地方。原来安插在什么地方，不是看说明上的逻辑联系，却看马克思在何处想起它，为了怕忘记，随时记下来的"④。考茨基

---

① 考茨基编辑整理的《剩余价值理论》，他命名为《剩余价值学说史》。
② 马克思. 剩余价值学说史：第1卷［M］. 郭大力，译. 北京：北京理工大学出版社，2011：4.
③ 马克思. 剩余价值学说史：第1卷［M］. 郭大力，译. 北京：北京理工大学出版社，2011：6.
④ 马克思. 剩余价值学说史：第1卷［M］. 郭大力，译. 北京：北京理工大学出版社，2011：5.

不是感到很自信，因为他觉得他搞不清楚到底是按照年代的顺序，还是逻辑的联系，考茨基希望"到处都能得其当"，不仅如此，考茨基还把自己对原稿的一些内容和顺序进行调整的部分，添加了草稿的页次。如第一卷中将原来放在斯密之后的"魁奈的经济表"调到斯密前面，与其他"重农学派"的代表放在一起；将放在"亚当·斯密"（《剩余价值学说史》第一卷）中的"约·斯·穆勒部分"移入了第三卷，放到"李嘉图学派的解体"一篇的最后。特别要提出的是，考茨基认为，马克思原稿对"魁奈经济表"的说明并不完全，因而，他专门从《资本论》第二卷和《反杜林论》第二编第 10 章（该章是马克思写的）中选取若干文句，对"魁奈经济表"进行了编辑和补充。

第三，调整、编辑新的章节。考茨基指出，第一卷，他讨论了许多著作家，从配第（William Petty）到西尼耳（Nassau W. Senior），从 17 世纪到 19 世纪，这也是马克思《剩余价值理论》为什么没有被当作《资本论》第四卷，而当作与《资本论》前三卷平行的著作的原因。这主要是在第一卷开头的詹姆斯·斯图亚特（Jame Stuart）之前，增加了"威廉·配第""达芬南（即查理·戴维南特）""诺芝（即达德利·诺思）和洛克""休谟和马希（即约瑟夫·马西）"四章。这四章完全是考茨基对《1861—1863 年经济学手稿》的全部 1472 页草稿进行全面考察，从"剩余价值理论"（第 220—972 页）手稿之外搜集相关论述和注释，加以编辑而成的。

第四，对书稿进行查漏补缺，细心审阅。考茨基为了正确地辨认马克思的文字花了不少工夫，除此以外，他还坚持对"每一个计算都检查几遍"，为此，他对马克思手稿中的多处做了许多必要的修订，还把马克思图表中没有来得及全部计算的部分补充了计算部分，使之完整。考茨基对于马克思的著作，既试图保持著作的特殊性，又对于计算中使用比较繁杂的英国货币制度的问题，尽量把复杂的计算简单化。特别是对正文中一些比较重要的更改和订正，考茨基都另加注进行说明，充分体现了考茨基版《资本论》对作者和读者负责的特点，这也是考茨基所编《剩余价值理论》的一大优点。

第五，统一规范术语。由于马克思德文、法文、英文一样精通，他在写作时各种语言是信手拈来，交叉使用，考茨基为了不同的读者，要统一使用语言，而且"剩余价值理论"的原稿是马克思在 1861—1863 年写下的，不少概念或术语尚未最后确定下来。考茨基为了便于读者阅读，避免发生歧义，便"把新的术语，代替那些陈旧的和《资本论》所用的新术语过于冲突的术语"①，这主要涉及"生产费用""成本价格"和"生产价格"等。

（二）考茨基版《剩余价值学说史》出版的重大意义

考茨基按照恩格斯生前的嘱托，他十分重视这部手稿的编辑出版工作，把它当作自己头等重要的任务，为马克思《剩余价值理论》的公开问世耗费了极大的心血。

考茨基版《剩余价值学说史》的贡献，主要有以下几点：

一是"最终完成了经典资本主义批判理论核心文本的基础建设"②。《资本论》，全称是《资本论·政治经济学批判》，如果说，马克思在 1867 年出版的《资本论》第一卷，恩格斯整理出版的《资本论》第二、三卷，只能是从逻辑上展示马克思对资本主义生产全过程的理论建构，那么考茨基整理出版的《剩余价值学说史》，则进一步从历史脉络上展示了经典资本主义理论，完成了政治经济学的批判、扬弃与继承。马克思在谈到自己"剩余价值学说史"的写作目的时说："这种历史的评论不过是要指出，一方面，经济学家们以怎样的形式互相进行批判，另一方面，经济学规律最先以怎样的历史上具有决定意义的形式被揭示出来并得到进一步发展。"③ 这就是说，马克思把自己对资本主义生产方式的理解看作政治经济学自身发展和自我批判的结果。不理解马克思以前经济学说的历史，就不可能真正把握马克思经济学说的实质和意义。考茨基整理出版的《剩余价值学说史》，为马克思关于资本主义生产方式本质和发展趋势的理论体系确立了完备的历史文本基础，从而使经典资本主义批判理论得到了逻辑与历史高度统一的文本体系的支撑，最终完成了这一理论的文本基础。

考茨基版《剩余价值学说史》的出版，在国内外引起巨大反响，受到各个阶层的热烈欢迎。

马克思这部伟大著作的出版，是同修正主义进行斗争的有力武器，它对当时流行的种种资产阶级思潮对于马克思主义的攻击和污蔑起到反击作用。一些先进的马克思主义者，对这一伟大著作多次引用。

二是考茨基编辑的《剩余价值学说史》有助于加深对《资本论》理论部分（第一——三卷）的理解，给我们提供了对一些理论问题从不同视角进行探讨的基

---

① 马克思. 剩余价值学说史：第 1 卷［M］. 郭大力，译. 北京：北京理工大学出版社，2011：7.
② 姚顺良. 资本主义理解史：第 2 卷［M］. 南京：江苏人民出版社，2009：26.
③ 马克思恩格斯全集：第 33 卷［M］. 北京：人民出版社，2004：417.

础，这更有助于我们补充和深化对《资本论》中关于资本主义发展趋势及相关理论部分的理解。这一点突出体现在《剩余价值学说史》第二卷关于绝对地租的阐述上。

考茨基认为："马克思在《资本论》第三卷（至少在恩格斯所给予的形态上）论述地租时，是由差额地租开始，绝对地租不过附带讨论了一下。这一层，在外形上，也已经指示了：即，差额地租占 120 页，绝对地租只占 26 页。但在这里，绝对地租是全部马克思地租理论的基础，差额地租只是一个附带的现象。在这里，比之在第三卷，绝对地租更被重视；到这里，绝对地租的意义才完全明白。这应当是《剩余价值学说史》第二卷在政治经济学上最大的收获之一。"①

三是从文本上为批判资产阶级经济学提供了理论依据。马克思的剩余价值学说一直被洛贝尔图斯、庞巴维克等人诬蔑为是剽窃了英国前驱的成果。《剩余价值学说史》的出版，以事实胜于雄辩的史实粉碎了污蔑，而且提供了从资产阶级政治经济学古典学派到庸俗经济学演化全过程的直接批判。因而，考茨基版《剩余价值学说史》在历史上所起的作用是巨大的，应予充分肯定。

第三节　考茨基"超帝国主义论"对资本主义发展趋势的预判

1914 年 8 月的第一次世界大战是帝国主义之间发生的一场侵略掠夺战争。帝国主义国家为了争夺自己的势力范围和商品销售市场对其他国家发动了侵略掠夺战争，大多数无产阶级对这场战争都持反对的态度。而考茨基在战争爆发后，不是积极地反对这场战争，而是在 1914 年 9 月发表《帝国主义》一文，提出"超帝国主义"理论，回避战争，提倡帝国主义之间的联合，提出卡特尔联合成"超帝国主义"的设想，这是他对这场战争持积极支持的态度的表现。这说明他在路线上偏离了马克思主义，走向了机会主义。

一、考茨基"超帝国主义论"形成的历史背景与理论渊源
任何理论都是一定时代背景的产物，考茨基"超帝国主义论"的形成也是

---

① 马克思. 剩余价值学说史：第 1 卷 [M]. 郭大力，译. 北京：北京理工大学出版社，2011：3.

科学技术飞速发展和帝国主义矛盾尖锐化的产物。

（一）形成的历史背景

第一次科技革命是以蒸汽机发明为标志的，它极大地推动着生产力飞速发展。这次科技革命促使英国和法国先后走向工业化道路。19 世纪 70 年代，以电气为标志的第二次科技革命又带来生产力的极大提高，科学技术迅猛发展，众多资本主义国家经济获得了飞速发展。德国、美国也在科技革命的推动下，走向西方资本主义以殖民掠夺、扩大市场的资本主义工业化道路。19 世纪末 20 世纪初，生产社会化和资本社会化促使资本主义由自由竞争阶段逐步向垄断阶段过渡。与此同时，资本主义世界市场也在科学技术迅速发展、世界各国经济的密切联系中逐渐形成。一场分割全球领土、抢占殖民地、攫取财富的活动在资本主义列强中展开了。他们以商品输出等方法获取高额利润，并将所获取的利润用来进一步操控殖民地和殖民战争。残酷的殖民战争让殖民地国家和宗主国的劳动人民苦不堪言，给他们的生活带来沉重的代价。由于各资本主义国家经济发展水平的不平衡，20 世纪初各资本主义国家彼此间的矛盾日益加剧，尤以英、德两国间的矛盾最为尖锐。两国在原材料市场、消费者市场、权力范围、海事霸权等方面都存在着利益上的冲突与矛盾，同时期，俄国同奥匈帝国与德国间也存在明显的利益冲突，帝国主义国家间的矛盾积压深厚，这些资本主义国家间发生的冲突实在难以调和，世界大战一触即发。

1914 年 8 月，随着第一次世界大战的爆发，世界各国也由于战争形势的发展，把精力集中到战事准备上。许多理论家开始关注帝国主义问题，并提上研究日程。战争爆发后，考茨基毫不避讳地支持社会沙文主义者的活动，对国际主义和无产阶级革命的原则进行公开背叛。一些投机分子为了自己的利益千方百计同帝国主义政府合作，鼓吹社会和平主义，而考茨基于 1914 年 8 月 8 日发表的《战争》一书中，却号召要求党服从机会主义者即投机主义的领导。1914 年 9 月他又发表了《帝国主义》一文，并提出了"超帝国主义"理论，更是在 1915 年 2 月，他出版的《民族国家、帝国主义国家和国家联盟》一文中，对"超帝国主义"理论进行了全面地传播。保尔·连施、亨利希·库诺对于考茨基的帝国主义理论，又极尽吹捧，他们分别出版了《德国社会民主党和世界大战》和《党破产了吗?》，借口出现了新的形势，号召向考茨基"重新学习"，这实际上是篡改马克思主义的基本原理。考茨基在 4—5 月先后发表《两本论述重新学习的书》和《再论我们的幻想》两篇文章，在文中进一步对他的"超帝国主义"理论进行了宣传。

考茨基"超帝国主义论"是在特殊的国内外环境下，借鉴和吸收了霍布森的帝国主义论、希法亭的金融资本论、伯恩施坦的资本主义适应论等思想的基础上产生和形成的。

（二）理论渊源

1. 借鉴吸收霍布森帝国联合起来的思想

约·阿·霍布森在 1902 年出版了《帝国主义》一书。在书中，霍布森看到了帝国主义是一种有目的对外扩张政策，关注了 19 世纪末—20 世纪初欧洲主要资本主义国家的殖民扩张。他详尽地阐述了帝国主义的经济特点和政治特点，霍布森是反对帝国主义的，但是他又是矛盾的，幻想以一种非暴力革命的方式建立一种"国际帝国主义"来实现永久和平。英国"福利国家"政策的制定就受霍布森的社会改良主张的影响。他在分析完英国对印度的兼并和西方列强对中国的侵略之后，系统地批判了近代的帝国主义，总结出新帝国主义不同于老帝国主义的地方在于前者更具有政治上的扩张性和经济上的逐利性。在经济方面，他把消费不足看成帝国主义形成的根本原因，消费不足是由于分配不公平导致的，消费不足会导致资本过剩。他认为通过调整分配制度可以避免实行帝国主义，指出让占城市总人口的四分之一以上、还未解决温饱问题的穷人，合理利用富人过剩的资本，进而提高穷人的消费水平和收入。在政治方面，霍布森倡导自由民主，希望通过制定并实施改良主义政策，阻止帝国主义对外侵略。霍布森酝酿提出了两种取代帝国主义的方案。一是通过鼓励殖民地独立，逐渐脱离宗主国的办法。二是帝国联合起来，组成统一的国际帝国主义。实际上，霍布森认为帝国主义战争是可以通过资本的国际联合来取代的。尽管霍布森的"帝国主义论"存有极大的缺陷，但他将帝国主义看作一种对外政策的观点以及他的国际联合思想是考茨基"超帝国主义论"的重要思想源泉。

2. 希法亭的"有组织的资本主义"

鲁道夫·希法亭是奥地利马克思主义的重要代表人物之一。《金融资本》是他于 1910 年出版的经济学著作，该著作关于帝国主义问题研究中的一些创造性的经济学观点成为同时代其他思想家的理论基础。其中金融资本的对外政策（包括经济上的保护关税政策和资本输出政策以及政治上的侵略扩张政策）成为考茨基"超帝国主义论"的重要思想来源。

希法亭认为在自由资本主义时代，产业资本与货币资本相分离。随着资本集中、卡特尔和托拉斯等垄断组织的发展，产业资本和银行资本的联系越来紧密，这就使得"资本采取了其最高级、也最抽象的表现形式——金融资本"①。希法亭指出，金融资本意味着资本的统一化，资本主义贸易政策也随之由自由贸易政策变更为保护关税政策。保护关税可以在某种程度上缩小国际分工的领土范围，产业上的保护关税是促进卡特尔化最有效的一种手段。因为保护关税能够压制国外竞争，削弱或是消灭国外竞争能极大地促进卡特尔的形成。考茨基吸取了希法亭的思想，希望通过这种"有组织的资本主义"——卡特尔政策，可以用帝国主义的神圣同盟来代替当前的帝国主义，从而勾勒出他的"超帝国主义阶段"的美好蓝图。

3. 伯恩施坦的资本主义适应论

伯恩施坦是第二国际修正主义的典型代表人物，前面已经详细地论述考茨基作为伯恩施坦的亲密战友，虽然前期对伯恩施坦的资本主义适应论进行了批判，但是实质上还是深受其思想的影响。

比如，考茨基和伯恩施坦都否认帝国主义阶段就是资本主义的末日，伯恩施坦认为帝国主义时代是可以通过议会改良、民主选举的方式实现资本主义"和平长入社会主义"的，而不需要通过无产阶级的社会革命，他认为这是"返祖"和"倒退"。"在一百年以前需要进行流血革命才能实现的改革，我们今天只要通过投票、示威游行、和类似的威胁手段就可以了。"② 伯恩施坦对资本主义社会的矛盾极尽掩饰与粉饰，他攻击马克思主义的资本主义"崩溃论"。伯恩施坦的资本主义适应论为"超帝国主义论"的产生提供了重要的理论来源。

总之，考茨基"超帝国主义论"是在吸取霍布森的帝国主义理论、希法亭的金融资本论和伯恩施坦的资本主义适应论的基础上产生的，这些同时代理论家关于帝国主义研究的理论为考茨基"超帝国主义论"的形成提供了理论基础、开拓了创新思路。

二、考茨基关于帝国主义的研究及设想

恩格斯逝世以后，第二国际中的修正主义思潮日益泛滥起来，考茨基早期曾经批判过伯恩施坦主义，但是作为第二国际的"理论权威"，为了迎合帝国主义国家的需要，竟置1914年第一次世界大战爆发于不顾，而是撰写并出版了《帝国主义》，并抛出了对以后资本主义世界影响深远的"超帝国主义论"，鼓吹各个帝国主义之间的联合可以消除危机。考茨基借资本主义世界所发生的新

---

① 鲁道夫·希法亭. 金融资本 [M]. 李琼，译. 北京：华夏出版社，2017：1.
② 殷叙彝. 伯恩施坦文选 [M]. 北京：人民出版社，2008：106.

变化得出资本主义发展已经进入了新阶段，各个资本主义国家伴随着竞争的停止，他们之间的矛盾已经消除，因而，他在对待帝国主义、对待战争和革命等一系列问题上完全背叛了马克思主义，给当时的国际共产主义运动带来极大的危害。为了进一步更清晰地认识考茨基的"超帝国主义"理论，有必要对考茨基理论的主要内容进行分析。

（一）关于帝国主义的定义

考茨基把帝国主义的产生与世界分工联系在一起，认为帝国主义是先进工业国对落后农业国的侵入，随之而产生的。"它们用大工业国对于世界上还没有被占领而又无力抵抗的那些农业地区的瓜分来代替英国所追求的、在英国的工业工场同所有其他地区的农业生产之间的世界分工。英国对此进行了反击。帝国主义就这样产生了。"① 考茨基反对把现代资本主义的各种现象都概括到帝国主义的名下，反对将帝国主义同义于现代资本主义。考茨基指出"帝国主义是高度发展的工业资本主义的产物。帝国主义就是每个工业资本主义民族力图征服和兼并愈来愈多的农业区域"②。在他眼里，帝国主义的产生是工业国家渴望与农业国家联合的一种对外政策形式，这是资本主义发展的一种必然结果，是在竞争中农业国家被工业资本主义国家侵占和抢夺的结果。几大缺憾存在于考茨基关于帝国主义的定义中，一是帝国主义被考茨基看成农业民族被工业资本主义民族征服的民族问题。二是在政治上只是归结为"力图兼并"，没有说明帝国主义国家为了征服这些民族到处滥用暴力、滥杀无辜、实行全面反动政策的行为。三是在经济上他只强调工业资本的作用，却忽视了在资本主义发展到由自由资本主义到垄断资本主义这个阶段是金融资本占统治地位，而不是工业资本。四是在帝国主义国家和被压迫民族的关系上，他理解为工业资本兼并农业区域。他没有充分了解帝国主义贪婪的本性，帝国主义力图兼并农业区域只是他们的初步打算，工业极发达的区域也是在他们视野之内，并力图兼并的。可见，这一定义无论在政治上，还是在经济上和民族关系上，都是不科学的。它否定了垄断的意义，割裂了帝国主义政策和垄断基础的联系，从根本上歪曲了帝国主义的本质和它的基本经济特征，掩盖了帝国主义的矛盾。

（二）国际分工：对帝国主义经济根源的错误理解

由于考茨基对帝国主义的概念与本质的错误理解，导致他错误地理解了帝

---

① 卡尔·考茨基. 帝国主义 [M]. 史集，译. 北京：生活·读书·新知三联书店，1964：19.

② 王学东. 考茨基文选 [M]. 北京：人民出版社，2008：296.

国主义的经济根源，在经济根源上他过多地强调工业资本的作用，认为帝国主义的产生源于工业与农业之间的矛盾。在他看来，帝国主义就是工业地区与农业地区之间矛盾的产物，并且他认定农业国家经济和政治上的落后性，他认定"对帝国主义说来，有决定意义的是工业地区与农业地区之间的矛盾。资本主义国家想要吞并的那些农业国家，在经济上是落后的。它们因而在政治上也是落后的"①。这显然是错误的。魁奈《经济表》中的相关思想是为了搞清楚农业和工业之间的关系，考茨基认同对魁奈在其《经济表》关于农业产品怎样同工业产品进行交换的思想，以及剩余价值在交换过程中所途径的天才表述。不过，他错误地认为只有农业劳动是造成剩余价值的劳动。考茨基认为，两大生产部类之间的关系，在任何社会进行扩大再生产的时候都会存在，因而，要进一步深化马克思社会总资本再生产理论的第一部类和第二部类思想，对于马克思的社会总资本再生产理论，考茨基认为需要根据商品的物质特性对其分类进一步细分。希法亭的《金融资本》曾经早在 1910 年，就被考茨基关注和评论过，考茨基在"工业和农业"这一章中一是将工业和农业的关系进行了划分，二是把工业产品和农业产品进行了区分。考茨基按照历史逻辑把工业和农业之间关系形成和发展的漫长过程划分为自然经济时代、简单商品经济和资本主义商品经济时代。在自然经济时代，工业完全依赖于农业，这个时候，工业与农业的发展自然是协调的。到了简单商品经济时代，工业从农业中分离出来，这个时候"工业产品有比农业产品增长更快的趋势"②，但是"在简单商品生产中很少采取危险的形式"③。

在资本主义商品经济阶段，简单商品生产被资本主义商品生产所取代，雇佣劳动制度得以形成和巩固，因此，资本主义工业生产得以迅速发展。考虑到一系列技术和社会因素，考茨基认为在一定地区内农业资本积累的可能性没有工业资本积累的可能性那么大。"农业所从事的是活的机体的生产和再生产，不能通过增加所花费的劳动来随心所欲地加速或扩大这种生产和再生产。反之，工业只要拥有足够的原料和劳动力，就能不断扩大。"④ 农业产品的种类比不上工业产品的种类繁多，它们的使用价值的变化也要少得多。相较于简单商品生产时期，在资本主义生产阶段，工业生产优于农业生产，能够获取更多利润，

---

① 卡尔·考茨基. 民族国家、帝国主义国家和国家联盟［M］. 何疆，王禹，译. 北京：生活·读书·新知三联书店，1963：11.
② 王学东. 考茨基文选［M］. 北京：人民出版社，2008：300.
③ 王学东. 考茨基文选［M］. 北京：人民出版社，2008：300.
④ 王学东. 考茨基文选［M］. 北京：人民出版社，2008：301.

因而资本家更愿意在工业领域积累资本。

生产过程的顺利进行要求工农业生产的比例要相对协调，但是在资本主义生产方式下，会渐渐呈现出一定地区内的工业生产的发展比农业生产的发展迅速的态势。一是，由于资本主义工业的迅速发展，资本积累在工业领域内大幅增加吸引了大量的农业资本和农业人口，工业对食品和原料的需求愈趋强烈。但是，不景气的农业难以为繁荣的工业提供食品和原料。二是，快速发展的工业所生产的产品在国内已难以大量消耗掉，急需寻求产品销路和更广阔的市场。资本家为了能够继续获取巨大利润且避免生产过剩的危机，不得不另辟蹊径。考茨基指出，资本家意识到国内农业无法满足他们需要的产品销售市场，他们就把视线转移到了海外农业地区。资本主义工业国通过各种方式竭力侵占同它有交往关系的农业民族。考茨基通过对工业国英国与农业国的关系的剖析，阐明了帝国主义的成因及产生过程。第一，农业国由于在经济方面和政治方面丧失独立又依赖工业国，为了繁荣，甚至独立，他们力求发展成为工业国，同时，工业国为了获得原料而修建的铁路和输出的资本客观上为农业国发展工业提供了条件。西欧各国和美国东部各州是考茨基举出的逐渐从农业国发展成为强大的工业国的例子。英国的自由贸易被它们通过保护关税的方式进行抵抗，他们还将英国的原料产地变成它们的殖民地，破坏英国作为世界工场的地位，参与瓜分"世界上还没有被占领而又无力抵抗的那些农业地区"①。"英国对此做出了反击，帝国主义就这样产生了。"② 第二，资本输出也是一个很有力的因素。许多工业民族为得到食品和廉价原料，同时希望这些农业国的人民来购买他们的工业产品，另外还可以利用农业国国内的廉价劳动力，在农业国家修筑铁路就成了有利可图的事业，这样工业国就通过输出资本的方式在农业国获取特权和资源。而农业国利用工业国输出的资本不仅修建铁路用于基础设施的改造，而且还利用它来发展工业，从而改变自己国家贫穷落后的现状。表面上看工业国是大行善举，和农业国的这种"合作"是互惠互利，各取所需的。但实质上资本主义工业国是不会做这等好事的，他们限制农业地区只从事农业生产，阻止农业地区发展自己的工业，竟利用资本控制和殖民主义来对抗农业国。"这是代替了自由贸易的帝国主义的最重要的根源。"③ 要想消灭资本主义工业国之间因瓜分农业地区、划分势力范围而产生激烈的竞争只有通过社会主义才能消

---

① 王学东. 考茨基文选 [M]. 北京：人民出版社，2008：307.
② 王学东. 考茨基文选 [M]. 北京：人民出版社，2008：307.
③ 王学东. 考茨基文选 [M]. 北京：人民出版社，2008：308.

灭，"帝国主义的这一面只有通过社会主义才能被消灭"① 这个看法是对的。考茨基指出，工业国对农业国的统治将会持续相当长的一段时间。"只有当这些地区的居民或者资本主义工业国的无产阶级已强大到能够冲破资本主义统治的牢笼时，对这类区域的奴役才可以完全结束"②，但是，他又话锋一转指出，为了避免对立，帝国主义还有"全世界资本家联合起来"③ 的另外一面。

（三）帝国主义与工业资本

考茨基把帝国主义与工业资本联系起来，并通过他的"国际分工论"进一步论证了什么是帝国主义，他进一步强调指出，"帝国主义是高度发达的工业资本主义的产物"④，是发达的资本主义工业国家对农业地区的兼并和征服。"工业国与农业国"国际分工的存在是帝国主义产生的经济根源。当他的思想面对同时期的资产阶级学者的质疑时，考茨基着重强调了帝国主义是"一种特殊类型的资本主义政策"⑤，并强调说明这不是"一般的工业资本"的政策而是高度发达的工业资本主义的政策。在工业资本的初级阶段，工业资本耗损是非常小的，它创造的收益是巨大的，这都是帝国主义政策带来的，工业资本愈强大，资本主义国家里对于殖民地的兴趣就愈弱。因而，资本家并不想利用它。在工业资本的新时期，资本主义国家才把目光聚焦在殖民地，第二次科技革命促进了工业资本力量的增长，殖民扩张政策也更加被资本主义国家重视。这里考茨基表示只有当工业资本发展到最新阶段——高度发达的阶段，它才觊觎殖民地。反之，在工业资本的初级阶段，帝国主义政策是不会出现的，即帝国主义的实质是高度发达的工业资本主义的产物。

（四）"超帝国主义"设想

在关于资本主义生产方式上，考茨基认为只要私有制存在，经济危机就是不可避免的，这是他的正确认识。但是，他在如何消除经济危机上又犯了错误，他认为"只有所有的卡特尔联合成单一的卡特尔的时候，才能消除危机"⑥，这种"超卡特尔"，在他看来，就能消灭资本主义私有制，这种思想当然是错误

---

① 王学东. 考茨基文选［M］. 北京：人民出版社，2008：308.
② 王学东. 考茨基文选［M］. 北京：人民出版社，2008：308.
③ 王学东. 考茨基文选［M］. 北京：人民出版社，2008：309.
④ 王学东. 考茨基文选［M］. 北京：人民出版社，2008：296.
⑤ 《机会主义、修正主义资料选编》编译组. 第二国际修正主义者关于帝国主义的谬论［M］. 北京：生活·读书·新知三联书店，1976：107.
⑥ 卡尔·考茨基. 爱尔福特纲领解说［M］. 陈冬野，译. 北京：生活·读书·新知三联书店，1963：78.

的，后来这种思想发展成"超帝国主义论"。帝国主义是扩张本国领土、占领和奴役农业地区的一种政治意图。这种特殊的政治意图引发了资本主义工业国之间的利益分歧和矛盾对立。这些分歧和对立激发了资本主义国家激烈的军备竞赛。这种对抗促使早被预测的世界大战——一战变成既定现实。因此，考茨基抽象地设想帝国主义之后会有一个"超帝国主义"阶段，帝国主义发展到出现垄断特征的时候已经从发展资本主义到变成阻碍资本主义的手段。考茨基认为，无产阶级可能会摧毁帝国主义，但不一定会导致经济崩溃。若继续执行当前的帝国主义政策，将会过早导致经济崩溃。考茨基的分析透露出这一政策不能再长期执行下去了。帝国主义有可能会迎来一个新阶段，即"把卡特尔政策应用到对外政策上的超帝国主义阶段"①。他认为战争愈持久愈可能使得一切参战国筋疲力尽，他们会对通过武装交锋感到畏缩。各资本主义国家应该在各自利益得到保障的状况下，借助和解、签订协定等方法，和平共处，联合发展，用帝国主义国家间的神圣联盟代替帝国主义，结束军备竞赛，最终走向超帝国主义。

第四节　列宁对考茨基"超帝国主义论"的清算与批判

一、列宁对考茨基"超帝国主义论"清算的时代背景与理论依据

（一）列宁对考茨基"超帝国主义论"清算的时代背景

1. 垄断资本主义时代的到来

人类社会的每一次重大发展变化无一不是与其所处的时代大环境紧密相关的，资本主义由自由竞争资本主义阶段发展到垄断资本主义阶段也概莫能外。从整个世界经济发展进化过程观之，第一次工业革命给世界经济的发展带来至关重要的双重影响：它一方面使生产力突飞猛进地发展，创造了大量的社会财富；另一方面也使资本主义基本矛盾日益加剧，导致资本主义历史上第一次具有世界性特点的普遍生产过剩危机——1857 年经济危机。随后在 1866 年又发生了一次经济危机，而 1873 年发生的经济危机是当时持续时间最长，破坏最严重的危机，直接导致自由资本主义的解体，资本主义制度从自由竞争阶段过渡到垄断阶段。此后 30 年直至 19 世纪末，第二次科技革命的开展更是极大地促进

---

① 王学东. 考茨基文选 ［M］. 北京：人民出版社，2008：310.

了社会生产力的发展，科技的创新发展带来工业结构的变动，化学、石油和汽车等新兴产业的发展尤为迅速，激烈的竞争和科技的进步促使生产更加趋于集中。企业规模的扩大，生产和资本集中达到前所未有的高度。以美国美孚石油公司为例，该公司从1867年仅仅联合四家不大的企业，发展到1888年集中了全国石油业的75%，1904年更是集中了全国精炼石油的90%，几乎垄断了美国整个石油行业。生产和资本的集中促进了垄断和垄断组织的产生，资本主义成功进入到垄断资本主义时代。

2. 政治上的军国主义和殖民主义

资本家为了获得利润和超额利润在政治上逐渐走向崇尚武力的殖民扩张之路，他们采取了开拓海外原料产地和产品销售市场的方式对亚洲与非洲国家的人民进行了最惊人、最粗暴的掠夺。同时，在这一过程中伴随着对许多贫穷落后的国家和民族的侵略与兼并，在巨大的利益驱使之下，各帝国主义国家迅速进行殖民扩张。英国采取暴力手段侵吞了四百多万英亩土地；法国占领了三百多万英亩；德国夺取了近百万英亩；意大利、美国和俄国也陆续抢占了相对较少的土地。

资本主义在从自由竞争阶段过渡到垄断阶段的进程中，受世界政治经济发展不平衡状况的影响，几个主要帝国主义国家之间的冲突不断增加，矛盾更加激化。20世纪初，美国和德国这一阶段的发展速度惊人，美国经济实力位居世界第一，德国赶超英法，仅次于美国，在欧洲排名第一。"经济实力的变化与殖民地和势力范围的占有之间不可避免地发生了矛盾。"① 实力强大的美、德，特别是德国，不愿意只占有较少的殖民地和势力范围。为此，各帝国主义国家之间展开了疯狂的军事竞赛。受到利益的分歧和利益的趋同的影响，各帝国主义国家在利益的驱动下，为了各自的利益，寻找他们各自的盟国，就这样形成了协约国与同盟国两大军事侵略集团，并于1914年发动了第一次世界大战。资本主义的殖民扩张导致落后国家惨遭劫难。资本主义在政治上迈向了军国主义和殖民主义。

3. "超帝国主义论"对工人运动的消极影响促使列宁开始新的理论探索

无产阶级革命斗争需要有利的革命环境，而第一次世界大战的爆发为革命提供了一个很好的契机。然而以考茨基为代表的机会主义者却用"超帝国主义"的甜蜜幻想来美化帝国主义，他散布了一种错误的言论，不用推翻资本家的统治，也可以消灭帝国主义，那就是通过帝国主义国家卡特尔的联合，从而麻痹

---

① 韩金华. 希法亭金融资本理论研究 [M]. 北京：中国财政经济出版社，2006：63.

无产阶级革命意志，达到支持帝国主义战争的目的。有一部分社会民主党人受"超帝国主义论"的影响，主张放弃无产阶级革命的形式，而试图以和平、改良的方式实现社会主义。考茨基的"超帝国主义论"在帝国主义列强的矛盾冲突已达到白热化的情况下提出来，这种情况下考茨基对帝国主义战争的本质不去揭示，更是对帝国主义之间的矛盾采取忽视的态度，却千方百计地抹杀帝国主义国家之间错综复杂的、不可调和矛盾，对帝国主义国家之间的国际联盟寄予很大期望，这在当时的历史条件下只能是一个虚伪的骗局。以考茨基为首的德国社会民主党和第二国际部分领导人物相信"超帝国主义"的"美好"前途，他们不仅没有把握住有利的革命形势，反而消耗了无产阶级革命力量，给国际工人运动带来极其消极的影响。在国际工人运动处于低潮，遭遇挫折的严峻形势下，列宁洞察时势，着眼全局，站在无产阶级革命的立场上对马克思主义进行了新的理论探索，对考茨基的"超帝国主义论"进行了严厉的批判。

（二）列宁对考茨基"超帝国主义论"清算与批判的理论依据

1. 马克思、恩格斯对资本主义海外扩张原因的探讨

世界市场的形成所引起的资本主义生产方式的扩张是马克思和恩格斯在《共产党宣言》中所阐述的内容。其一，科技的发展，逐渐打破地域限制，在这种情况下，资本主义需要进一步开拓市场；其二，由于世界市场的"你中有我""我中有你"的密切联系，生产和消费都变成全球性的了，为了获取市场竞争的优势以销售更多产品，资本家开拓了世界市场，同时也把资本主义生产关系输送到了其他国家。马克思和恩格斯虽然没有深入探讨资本主义生产方式扩张性的内在根源，但他从资本积累的角度探讨了资本主义海外扩张的原因，一是生产规模的扩大及资本有机构成的增长，导致一般利润率不断下降；二是劳动者有效需求的不足，引发资本和生产的相对过剩。资本家对于利益的贪婪促使其将相对过剩的产品和过剩的资本输出到海外殖民地。正是借助于马克思对这一海外扩张的分析，列宁对考茨基忽视帝国主义政治的反动性展开了批判。

马克思认为作为资本主义的经济组织形式之一的股份公司，它的出现促进了垄断的发展。此外，恩格斯也在《反杜林论》等相关著作里深入剖析了资本主义生产方式的内部矛盾，并在此基础上揭示了股份公司和国家垄断资本主义产生的客观必然性。而股份公司的出现和国家垄断资本主义的产生不仅没有消除资本主义的内部固有矛盾，反而加固了这种矛盾。恩格斯预测了国家垄断资本主义的形成是社会主义革命的必要条件，同时其对资本主义经济内在发展规律和趋势的分析与预测为列宁"帝国主义是资本主义的最高阶段"及"帝国主

义是社会主义革命的前夜"的论断奠定了理论根基，也为列宁批判考茨基的
"超帝国主义"论提供了理论指导。

2. 霍布森和希法亭的研究启发了列宁对"超帝国主义论"的认真审视与
思考

霍布森对帝国主义的研究成果集中体现在 1902 年出版的经济学著作《帝国
主义》之中。霍布森开创性地将帝国主义和资本主义有机结合，对近代帝国主
义进行批判。列宁关于帝国主义问题的探讨以及对考茨基"超帝国主义"的重
新思考都深受这本开拓性著作的影响。

首先，霍布森正确指出了帝国主义产生的根源，在于经济而非政治。这有
利于列宁对帝国主义本质的认识。霍布森揭示出"将帝国主义描述为给低等民
族带去文明、带去基督的仁慈追求"是一种虚伪的骗人的行径，其实质上是披
着传教士的外衣，用其看似高尚的动机掩盖政治家和商人的剥削行径。19 世纪
的最后 30 年的技术进步促使产业财富急剧增加，然而年度收入分配极不平等，
巨额财富集中在少数的资本家手里，工人生活每况愈下。资本家的巨额财富如
果转化为生产资本，将使得生产能力超过消费能力，进而引起国内有效需求不
足，生产的产品越多，销售就越受阻，资本家不能在国内投资中获利。因此，
资本家选择将资本输出到国外，帝国主义就是在这种条件下产生的。其次，列
宁对考茨基关于帝国主义的认识借鉴了霍布森对帝国主义关于经济和政治特性
的认识。列宁批判考茨基资产阶级改良思想也借鉴了霍布森关于帝国主义寄生
性和腐朽性的阐述。霍布森认为，帝国主义的寄生性在各个阶级都有反映，占
统治地位的资产阶级首当其冲是寄生阶级，工人队伍内部也有寄生阶层，甚至
在和殖民地关系上、殖民地军队都有寄生性的反映。霍布森从帝国主义的寄生
性看到了帝国主义的腐朽性。

列宁帝国主义论的提出也受希法亭的经济学著作《金融资本论》的很大影
响。其一，金融资本占据绝对主导地位是希法亭对资本主义发展的最终结果的
认识。对于考茨基认为的帝国主义只是资产阶级为应对资本积累与工业、农业
的占比问题而采用的一种特殊的扩张政策，列宁赞成希法亭"将帝国主义视作
资本主义发展的一个新阶段"的观点。希法亭对帝国主义历史地位的论述为列
宁帝国主义理论奠定了坚实的根基，同时也为列宁认真审视考茨基的"超帝国
主义"给予理论支撑。其二，希法亭详细叙述金融资本是银行资本和产业资本
相互交融的结果。对于信用、股份公司及其之间相互关系，希法亭在考察后做
出"银行资本和产业资本交融现象日益明显"的论述，随着垄断形成，这种交
融的过程更加迅速，致使资本演变成金融资本。列宁借助于希法亭对"金融资

本"的分析，阐述了帝国主义最重要的经济特征是金融资本，从而否定了考茨基把帝国主义归结为工业资本的观点。

3. 普列汉诺夫与考茨基的机会主义策略启发了列宁对"超帝国主义论"实质的把握

妥协的、放弃暴力革命的改良主义策略是普列汉诺夫（Georgii V. Plekhanov）与考茨基都赞同的机会主义策略。普列汉诺夫为俄国1905年革命制定"平行领导论"，试图诱导无产阶级放弃革命领导权。"美化资产阶级，丑化无产阶级"是普列汉诺夫为俄国1905年革命制定的机会主义策略的出发点。普列汉诺夫认为俄国的资产阶级不满于沙皇专制制度，他们本身的利益在于沙皇专制制度的崩溃，用革命手段去推翻沙皇的统治是迟早的事，所以资产阶级是一个革命的、先进的阶级。在褒奖资产阶级的同时，普列汉诺夫对无产阶级进行了无情的贬低。而事实上，资产阶级并不像其所说的那样，俄国的资产阶级虽不满于妨碍其经济发展的农奴制，但在经济上同地主阶级保持着千丝万缕的联系，所以资产阶级与沙皇政府对内剥削广大劳动人民、对外掠夺殖民地的根本利益是一致的。可以说俄国的资产阶级是沙皇政府的社会支柱，从自身的利益出发，他们是害怕革命的。普列汉诺夫的这种机会主义策略在一定程度上启发了列宁对考茨基"超帝国主义"实质的把握。

1914—1917年世界大战期间，普列汉诺夫背离了马克思主义的轨道，陷入了社会沙文主义的泥潭。他出版的《论战争》和《两本路线》都极力掩饰帝国主义的深刻矛盾，为本国的帝国主义战争开脱罪责，帮助资产阶级政府摆脱政治危机，宣扬社会沙文主义理论。在这一点上，考茨基与普列汉诺夫沆瀣一气，同属一个阵营。考茨基与本国资产阶级执政者一道以"保护祖国"为借口，支持增加军事财政支出，赞成资产阶级政府的殖民侵略活动。普列汉诺夫的社会沙文主义思想背离马克思主义，引起了列宁的警醒。列宁在其著作中对帝国主义战争性质的深刻剖析，揭露了考茨基并不是社会主义者，而是社会沙文主义者。

二、列宁对考茨基"超帝国主义论"的批判与清算

列宁在《帝国主义论》的序言中就写出了其写作的目的，"我希望我这本小册子能有助于理解帝国主义的经济实质这个基本经济问题，不研究这个问题，就根本不会懂得如何去认识现在的战争和现在的政治"[1]。因为考茨基的"超帝

---

[1] 列宁全集：第27卷［M］. 北京：人民出版社，2017：324.

国主义"理论是当时国际共产主义运动中的主要危险，对欧洲许多国家的影响非常大。所以，列宁在吸收和借鉴希法亭和霍布森关于帝国主义理论合理内容的基础上，对于考茨基的"超帝国主义"理论，用了三章来进行全面的清算和批判，在《帝国主义论》中占了相当大的篇幅。事实上，考茨基所推行的隐蔽的社会沙文主义比公开反对马克思主义，更有害于马克思主义事业，考茨基提出的"超帝国主义"理论是"一种最精致的、用科学观点和国际观点精心伪装起来的社会沙文主义理论"①。列宁的理论和考茨基的理论是针锋相对的，列宁对考茨基"超帝国主义"理论的批判与清算主要体现在以下四点。

（一）列宁对考茨基帝国主义定义的认识与批评

学界是比较熟知考茨基关于帝国主义的定义的。考茨基指出，帝国主义是"高度发展的工业资本主义的产物"②。他还说是高度发达国家对农业国家的侵占，工业资本主义国家与农业国家之间的侵占与被侵占、掠夺与被掠夺关系。考茨基在这个定义中说明了工业和农业的比例失调，他还别出心裁地进行了解释说明。列宁对这个定义采取了断然否定的态度，说它是"根本要不得的"，因为它仅仅把帝国主义问题看作一个民族问题，这具有片面性和任意性，虽然这个问题是非常重要的，但是"任意地和错误地把这个问题单单同兼并其他民族的那些国家的工业资本联系起来，又同样任意地和错误地突出了对农业区域的兼并"③。考茨基这种把帝国主义只归结为民族问题，在政治上只是归结为"力图兼并"，帝国主义在政治方面到处滥用暴力、实行全面反动的行为不仅没有进行说明，也没有揭露帝国主义政治方面各种矛盾的总的情况，在经济上只强调工业资本的作用。考茨基的理论是"实际上却等于更巧妙更隐蔽地（因此是更危险地）宣传同帝国主义调和"④。他没有看到在资本主义垄断代替了自由竞争的时候，"帝国主义的特点，恰好不是工业资本而是金融资本"⑤。列宁在《帝国主义和社会主义运动中的分裂》对于考茨基"帝国主义"的定义，给出了客观的评价，他指出："考茨基对帝国主义的这种无异于粉饰帝国主义的'见解'，不仅比希法亭的《金融资本》一书倒退了，而且比社会自由派约·阿·霍布森也倒退了。……却给帝国主义下了一个深刻得多的定义，对帝国主义的矛盾作

---

① 列宁全集：第 27 卷［M］．北京：人民出版社，2017：240．
② 王学东．考茨基文选［M］．北京：人民出版社，2008：296．
③ 列宁全集：第 27 卷［M］．北京：人民出版社，2017：403．
④ 列宁全集：第 27 卷［M］．北京：人民出版社，2017：405
⑤ 列宁全集：第 27 卷［M］．北京：人民出版社，2017：403．

了深刻得多的揭露。"① 列宁认为，霍布森在现代帝国主义的两个"历史的、具体的"特点方面，比较正确地估计到了，而考茨基在这方面恰恰是薄弱的，这个定义"根本要不得"②。列宁在清算考茨基帝国主义定义的同时，也从"垄断组织和金融资本的统治已经确立""资本输出具有突出意义""国际托拉斯开始瓜分世界""一些最大的资本主义国家已把世界全部领土瓜分完毕"③ 这几方面提出自己关于帝国主义发展阶段的定义，并认为具有以上五个方面特征的资本主义就是帝国主义。他还给帝国主义下了一个非常简短的定义，就是"帝国主义是资本主义的垄断阶段"④。

1. 列宁对考茨基帝国主义定义的批评

工业发达国家和地区总是"力图兼并"工业不发达的地区和国家是考茨基在政治方面关于帝国主义的描述，对于这个观点，列宁是赞同的，但他认为考茨基仅仅说明是兼并，还不全面，这种兼并是力图使用暴力手段和实行全面反动的兼并，不仅仅表现为政权和领土的暴力控制和反动统治，还有经济上的兼并。列宁认为，考茨基这个定义抹杀了帝国主义最深刻的矛盾，是同机会主义相调和的产物。对于帝国主义仅仅被考茨基理解为一个经济上的"时期"或阶段的观点，他表示反对，他认为帝国主义是一项被金融资本所青睐的政策。与此同时，考茨基始终觉得并非全部的现代资本主义现象均隶属帝国主义的范围，比如卡特尔、保护关税、殖民制度等。考茨基认为在帝国主义经济基础的条件下，是可以通过改变帝国主义兼并政策来成功避免帝国主义战争的。列宁严厉地批判了考茨基把帝国主义的经济和政治特性割裂开来，认为极大违反马克思主义经济基础决定上层建筑的原理。从工业与农业关系的角度，探讨帝国主义的产生与形成过程是考茨基研究帝国主义的一个崭新视角。"反动"与"侵略"是快速发展的工业帝国主义侵吞落后农业地区所表现的属性。这种"侵略"和"反动"在政治上表现为发达资本主义国家对落后地区、农业国家的殖民扩张和民族压迫。考茨基无视帝国主义时代，金融资本和垄断组织到处都带有统治的趋向特点，却单单把工业资本作为帝国主义的特征，这是不全面的。列宁对考茨基帝国主义的界定抽丝剥茧，在做出进一步的探究之后评判了考茨基无视帝国主义在政治上全面反动的错误。

---

① 列宁全集：第 28 卷［M］. 北京：人民出版社，2017：72.
② 列宁全集：第 27 卷［M］. 北京：人民出版社，2017：403.
③ 列宁全集：第 27 卷［M］. 北京：人民出版社，2017：401.
④ 列宁全集：第 27 卷［M］. 北京：人民出版社，2017：401.

2. 列宁揭露了帝国主义最主要的经济特征是金融资本

列宁认为，考茨基给帝国主义下了一个错误的定义，工业资本不能概括帝国主义的特点，"帝国主义的特点，恰好不是工业资本而是金融资本"①。列宁不但揭示考茨基对帝国主义所下的定义错误之处，而且在概括了帝国主义的五大具体特征之后，从纯粹经济领域的角度给帝国主义做了如下的界定。一是"帝国主义是资本主义的垄断阶段"②；二是"帝国主义是金融资本和垄断组织的时代"③。第一个简要的界定说明金融资本是由银行和工业资本融合而形成，说明金融资本就是少数具备垄断地位的银行资本，即言简意赅指出了帝国主义的垄断性。后一个含义直接表明了金融资本的统治是其核心的经济特点。列宁表示考茨基没能掌握帝国主义垄断的实质与金融资本的统治走向。故其定义是错误的。

3. 列宁对考茨基帝国主义的定义进行了补充

列宁除了对考茨基帝国主义的定义进行批判以外，还指出定义的不足之处，他指出帝国主义的特点，对农业区域的兼并只是他们计划的一部分，他们"甚至还力图兼并工业极发达的区域"④。对于帝国主义的本质特性，考茨基并没有真正认识清楚，他看到的高度发达的工业区域对落后的农业区域的一种扩张、兼并，仅仅是帝国主义兼并政策的一部分。实际上，帝国主义不只是兼并落后的农业区域，帝国主义是要对世界进行瓜分，将魔爪伸向任何一个地方。列宁举例说明了德国对比利时的野心，除此以外，一战的爆发也是最有力的证据。列宁指出帝国主义的突出特点，即通过霸权博弈侵占别国的领土，这样既削弱了对方实力，又强大了自身。在这一点上，英国和德国之间的霸权争夺尤其激烈。众多事实表明考茨基的定义是有失偏颇的。苏联的学者斯·布赖奥维奇（Брайович，С. М. ）在《卡尔·考茨基及其观点的演变》一文中就指出："考茨基的超帝国主义论是错误地认识新时期资本主义的特征、形而上学地使经济脱离政治、意识形态和文化的结果，是他轻视民族问题的结果。今天，现代社会改良主义者企图搬出国际的国家垄断型的'共同市场'作为各国人民接近、各个国家的国际主义联合的证明，所以列宁对考茨基的超帝国主义观点的改良主义实质的批判，仍然具有重要的意义。列宁认为，考茨基关于帝国主义的观

---

① 列宁全集：第 27 卷［M］. 北京：人民出版社，2017：403.
② 列宁全集：第 27 卷［M］. 北京：人民出版社，2017：401.
③ 列宁全集：第 27 卷［M］. 北京：人民出版社，2017：432 – 433.
④ 列宁全集：第 27 卷［M］. 北京：人民出版社，2017：403.

点是他在垄断统治问题上的小资产阶级反对派立场的表现。"①

（二）列宁对考茨基帝国主义产生的偶然性和历史地位观点的批判

列宁在帝国主义产生的偶然性和必然性以及帝国主义的历史地位方面，与考茨基也有分歧。

1. 列宁批判考茨基把帝国主义视为一种政治意图和特殊政策的观点

考茨基认为帝国主义只是资本主义统治者政策的偶然产物。考茨基指出，帝国主义和自由贸易及其他众多政策一样，落后的"农业区域"和"民族"的农产品被掠夺，就是这种政策的产物，它的产生是偶发的，而抵制帝国主义产生的方式就是资本主义逐步加强自己的扩张能力和适应能力。从当时的阶层状况来看，小资本者与小农甚至是众多资产家与知识分子都倾向于不走殖民路子，这些中间阶层加上无产阶级的实力是可以与帝国主义的实力相抗衡的。所以，考茨基认为"帝国主义只是一个实力问题，而不是经济必然性问题"②。考茨基为此给出了四点理由：首先，帝国主义是资本主义国家战略的推动力。其次，超额利润同资本主义不可分割地联系在一起，然而帝国主义仅是获取超额收益的方式之一，并非唯一的方式。因为资本主义生产方式追求超额利润并不必然走向帝国主义。再次，帝国主义政策仅是获取最大收益的方式之一，它对于资本主义统治下的工业生产的继续进行来说，不具必然性。最后，帝国主义的武力政策乃至现在资本主义的各类扩张方式中，也是成本最大与风险最高的，但绝非是最合理的一种，还能采用经济效益更高的其他方式。

列宁对考茨基把帝国主义视为一种政治意图和特殊政策的思想进行了批判，他认为考茨基对帝国主义产生的必然性缺乏认识。这是因为资本主义社会的生产力与生产关系的矛盾运动促使垄断资本主义的产生。列宁在分析完帝国主义的基本经济特征后，总结性地阐明了垄断是帝国主义本质的特点。所以，帝国主义的出现具有历史必然性，并不符合考茨基所说的只是资本主义统治者政策的偶然产物。

2. 列宁对考茨基"超帝国主义"阶段论粉饰和赞美的批判

当帝国主义阻碍资本主义发展时，考茨基认为资本主义还不一定就发展到了无路可走的困顿境地。他认为这是资本主义发展经历的一个新阶段，也就是

---

① 布赖奥维奇．卡尔·考茨基及其观点的演变［M］．李兴汉，等译．上海：东方出版社，1986：206.

② 中央编译局资料室．考茨基言论［M］．北京：生活·读书·新知三联书店，1966：202.

"把卡特尔政策应用到对外政策上的超帝国主义的阶段"①。"超帝国主义"被考茨基当成是资本主义发展可能会经过的一个阶段，考茨基对帝国主义是资本主义的最后阶段是极不认同的，他对帝国主义同垄断及金融资本的联系尽量粉饰和赞美，鼓吹在资本主义内部可以通过改变帝国主义的政策，实现"超帝国主义"。列宁认为，考茨基正是在帝国主义问题上全面地离开了马克思主义，背叛了无产阶级的革命事业，离开了革命与实践，而成了维护资本主义改良的整套思想体系的机会主义者。列宁通过对资本主义大量的考察和调研，对资本主义发展的新阶段和特征进行了探讨，他认为帝国主义处于金融资本时代，在这个时代，虽然工业资本和银行资本联合起来，帝国主义之间通过垄断联合起来，但是只能在一定程度上延长经济危机的周期或者减轻经济危机，却对资本主义固有的矛盾无能为力，反而进一步激化了资本主义社会固有矛盾。资本主义表面上风平浪静的背后是一系列矛盾凸显，既有资本主义国家与殖民地劳动者之间的矛盾，又有宗主国与殖民地之间统治与被统治的矛盾，还有帝国主义列强之间的矛盾，这些矛盾的激化、加深对各类社会与政治问题带来消极影响。当矛盾激化到一定程度必然引起帝国主义的终结。因而，考茨基的"超帝国主义"阶段论是没有充分的理论根据的，他的理论被列宁毫不留情地粉碎了。

（三）列宁对考茨基"超帝国主义论"实质及特征的批判

1. 列宁揭露了考茨基"超帝国主义论"的实质

列宁在《第二国际的破产》明确指出考茨基的"超帝国主义"理论是"一种最精致的、用科学观点和国际观点精心伪装起来的社会沙文主义"②。社会沙文主义在战争中表面上秉持"保卫祖国"的思想，倡导在战时放弃阶级斗争，投票赞成军事拨款等，实际上是维护大国掠夺殖民地和压迫其他民族的"权利"。社会沙文主义推行一种反对无产阶级的资产阶级政策，他们背弃了一切社会主义信念和巴塞尔国际社会党代表大会的决议。而考茨基在理论上为社会沙文主义辩护，在实践上同经济上根本反动的小资产阶级改良主义反对派同流合污。考茨基曾对正在发生的一战做出两种结局预判：其能够让金融资本家之间的仇怨到达极致，让各国的军备竞赛的意愿更加强烈，让新一轮的二战无法规避，进而全部摧毁超帝国主义的嫩芽，但战争也可能使超帝国主义的嫩芽逐渐成长起来。而考茨基是如何运用"超帝国主义论"为社会沙文主义辩护的呢？考茨基在《帝国主义与国家联盟》中充当"中派"角色，调节右派与左派，其

① 王学东. 考茨基文选［M］. 北京：人民出版社，2008：310.
② 列宁全集：第26卷［M］. 北京：人民出版社，2017：240.

目的是庇护右派，为机会主义者辩解。毋庸置疑，"超帝国主义"是一种社会沙文主义理论。社会沙文主义其实质就是机会主义。

2. 列宁对"超帝国主义论"特征的揭示与批判

首先，列宁揭示与批判了"超帝国主义论"的欺骗性。

考茨基1914年在《帝国主义》一文中最先提出"超帝国主义"，而后于1915年在《民族国家、帝国主义国家和国家联盟》一书中对"超帝国主义"进行了系统阐发，并在《新时代》杂志第五期中说明"超帝国主义论"的可设想性，考茨基指出："现在的帝国主义的政策会不会被一种新的超帝国主义的政策所取代，这种新的超帝国主义的政策，将以实行国际联合的金融资本共同剥削世界来代替各国金融资本的相互斗争。不管怎样，资本主义的这样一个新阶段是可以设想的。"从考茨基的话语中，我们可知，他把"超帝国主义"看作是帝国主义发展可能要经历的新的发展阶段，是解决帝国主义各种矛盾的途径，即使用一种新的剥削方式取代旧的剥削方式，而没有看到帝国主义国家及其之间真正的矛盾和各种斗争的根源，歪曲帝国主义的反动本质，因此他的设想本身就具有虚伪色彩的欺骗性。考茨基由于不了解帝国主义的实质，纯粹从经济角度出发，认为帝国主义是工业资本主义高度发展的产物，是资本主义进行扩张的一种政策，并认为帝国主义只是一种政策，完全可以被资本主义的另一种政策所代替。那么，帝国主义的前景如何？

列宁认为，在当时的社会大背景下，第一次世界大战所暴露出的种种矛盾以及所显露出的资本主义危机和弊端，为无产阶级的革命斗争创造了有利条件。但是在考茨基的诱导下，民众把目光放在一些未来的"虚假前途"上面，忽视尖锐的社会矛盾，同时社会党中的一些人也没有采取革命的方式去反对资产阶级，而是选择通过和平改良的方式过渡到社会主义，这完全是机会主义的骗局。考茨基却认为这种联合似乎能够消除战争、政治动荡以及经济危机等。

列宁在1915年《第二国际的破产》中，说明了考茨基在《新时代》杂志中所提出的"超帝国主义论"的可设想性。列宁认为，考茨基到底怀揣何种意图暂且不管，他的这种设想是一种最伪善的欺骗，他是替资产阶级辩护，是社会沙文主义。考茨基利用民众渴望和平的心理，有诱导、欺骗民众的嫌疑，他的这种"超帝国主义"理论对当代较为尖锐的社会问题置之不理，反而去构建虚无缥缈的"超帝国主义"前途。列宁认为"已经到来的帝国主义时代"是不可阻挡的历史潮流，这并不能通过考茨基宣扬"超帝国主义论"缓和帝国主义之间的矛盾。虽然，当时世界发展的形式是资本主义国家为了避免危机，正试图建立一个世界托拉斯，这个托拉斯能囊括所有的国家和地区以及企业，但这种发展是在经济的、政治的、民族等的矛盾、冲突和动荡之下进行的，在资本主义国家还在为建立一个统一的托拉斯努力的时候，帝国主义就崩溃了。这就是为什么考茨基虽然一再宣称他的"和平的"超帝国主义的阶段理论，列宁却对此嗤之以鼻，反而说他的学说是"愚蠢可笑的胡说"①，并把它斥之为"超等废话"② 的原因。对于"一战"这场帝国主义战争，考茨基支持社会党人在这次战争中同"本"国资产阶级和政府的联合，拒绝宣传和支持无产阶级反对"本"国资产阶级的革命行动，列宁把他的这种行为说成是典型的社会沙文主义行为，是"是熟透了的机会主义"③。英、法、美等帝国主义的金融资本如果联合成若干个互相联盟来对殖民地人民进行剥削压榨，那么被压迫的殖民地将不堪重负。20 世纪的八国联军侵华就是这种性质的联盟。可是在资本主义条件下，这些联盟只是暂时的联盟，这种联盟也无法消去各类矛盾与战争。列宁用铁一般的事实揭示了考茨基"超帝国主义论"的欺骗性和危害性。

其次，列宁揭示与批判了"超帝国主义论"的非革命性。

列宁和考茨基在能否用改良主义的方法转变帝国主义的根基问题上是有分歧的，列宁主张通过革命的方法去推进帝国主义所生成的各种矛盾的恶化，而考茨基主张通过和平改良的方式缓和这一冲突。具体表现在：

第一，列宁批判考茨基对待帝国主义政治倾向上的改良主义。帝国主义在政治上是全面的、反动的和残酷的民族压迫。可是考茨基却用一种改良主义的"和平"方式试图掩盖帝国主义的残暴统治和产生的根源。考茨基除了表达一些"天真的愿望"之外，根本没有揭示出帝国主义的反动性。列宁指出，考茨基以及考茨基主义背离马克思主义的地方，就在于"考茨基不仅没有设法、没有能够使自己同这个经济上根本反动的小资产阶级改良主义反对派对立起来，反而在实践上和它同流合污"④。列宁揭露出考茨基等改良主义者的批评始终是一种"天真的愿望"，1898 年的美西战争在美国引起"反帝国主义者"的反对和美国以违背宪法和失信于人的方式兼并菲律宾的事件就能说明这个问题。列宁认为考茨基并非是想进一步揭示与阐释帝国主义矛盾的本质，而是试图使用改良主义的设想，掩盖帝国主义内在的矛盾。

第二，列宁对考茨基倡导自由竞争的经济政策的批判。考茨基认为，不需

---

① 列宁全集：第 27 卷［M］．北京：人民出版社，2017：408．
② 列宁全集：第 27 卷［M］．北京：人民出版社，2017：406．
③ 列宁全集：第 26 卷［M］．北京：人民出版社，2017：261．
④ 列宁全集：第 27 卷［M］．北京：人民出版社，2017：422．

使用暴力抢占埃及而依托单一的经济要素就可以让英国与埃及的贸易快速增长，考茨基所说的经济因素就是恢复和平的、民主的自由贸易。按照考茨基的观点，自由竞争更能促进资本主义和贸易的快速发展。列宁对此观点从如下几大层面做出批判：其一，在资本主义迈入垄断阶段的情形下，倡导放弃垄断，重回自由竞争，这种主观臆断在客观层面是"开倒车"。其二，在资本主义世界体系形成后，每个国家与其他国家的贸易都要受到其他垄断组织的影响。埃及与英国贸易速度的减慢并非是因为殖民政策，而是新兴的帝国主义国家德国与英国殖民地区的贸易相比于英国发展得更加快速，这种状况仅能表明德国帝国主义相比于英国帝国主义组织更强、实力更强，而无法证实自由贸易的优势所在。其三，考茨基的研究方法不科学。他仅仅比较了英国与印度之间的贸易，数据片面，没有说服力。列宁列举资产阶级经济学家阿·兰斯堡的例子来阐明这个问题。阿·兰斯堡与考茨基均对帝国主义给予小市井方式的批判，但是前者对贸易统计数据做出了全面、科学的整理。结果表明，对金融上独立国家的输出比对金融上没有独立国家的输出增长要慢。而考茨基单纯地将殖民地与非殖民地进行对比，将这个帝国主义同那个帝国主义对比，用半殖民地或殖民地与其他所有国家进行对比，列宁对考茨基对比、统计方法的不合理进行了批评，认为他掩盖了问题的真实情况。

再次，列宁揭示与批判"超帝国主义论"阶级立场的错位。

列宁说社会沙文主义者和机会主义者的经济基础是人数很少的特权工人阶层和小资产阶级的利益。而"超帝国主义论"作为一种社会沙文主义，其思想政治内容就是用阶级合作取代阶级斗争，秉持"保卫祖国"的思想帮助"自己的"政府摆脱困境，而不是利用它的困难推进革命的发展和维护无产阶级的利益。改良主义，在现实层面却成了资产阶级剥削和压迫工人的武器。各国经验证明，工人相信改良主义者，但结局却总是上当受骗。列宁批判考茨基的投机心态，正是这种利用改良主义和和平主义的投机心理导致他最终背离无产阶级和革命斗争。考茨基站在机会主义立场上拥护资产阶级，"实际上……就是同资产阶级结成联盟来压迫其他民族和争夺大国特权，就是分裂所有国家的革命无产阶级"①。列宁说考茨基在 1912 年的《巴塞尔宣言》上赞成借助即将到来的战争进行革命，而后他却想方设法为社会沙文主义掩护和修饰，他与资产阶级同流合污的行径就是一种叛徒行径，其阶级立场出现严重错位。

最后，列宁揭示与批判了"超帝国主义论"唯心史观的错误。

---

① 列宁选集：第 2 卷［M］．北京：人民出版社，2012：522.

一是，考茨基"超帝国主义论"的提出脱离了现存的物质经济基础，在抽象的理论上是可以设想的，但在实践上却不可行。列宁批判考茨基把经济和政治割开的思想，揭示出考茨基背离了马克思主义唯物史观中"经济基础决定上层建筑"的原理。二是，考茨基对帝国主义战争的认识及对待无产阶级的策略上出现了唯心史观的失误。正是因为考茨基没有真正认清帝国主义战争的本质和产生的根源，导致了他在帝国主义战争战略上迈向改良主义的路子。第一次世界大战期间，考茨基作为第二国际的理论家和德国社会民主党领袖与资产阶级同流合污，为社会沙文主义者辩护，宣传他的改良之路。列宁批判了考茨基"超帝国主义论"唯心史观贻害无穷。考茨基等人不仅没有把握住有利的革命形势，而且消耗了无产阶级的革命力量，更直接造成第二国际的破产。

（四）列宁批判考茨基之流打着"保卫祖国"的旗号发动战争

考茨基回避帝国主义的尖锐矛盾，他竭力掩盖帝国主义战争的根源，对考茨基如此荒谬的理论与行为，列宁毫不留情地进行了批判，他提出了"现代战争产生于帝国主义"的著名论断。

第一次世界大战的爆发，马克思主义者与机会主义者之间进行过激烈的辩论，辩论的焦点之一便是战争的根源问题。以考茨基为理论"领袖"的机会主义者站在资产阶级的立场上，把帝国主义战争说成是民族的战争，提出了"保卫祖国"的口号，公然支持这样一场帝国主义战争。考茨基也在战争爆发后，违背《巴塞尔宣言》，竭力割裂帝国主义和现代战争的联系，向垄断资产阶级卑躬屈膝，支持资产阶级提出的"保卫祖国"的口号，成了一个彻底的机会主义者。战争的原因究竟是什么？考茨基做出了他的解释，他说战争是军备竞赛的产物。军备竞赛是为了什么呢？考茨基并没有做出合理的解释。"事实上，列宁等人认为，考茨基的'超帝国主义'理论以及他后来反复呼吁的裁军问题同修正主义者在国内政治问题上的争论具有很强的相识性；对考茨基来说，他认为，和具有攻击性的资产阶级结成联盟，那么，在资本主义社会的框架范围内，军备竞赛和战争都是可以避免的。"①

对帝国主义国家来说，重新分割世界、争夺殖民地和世界霸权永远是不会过时的、充满诱惑力的目标，为了这些邪恶的愿望，帝国主义国家投入了巨大的人力、物力，并为此展开了激烈的斗争，最终导致第一次世界大战爆发。对于这次帝国主义战争，当时国际工人运动面临一个重要问题就是弄清楚战争的

---

① GEARY D. KARL KAUTSKY ［M］. Manchester：Manchester University Press，1987：56.

性质，这样才能在如何对待帝国主义、对待战争和革命中保持正确的立场。在这个关键的历史时期，考茨基适应资产阶级的需要，编造了一整套"理论"，歪曲时代的性质而为帝国主义辩护，以此达到无产阶级革命被否定和取消，无产阶级专政仅仅是一种空想的目的，从而为挽救资本主义必然灭亡的历史命运做最后的努力。而列宁对于第一次世界大战的性质，也适时地在《帝国主义论》的法文版和德文版序言中提出了他的观点，说明了1914—1918年的战争，对交战国双方来说，都是"帝国主义的（即侵略的、掠夺的、强盗的）战争，都是为了瓜分世界，为了瓜分和重新瓜分殖民地、金融资本的'势力范围'等等而进行的战争"①。关于战争的性质问题，是一个原则性的问题，关于对待这个原则性问题的态度暴露了考茨基是一个资产阶级的御用文人，是一个机会主义者。在应该进行革命，反对帝国主义战争的时候，他害怕革命、不愿意革命、拒绝革命，对帝国主义的矛盾采取了回避和掩饰的态度；对帝国主义国家之间的尖锐矛盾，他不想使之激化，而是试图通过劝解和说服帝国主义之间通过超级卡特尔的联合组成"超帝国主义"的方法来化解矛盾。总的说来，他千方百计地通过和平、改良的"天真愿望"来试图掩饰和化解帝国主义矛盾，来转嫁革命危机，在本来应该革命的时机故意错失革命的时机，让人们转移注意力，把注意力放在"超帝国主义"这种和平幻想的虚假前途上，而不去关注帝国主义的各种矛盾。这些和平幻想实际上是一些虚假的幻想，就像卢森堡批判伯恩施坦改良思想所说的，"所有想改良世界的人……历史上所有的堂吉诃德们都骑着它干过伟大的改革世界的事业，最后总是除了被打肿了的眼睛以外，什么也没有带回来"②。考茨基就是那位想骑着一匹瘦弱的洛西南特（指马）的人，他的改良思想是"背离了马克思主义……是开倒车"，"是一种改良主义的骗局"③。

三、列宁对"超帝国主义论"批判的理论价值与实践价值

（一）理论价值

第一，创立了经典的马克思主义帝国主义论。

从古至今，不同国家，不同领域，任何有创造性的思想和理论一定是在与他人的思想交流碰撞中诞生的。这种碰撞有可能是赞成的继承，有可能是彻底

---

① 列宁全集：第27卷［M］. 北京：人民出版社，2017：325－326.

② 中共中央马克思恩格斯列宁斯大林著作编译局国际共运史研究室. 卢森堡文选：上卷［M］. 北京：人民出版社，1984：123。

③ 列宁全集：第27卷［M］. 北京：人民出版社，2017：425.

的批判，更有可能是采取一种辩证否定的态度，吸取精粹，为之所用，剔除糟粕，适当舍弃。换言之，创作者一定是在借鉴一些人的思想抑或反驳一些人的观点中形成自己独特的理论成果。列宁在继承了马克思关于资本主义发展趋势的基本成果和研究方法后，又辩证地吸收了霍布森和希法亭的帝国主义的研究成果以及全面而系统地批判了考茨基不切实际的"超帝国主义论"之后，勇敢地揭露出机会主义分子考茨基的真正意图和伪善言辞，从而创立了伟大的马克思主义帝国主义论。

列宁在《帝国主义论》的第二版序言的第四节指出，他创作这本小册子的主要目的之一，就是批判考茨基及其机会主义言论这一国际思潮。列宁在该书的第七章和第九章中系统地批判了考茨基关于帝国主义的相关观点，尤其是对其"超帝国主义论"进行了彻底否定。考茨基最根本最致命的错误就是阶级立场的错误，在资本主义的政治经济发展不平衡规律的催化下，第一次世界大战在资本主义社会各种矛盾难以调和、全面激化的形势下触发了。代表不同阶级的理论家们对帝国主义战争的根源和性质各抒己见，考茨基为了维护资产阶级的利益，他掩盖帝国主义矛盾，试图美化资本主义。他的言行是对伯恩施坦主义的推波助澜，不仅消磨了无产阶级革命的斗志与信心，也严重损害了无产阶级的利益，给国际工人运动和无产阶级革命斗争带来非常严重的后果。在此紧要关头，急需同时代的马克思主义者开始新的理论探索。作为无产阶级革命领袖，列宁勇担重任，坚持辩证唯物主义和历史唯物主义的方法对帝国主义的相关问题、一战产生的根源及实质做了科学分析，对考茨基有关帝国主义的错误观点进行批判，说明了考茨基等人给工人运动带来的消极影响，在批判考茨基错误思想的基础上，列宁的帝国主义论应运而生。列宁的帝国主义论给了无产阶级及其政党在理论上和实践上的正确的指引，弥补了机会主义理论在战争时期对世界社会主义活动带来的危害。

第二，继承并发展了马克思、恩格斯"两个必然"的思想。

马克思在其著作里曾断言"无论哪一个社会形态，在它所能容纳的全部生产力发挥出来以前，是决不会灭亡的；而新的更高的生产关系，在它存在的物质条件在旧社会的胎胞里成熟以前，是决不会出现的"①。虽然资本主义社会通过资产阶级及政府人为的调节能延缓资本主义的最终衰亡，但马克思、恩格斯在《共产党宣言》中的预言终将会实现。考茨基和列宁在帝国主义的历史地位和前途命运方面的分析，存在明显的分歧。考茨基认为帝国主义可能会经历一

---

① 马克思恩格斯文集：第2卷［M］．北京：人民出版社，2009：592．

个"和平安定"的超帝国主义阶段，即垄断资产阶级抛弃代价太高、两败俱伤的战争方式去获取超额利润，把经济上组织卡特尔的政策运用到对外政策上去，列宁不赞成这一说法，其继承和发展了马克思和恩格斯"两个必然"的理论，他指出，帝国主义是资本主义的最后阶段以及帝国主义是社会主义革命的前夜。列宁的这一观点表明帝国主义是资本主义的最后阶段，帝国主义之后将迎来的是一个全新的天地——社会主义。资本主义从诞生的那刻起就埋下了死亡的种子——资本主义社会的基本矛盾、资本主义必然灭亡和社会主义必然胜利的预言就成了事实。

第三，捍卫了马克思主义唯物史观的正统性与科学性。

考茨基关于帝国主义的认识以及"超帝国主义论"的构想脱离了当时历史条件下的物质经济基础，是一种脱离实际的抽象理论，也就是说在具体实践上是行不通的。考茨基忽视了帝国主义的经济本质——垄断。帝国主义正是由于经济上垄断的特性，使得它对内实行法西斯专政，对外实行一系列侵略和扩张的兼并政策，在政治上走向了全面反动。考茨基背弃了马克思主义唯物史观，坚持的是唯心主义历史观，因而错误地认为在帝国主义经济基础的条件下，是可以通过改变帝国主义兼并政策来成功避免帝国主义战争的。他这种把经济基础和上层建筑剥离开的观点显然是站不住脚的。作为坚定的马克思主义者，列宁誓死捍卫马克思主义唯物史观的正统性和科学性。首先，列宁继承了马克思的唯物主义历史观来分析帝国主义问题，在概括了帝国主义的五大具体特征之后，进而抽象出了帝国主义的经济实质，创立了经典的帝国主义论；其次，列宁站在唯物史观的立场上，揭露了考茨基背离马克思主义的叛徒行径，批判了考茨基把经济和政治割开的设想违背了马克思主义经济基础对上层建筑发挥决定性作用的原理。列宁运用实践与理论相结合的方式捍卫了马克思主义唯物史观的正统性与科学性。

（二）现实价值

考茨基出于维护本国政府和资产阶级利益的目的，为无产阶级勾画了一个"美好的"的"超帝国主义"蓝图。事实上，考茨基的"超帝国主义论"掩盖和隐藏了帝国主义最深刻的矛盾，美化了帝国主义以及帝国主义战争。列宁在批判考茨基的同时揭露了帝国主义侵略扩张、唯利是图的特性。在和平发展的时代背景下，目前世界保持总体上的和平，资本主义表现出稳定的发展趋势，然而，帝国主义的本性依旧没有改变，帝国主义使出浑身解数掠夺财富。面对帝国主义的新手段、新花招，我们绝不能掉以轻心。20 世纪初列宁对考茨基

"超帝国主义"的批判有着至关重要的现实价值。

首先，这有助于我们辨识和看清全球化背景下帝国主义的新形式及本质。

在20世纪初的帝国主义时代，资本主义列强以掠夺自然经济、发展商品经济、分离农民经济的方式征服非资本主义环境，并凭借保护关税、国际借贷、军国主义等手段征服非资本主义市场，资本主义国家依靠武力逼迫落后的农业国家打开国内市场，接受资本主义的"洗礼"。近代中国民族资本主义的发展史深刻地反映了垄断资本主义对中国经济的入侵和对中国商品市场的侵占。

在当前资本全球化的步伐飞速加快的背景下，资本主义生产方式作为一种占统治地位的生产方式已是一个不争的事实，资本主义正以新的形式在世界历史上扮演着主角。我们发现财富高度集中、两极分化遍布全球、金融风险颇具世界颠覆性、资本的力量的愈发强大。这些现象与19世纪末20世纪初那个时代相比，这种全球化不再只是局限于经济上的必然性，而是日益成为融经济、政治与文化多方位为一体的全球化。二战后，许多具有垄断性的跨国公司遍布世界各地，跨国公司的快速兴起与扩展、资本主义列强在别国建立军事基地，世界普遍出现的争夺利益的战争，发达资本主义国家掌握着国际规则的制定权等，诸多迹象无不让人觉察到全球化是帝国主义演变的最新形式。

从列宁对帝国主义本质和特征的分析，不难发现帝国主义与金融寡头、强权政治、霸权主义和殖民主义密不可分，尽管二战结束后世界没有发生世界性的战争，但从利比亚战争、伊拉克战争、叙利亚战争等帝国主义发起的一连串侵占别国领土、干预别国内政的战争来分析，帝国主义的实质并没有转变。近代帝国主义列强的侵华战争令国民遭受巨大的灾难，那些惨痛的经历时刻警醒我们提防帝国主义的"新花招"，抓住一切发展机遇迅速崛起，强势屹立于世界民族之林，绝不能重蹈覆辙。

其次，有助于我们警惕和防范帝国主义国家"和平演变"的把戏。

除了"明目张胆"的侵略扩张外，帝国主义国家采取"温柔的"的"和平演变"的方式对古巴、朝鲜、越南等社会主义国家的意识形态领域展开悄无声息的文化植入和价值观渗透。这一恶劣行径与历史上考茨基采取和平的和改良的方式进行无产阶级斗争、维护帝国主义并设想出"超帝国主义"的美好前途如出一辙。列宁在《第二国际的破产》一文中提到当海德门（Henry Mayers）在一战前夕转到维护帝国主义的阵营时，所有的社会党人都用轻蔑的语气来议论他，强烈地谴责他是叛徒，是疯子。但是第一次世界大战爆发以后，各个国家最知名的社会民主党领袖全都偏向于海德门，并加入他的阵营。列宁认为考茨基和海德门之间只存在着色彩和秉性的差异，然而一些像《我们的言论报》

的作家们用轻蔑的笔调描述海德门，却用恭敬近乎诌媚的态度谈论考茨基。这一现象说明了什么呢？假如说海德门的社会沙文主义是有毒的和虚假的，那么，"难道不应该把批评和攻击的矛头指向这种观点的更有影响、更加危险的辩护人考茨基吗？"① 事实上，考茨基的"超帝国主义论"更隐蔽、更危险，更让无产阶级及其政党防不胜防。考茨基的"超帝国主义论"宣扬一种和平的、不流血的、貌似有"美好结果"的改良主义路径。然而列宁对其本质的揭露和现实的情势告诫我们不仅要防范金融帝国主义和军事帝国主义的显性侵略，也要警惕西方帝国主义国家的文化帝国主义的"隐形侵略"。因为这是一种侵蚀民族血液的更可怕的侵略形式。

再次，有助于我们规避和防范全球化体系下金融危机发生的可能性。

马克思通过对商品的考察，揭示了资本主义剥削的秘密，揭示了资产阶级大肆追寻剩余价值的本质，揭露了资本主义内部固有的矛盾，也进一步表明了资本主义经济危机的无法规避性。列宁在批判考茨基关于帝国主义的实质是新型工业资本的观点时，阐述了帝国主义最主要的经济特征是金融资本的统治。在当前资本主义发展时代，金融帝国主义是一种新型帝国主义。

资本主义有积极的一方面，但是更关键的是存在难以解决的矛盾。其难以解决的矛盾将令资本主义最终走向灭亡。2008 年爆发的全球金融危机就是资本主义的基本矛盾激化的必然结果。这场金融危机彻底暴露了金融帝国主义国家侵略的本性。这场危机对中国造成了巨大的危害。一则，利用"资本自由化"的规则，直接掠夺中国财富；二则，利用其在政治、经济和军事上的绝对优势逼迫人民币升值；三则，利用"货币宽松量化政策"转嫁金融危机，金融帝国主义者们滥印美钞入侵中国，使得中国大量货币沦为泡沫。

列宁在其关于帝国主义研究的著作里阐述了帝国主义金融资本的趋利性、掠夺性。20 世纪初，帝国主义列强对中国实行经济掠取与政治压迫的帝国主义政策是最有力的证据。列宁对帝国主义本质的揭示以及对"超帝国主义论"的批判有助于我们认识当前金融帝国主义以及规避和防范全球化下的金融危机。当今金融帝国主义的本性仍未改变。面对严峻的金融形势，中国要沉着冷静，不能陷入帝国主义的阵局里不知所措，要想出应对之策，走中国独立的金融之路，规避和防范全球化体系下金融危机发生的可能性。第一，要改变美国占主导地位的金融格局，建立平等而公正的全球金融新秩序，只有当游戏的规则是公平的时候，才是一场真正意义上的实力较量。第二，为了防范帝国主义吃人

---

① 列宁选集：第 2 卷 [M] . 北京：人民出版社，2012：456.

的本性，必须"坚持独立自主的金融政策，切实站在保护国有资产的立场上，加强对金融领域的监管，从根本上保证我国金融市场的稳定发展"①。

最后，有助于我们增强社会主义道路的自信心。

考茨基认为资本主义有可能会出现一个新阶段——超帝国主义阶段。列宁在对资本主义社会进行考察和参阅了大量材料的基础上，彻底推翻了考茨基的"未来设想"，创作了《帝国主义论》，指导了俄国十月革命的胜利，列宁用实践证明了帝国主义论的科学合理性。马克思的唯物主义历史观揭示了人类社会的运行规律，揭开了社会历史进程的伟大秘密。列宁始终坚持马克思的唯物史观，创造性地提出了"帝国主义是资本主义发展的最高阶段"。马克思、恩格斯和列宁为我们科学地论证出资本主义的崩溃命运和社会主义的美好前景，有助于我们矢志不渝地走中国特色社会主义道路，在资本主义的腐朽趋势里拥抱社会主义，在资本主义的垂死挣扎中始终相信伟大的社会主义。全面把握列宁对考茨基"超帝国主义"的批判以及列宁关于资本主义发展趋势的理论对于我们增强社会主义道路自信具有非同寻常的现实价值。

---

① 田文峰. 列宁帝国主义理论及其当代价值研究［M］. 北京：中国社会科学出版社，2013：153.

第五章

列宁对资本主义发展错误思潮的批判及崩溃论的新发展

唯物史观和剩余价值理论是马克思的两个伟大发现，其中唯物史观揭示了人类社会的发展规律，破解了人类社会历史发展的秘密，说明了推动人类社会发展的根本动力，论证了物质生产方式在社会历史发展中的决定力量。列宁就是沿用了马克思这一科学史观来分析资本主义问题的。

列宁关于资本主义发展趋势的论述大致由三部分组成：一是列宁早期对国内关于资本主义发展错误思潮的批判；二是中期《帝国主义论》中对考茨基"超帝国主义论"的批判及关于资本主义发展趋势的论述；三是他的新经济政策理论中关于资本主义发展的探索。列宁早期关于资本主义发展的论述主要体现在1895—1899年写作的《俄国资本主义的发展》这部巨著中。在这部巨著中，列宁批判了俄国民粹派否认社会分工的"挤进说""人为说"，论证俄国资本主义发展的必然性。这也是列宁早期关于资本主义思想的贡献。随着资本主义由自由竞争发展到垄断，列宁于1917年出版了《帝国主义是资本主义的最高阶段》（以下简称《帝国主义论》），这部著作体现了列宁中期的思想，他对资本主义的新情况、新问题进行了分析，说明了帝国主义的五大基本特征。马克思根据唯物史观的原则把人类社会的发展划分为五个不同的社会形态，并且每一社会形态在形成发展的过程中又可划为几个不同的发展阶段。列宁坚持并沿用了马克思的唯物史观，把帝国主义视为资本主义发展的一个阶段来考察，因而他对帝国主义研究所用的哲学方法和基本原则是科学的。当代资本主义在全球化浪潮的推动下，垄断组织的数量增多、规模扩大、功能提升，对全球经济的支配能力愈发强大，垄断程度进一步增强。无论是跨国公司的迅速之崛起还是全球金融危机的威力之迅猛，大量的事实摆在眼前，垄断仍然是当代资本主义的核心特征。在人类文明演进的历史视野下，当代资本主义的发展阶段只是行走在实现马克思设想的人类共同体理想过程中的一个必经阶段。因此，列宁关于"帝国主义是资本主义的垄断阶段"的论断依然具有理论价值。

第一节 列宁对俄国民粹派关于资本主义
发展错误思潮的批判

一、列宁对俄国民粹派资本主义发展错误思潮批判的历史背景

任何理论的产生都是在一定的时代条件和历史背景下产生的。在俄国资本主义发展早期，存在着关于资本主义发展的一些错误思潮，列宁立足于时代发展的要求，必须扫除资本主义发展道路上的思想障碍。

（一）俄国资本主义发展与关于资本主义发展的争论

列宁指出："在分析任何一个社会问题时，马克思主义理论的绝对要求，就是要把问题提到一定的历史范围之内。"① 俄国资本主义的诞生与发展相对于西欧来说是落后与缓慢的，资本主义在西欧已经发展得相对完备，并形成比较成熟的社会形态，俄国的资本主义才有相对缓慢的发展。

1. 俄国古老村社制度体系的崩溃和俄国资本主义的缓慢发展

俄国村社制度的存在已有上千年的历史，自人类有文明以来，占人口绝大多数的农民就世世代代生活在农村公社中。19 世纪中叶，在村社制度发展到顶峰之时，沙皇俄国的政治统治也正逐步走向摇摇欲坠的境地。一方面，国外战场的失利动摇着统治的稳定性。另一方面，封建农奴制的闭塞发展严重侵蚀着统治根基。为了解决内忧外患，1861 年农奴制应运而生。在改革中，农奴获得了法律上的自由人格，可由赎买获得份地；西方大型机械和先进的种植方式被引进俄国农业生产中，村社生产的积极性和生产力得到大幅提升。与此同时，一部分农民在改革中因经营成功，一跃成为地主和富农，雇佣与被雇佣、剥削与被剥削充斥在农民内部阶层的分化中。1861 年农奴制改革既刺激了俄国商品经济的发展，也让矛盾重重的俄国农村村社制度体系逐步瓦解崩溃。

俄国工业化的快速发展得益于农奴制改革带来的劳动力解放、市场扩大以及必要的资金和稳定的社会环境。伴随工业化进程的不断推进，资本主义生产方式逐渐在俄国各类生产活动包括工农业生产中占据一定的地位。列宁在其著作《俄国资本主义的发展》中认为，农民的分化和小生产者的破产为俄国资本

---

① 列宁选集：第 2 卷［M］. 北京：人民出版社，2012：375.

主义的发展提供了大量雇佣劳动力，而新的工业部门的不断增加也促使社会分工逐渐形成，加之资本家购买大量机器投入到工业生产中，俄国资本主义经济已初具规模。同时，在俄国商品经济的冲击下，资本主义的浪潮影响着传统村社中的生产资料占有方式和人员结构。一方面，村社土地占有的方式发生变化，从集体占有变为私人占有；另一方面，村社农民中的阶层也出现分化，大量破产农民变成雇佣工人，少部分农民成为富农、地主等农村资产阶级。土地占有方式的变化和阶层的分化也预示着俄国传统的村社制度将土崩瓦解。

2. 非马克思主义思潮泛滥

19 世纪中期，俄国民粹派在俄国出现，它是一个小资产阶级社会流派，发展到 19 世纪 80 年代，民粹派成为马克思主义在俄国传播所遇到的第一个思想障碍。随后出现的"合法马克思主义"以及伯恩施坦修正主义是对俄国社会发展影响比较大的思潮。这些思潮就俄国社会的前途和俄国资本主义的历史命运展开了激烈的争论。正统的马克思主义辩证地看待资本主义，他们认为俄国资本主义的充分发展是俄国迈进社会主义的前提和基础，但也要正视资本主义的剥削和压迫，坚信资本主义终将被社会主义所取代。非马克思主义者就这些问题得出了与马克思主义者截然不同的观点，其中以俄国民粹主义和"合法马克思主义"的论述为典型代表。

俄国的民粹主义，对马克思主义采取了断章取义的实用主义的态度，一味夸大资本主义的罪恶性，忽视资本主义的历史进步性，他们以俄国农村村社这一特殊道路为本，认为资本主义对俄国是没有意义的，妄想绕过资本主义发展直接进入社会主义。

与俄国民粹主义的主张不同，"合法马克思主义"打着马克思主义的旗号，极力鼓吹"资本主义完美论"。他们认为俄国资本主义发展具有必然性和取代封建主义的进步性，他们总是试图粉饰资本主义，否认资本主义制度内部存在的矛盾和最终走向灭亡的历史命运。

19 世纪 90 年代中期，俄国社会民主党内还出现了受伯恩施坦主义影响的一种错误思潮——经济派。经济派迷恋工人运动的自发性，满足于分散状态，醉心于经济斗争，无视无产阶级的政治任务。工人运动的自发性助长了经济主义，经济主义思潮的发展又加剧了党内的混乱和涣散，经济派已经成为俄国社会主义发展的严重障碍。列宁在与民粹派和"合法马克思主义"论战的同时，也特别揭露和批判了与伯恩施坦修正主义沆瀣一气的经济派。

3. 俄国民主革命运动不断高涨

俄国的民主革命运动经历了从追求农奴劳动解放到工人阶级解放斗争的发

展转变，在这个转变过程中，俄国民主革命运动不断高涨，程度不断加深。

处在转型中的俄国社会与以往动荡的社会一样，交织着各种新旧矛盾，社会各个阶层都对俄国现实状况表达忧虑和不满。

在农奴制改革中，虽然农奴在人身关系上获得了自由，但沙皇要求农奴用大量的金钱赎买份地，且只有使用权，实际上，农奴的悲惨生活并没有因改革而有所起色。农奴在改革中再一次被沙皇政府和封建贵族所欺骗和剥削，这样不彻底并且充满欺骗意味的法令引起了农民和俄国民主革命分子的极大愤懑，在改革后的几年中，农民运动和骚乱很快席卷实施农奴制法令的俄国各省。农民试图通过运动斗争来反对地主和农奴制度，推翻压在农民身上的封建贵族专制制度。在这场改革中，以民粹派为代表的俄国革命分子一针见血地指出了农奴制法令的欺骗和剥削性质。长久以来，俄国民粹派以推翻沙皇专制统治为己任。以赫尔岑（Alexander Herzen）和车尔尼雪夫斯基为代表的民粹派从 19 世纪四五十年代起就投身俄国民主革命斗争中。他们吸收西方先进国家的革命思想，致力于唤醒俄国人民的自由民主精神，试图将俄国从专制统治的桎梏中解救出来。为此，农奴制改革后，革命民粹派提出"到民间去"的口号，号召革命知识分子到民间去，联合农民开展反对沙皇专制的革命运动。1861 年，革命民粹派首先在彼得堡建立了土地和自由社。随后，这一革命小组在俄国各个大学和城市中遍布。到了 1874 年春天，民粹派的"到民间去"革命运动正式开始。革命知识分子穿上农民的服装，带上宣传画册，对农民进行讲解和宣传，揭露沙皇统治的封建专制实质，试图鼓动农民与革命分子联合起来，共同反对沙皇和地主的剥削和压迫。然而，随着俄国沙皇的残酷镇压，"到民间去"运动最终以失败而告终。土地与自由社也开始出现分裂。以"民意党"为代表的革命刺杀派热衷于进行恐怖活动，其在 1881 年成功刺杀了亚历山大二世。以普列汉诺夫为代表的土地平分社则对恐怖暗杀策略持批判的态度。

尽管民粹派的民主革命斗争没能成功，但其在民主革命斗争的过程中也曾关注过俄国工人阶级的动态。随着马克思主义在俄国的传播，俄国真正意义上的民主革命运动逐渐拉开序幕。从土地平分社分裂出来的普列汉诺夫倒向了马克思主义，并于 1883 年创立劳动解放社。劳动解放社一方面批判民粹派的错误观点，一方面翻译马克思、恩格斯著作，传播马克思主义，尝试为工人斗争提供理论指导。与此同时，俄国彼得堡还出现了第一个马克思主义小组。这些小组集中在社会基层，它们通过加强理论学习宣传和出版工人报纸，在指导工人运动领域进行初步尝试。随着马克思主义小组数量增加和革命斗争形势的需要，俄国第一个工人阶级解放斗争组织即彼得堡工人阶级解放斗争协会诞生了。列宁领导的彼得堡工人阶级解放斗争协会的出现意味着马克思主义从在工人中宣传进而转向指导工人运动，同时也标志着马克思主义与俄国工人运动真正结合起来。协会于1896年5月组织并领导了彼得堡纺织工人大罢工，这一事件在当时具有深远意义，是列宁领导下的马克思主义组织领导工人运动的成功尝试，也为俄国工人运动提供了一定的实践经验。在工人阶级解放斗争协会的基础上，俄国无产阶级成立了俄国第一个马克思主义政党——俄国社会民主工党，其标志着俄国工人运动的正规化和政党化。在马克思主义学说的影响下，俄国工人运动持续高涨，并从自发转向自觉，自身的组织性和战斗性也不断增强。尤其是在俄国社会民主工党成立后，20世纪初的俄国工人运动较之前，不论是在数量还是在组织和战斗成效上，都有长足的发展。正是在俄国工人阶级的推动下，俄国民主革命运动不断蓬勃发展。

（二）国外背景：资本主义从竞争走向垄断的新变化

19世纪末到20世纪初，资本主义发展正经历深刻的变化即从自由竞争走向垄断。在这一变化过程中，生产集中和资本集中起了重要作用。生产集中主要包括生产资料集中和雇佣劳动力集中，而资本集中则意味着大资本吞并小资本或者小资本联合形成大资本。随着资本主义生产力的发展以及资本主义统治秩序的确立，资本家追逐更多剩余价值的诉求愈加强烈，而生产集中和资本集中恰恰是资本家实现这一愿望的途径。在资本主义制度确立初期，资本家通过相互竞争攫取剩余价值，在竞争的过程中，总是大企业战胜小企业并取得一定的生产和资本的优势，而集中发展到一定阶段，少数资本家便通过协议或者联合在一个行业或者部门形成垄断地位，控制商品的生产、销售和价格，以便攫取更多的剩余价值。垄断出现的原因众多，主要包括生产集中和资本集中的发展、大型企业规模对竞争的现实以及竞争带来的损伤，但归根究底的原因仍是资本家对更多剩余价值的追求。19世纪末到20世纪初，资本主义国家出现了很多垄断组织，主要有卡特尔、辛迪加、托拉斯和康采恩。虽然资本主义垄断组织的形式不尽相同，但从本质上看，它们形成的核心目的是通过联合达到独占和瓜分商品生产和销售市场，操纵垄断价格，进而攫取高额的垄断利润。

随着第二次科技革命的开始，尤其是电和内燃机的发明使用，垄断资本主义产生了，它一方面促进资本主义生产力的发展，另一方面也给资本主义世界带来了新的变化和发展。

垄断资本主义促进了国际分工体系的成熟。国际分工体系的发展最初始于第二次科技革命，而电和重化工的应用贯穿于国际分工发展的初期。首先，垄断资本主义的发展为国际分工的成熟奠定了物质基础。从第二次科技革命到第一次世界大战前夕，世界总产值较之前增长了 4 倍，国际贸易额也增长 3.2 倍。其次，电和内燃机的使用也加速了交通和通信产业的革命。伴随着火车、轮船、电报等在全球范围内使用和普及，限制国际分工发展的桎梏在一定程度上得到了缓解，国际分工在更多国家和地区出现并发展壮大。最后，垄断资本将国内的雇佣劳动形式移植到其他地区，逐渐实现资本主义生产的社会化和国际化，从生产层面拓展了国际分工的广度和深度。

　　垄断资本主义还进一步推动了资本主义世界市场的形成。垄断资本主义通过国际贸易、人口、资本流通以及武力威逼等形式逐步建立以资本主义为主导的世界市场。第二次工业革命后，资本主义国家通过频繁的国际贸易打开了国际市场。除了商品在国际间流通外，人口和资本也在这一时期大规模在国际间流动。国际移民给移入国提供了充足的劳动和必要的生产技术，一定程度上有利于世界市场的形成。同时，资本输出（即对外投资）在 19 世纪末 20 世纪初达到空前的规模。资本输出加强了国与国之间的经济联系，加速了世界市场的形成。在垄断资本主义向外扩张的过程中，一些资本主义国家还通过武力逼迫等形式强行撬开别国市场，以此满足其通商、投资和获取利润的目的。19 世纪末 20 世纪初，除了日本以外，亚洲大多数国家沦为资本主义列强的殖民地或半殖民地，非洲大陆也被瓜分完毕，拉美各国的发展又重新受制于列强。欧美资本主义强国通过各种手段将落后国家强行纳入进资本主义经济关系中，以欧美为主导的世界市场最终得以形成。

　　俄国作为落后的封建国家，资本主义也在世界资本主义新形势的影响下不断发展和进步，而这一系列深刻变化也成了列宁与俄国民粹派资本主义观的焦点所在。

二、列宁对民粹派关于俄国资本主义现实发展的批判

　　列宁在 19 世纪 90 年代在移居萨马拉从事革命活动的时候，他写了《农民生活中新的经济变动》，开始对民粹派进行了批判；1893 年列宁到达彼得堡，他继续对民粹派进行批判，先后发表了一系列著作。1894 年的《什么是"人民之友"以及他们如何攻击社会民主党人》、1894—1895 年的《民粹主义的经济内容及其在司徒卢威先生的书中受到的批评》、1897 年的《民粹主义空想计划的典型》和《我们究竟拒绝什么遗产》，还有 1899 年《俄国资本主义的发展》，列宁坚持历史唯物主义的立场，从多个角度对民粹主义进行了批判。

　　1861 年农奴制改革后，俄国社会经济发展的基本状况是农业、加工工业和

采掘工业逐渐变为相互独立的部门。在社会生产力发展和生产方式变化的推动下，这些部门的生产经营充斥着雇佣劳动、商品交换和独立分工，其表现得更具商业化和专业化。可以说，生产力的发展促使社会分工的细化发展。

但是，在分析俄国社会经济发展的客观表现时，特别是在阐释俄国社会分工问题时，列宁与俄国民粹派得出了截然不同的观点。以沃龙佐夫为代表的民粹派认为俄国社会经济发展中的分工不是从社会经济中源发的，而是从外部"挤进去"的，不占据俄国社会经济发展的主要地位。以丹尼尔逊为代表的民粹派则持俄国社会分工"人为说"，在丹尼尔逊的论述中，他指出："这种现象（指社会分工现象）也许意味着生产的粮食是在全国较平均地分配的，阿尔汉格尔斯克的渔夫现在吃到萨马拉的粮食，而萨马拉的农民则有阿尔汉格尔斯克的鱼佐餐。实际上根本没有这回事。"① 这样片面的判断根源在于其看不到俄国经济发展的分工现象，只是从主观臆想出发，人为地设定俄国社会分工的缘由。

为此，列宁批判俄国民粹派理论家们无视俄国社会分工发展的事实，试图非理性地审视和分析俄国社会经济现象。列宁指出，俄国社会分工的出现和发展最为直接的表现是工农业分离、加工业和采掘工业分离，这是俄国最现实的国情。在此基础上形成的社会分工会分化出更多的生产部门，这些生产部门又因商品生产交换而变得日益密切，由此，列宁指出资本主义商品经济的初始发展必然要经历社会分工、部门专业化以及商品生产交换这三阶段。列宁从马克思主义立场和角度分析了俄国资本主义生产的过程，并提出以资本主义发展为基础的社会分工理论，有力地批判了俄国民粹派理论家无视社会分工现实，随意杜撰俄国社会分工学说，揭露其理论的错误和缺失，从思想层面为资本主义在俄国发展扫清了阴霾。

（二）俄国的国内外市场问题

资本主义经济的发展离不开商品交换市场的土壤。从资本主义的历史发展过程来看，资本主义市场伴随着社会分工的发展而逐步确立。资本主义国内市场在部门分化、生产资料易主以及雇佣劳动关系扩大中慢慢壮大；资本主义国际市场则建立在不合理的国际分工基础之上，在武力战争中形成了以西方资本主义国家为主导的世界市场。

关于俄国国内外市场的问题，列宁与俄国民粹派又出现了严重分歧。在俄国民粹派的认识中，俄国商品经济的发展致使村社农民失去土地等生产资料、

---

① 列宁全集：第 3 卷 [M]．北京：人民出版社，2013：19.

大量雇佣劳动力出现、小生产者严重分化，进而导致俄国出现大量的贫苦人民，这些贫苦的人民没有经济实力购买资本主义商品，俄国资本主义市场的消费能力将会不足，市场将严重萎缩。又因俄国是传统落后的农业国家，其在资本主义世界市场中的扩张能力不能与西方传统的资本主义国家所相比，其所能借助发展的国外市场也是寥寥无几。由此，俄国民粹派理论家仅仅根据俄国目前的发展状况便看衰俄国资本主义国内外市场的发展。

在列宁看来，民粹派关于俄国资本主义市场的推论是建立在对马克思关于资本主义发展学说进行了歪曲或者错误理解的基础之上。列宁批判："民粹派经济学家'只从小生产者破产这一事实断定国内市场的缩小。这种观点是完全错误的，而这种观点所以顽固地残留在我国经济著作中只能解释为民粹派的浪漫主义成见'。"① 列宁在分析小生产者破产、"人民大众贫困化"与俄国资本主义国内市场的关系指出，必须弄清楚两个问题。其一，必须深刻理解小手工业生产和资本主义生产的关系。在俄国资本主义生产过程中，土地、劳动工具等生产资料并未凭空消失，而是出现了转移变化，即从不落后的生产向发达的生产过渡，资本主义商品经济的运转没有停止。因此，在列宁的分析研究中，资本主义工业生产较小手工业生产来说，包含更多的大机器运用、更多的雇佣劳动关系的存在，总体表现为生产力高、生产方式先进等特点，因此，列宁以为小手工工业生产在资本主义工业生产面前根本不值得一提，二者不能混为一谈。其二，资本主义市场应分为生产资料市场和消费资料市场。在农奴制改革后，资本家在集中获得生产资料和生产工具之后，为了扩大生产，攫取更多的剩余价值，对生产、运输和人力提出了更高的要求，这表明资本主义生产资料市场是扩大了的。再者，小生产者破产之后从土地和劳动工具中脱离，通过雇佣劳动获取生活资料，进而扩大了生活资料市场。所以，就整个资本主义市场来说，小生产者破产和农民分化并没有使国内市场萎缩，相反扩大了国内生产资料市场和消费资料市场。

（三）俄国资本主义产品价值实现的问题

资本主义生产的目的最终要通过价值来实现，而如何实现资本主义的剩余价值则是亘古不变的难题。列宁在探讨资本主义价值实现时指出，这一种因各生产部门分配的不合比例而引起的困难，表现在多个方面，即在实现额外价值、可变资本和不变资本、消费资料产品、生产资料产品时，都经常发生这种实现

---

① 徐芹. 列宁早期俄国资本主义发展思想研究［D］. 南京：南京师范大学，2012：17.

的困难。列宁在文章中用了两个"不仅……，而且……"在民粹派看来，俄国的资本主义产品价值难以实现，原因在于俄国的国内市场不够庞大，国外市场也不足以实现资本主义产品价值。民粹派学者沃龙佐夫在其文章中描述道："每个工人生产的都多于他的消费，所有这些剩余产品都积累在少数人手中……但不管他们怎样吃喝玩乐，他们也不会把全部剩余价值挥霍干净。"① 他还指出，"工业资本主义组织的致命弱点就是企业主不能消费掉自己的全部收入"②。据此，民粹派理论家在理解"商品的价值 = 不变资本（C）+ 可变资本（V）+ 剩余价值（M）"这一公式时，将生产原材料当作是不变资本、工人工资当作可变资本，将剩余价值看作是资本家的消费。他们认为，资本家的剩余价值难以在国内全部实现，因为国内市场狭小，必须依靠庞大的国外市场，但地缘因素和历史因素又使得俄国缺少国外市场，因此，俄国资本主义产品价值的实现将异常困难。在探讨俄国资本主义产品价值实现途径时，民粹派理论家们根据之前推演的市场理论得出，只有扩大俄国资本主义的国内外市场才能真正实现产品价值。针对民粹派理论家的观点，列宁基于马克思主义立场一针见血地指出民粹派关于"资本主义生产的目的是为了消费而非积累"等论断并非由马克思主义推演得出。在一般马克思主义者看来，要想解答产品价值实现的问题，必须先厘清两个问题：一是资本主义的产品价值是什么？二是资本主义的正确消费是什么？只有解决了这两个问题，资本主义的产品价值实现问题也就迎刃而解了。为此，列宁在分析马克思著作《资本论》中的材料后分析出，资本主义产品价值应分为补偿不变资本的价值、补偿可变资本的价值以及剩余价值，民粹派理解的价值实现仅仅是资本家全部剩余价值的实现，而非马克思主义认为的三类价值的全部实现。同时，马克思曾将资本主义生产划分为生产资料的生产和消费资料的生产，对应着也存在生产消费和个人消费。由此，列宁批判俄国民粹派将资本主义的消费等同于个人消费，没有抓住马克思主义关于社会资本再生产规律的精髓，出现理论错误也在所难免。

（四）俄国的"人民经济"性质问题

农奴制改革后的俄国出现的经济现象是资本主义得到长足发展的表现。受社会分工和市场等因素的影响，俄国传统农业逐渐向经济部门过渡，各种农业产品进入商品市场参与流通；俄国工业与农业逐渐分离，从小手工到工厂手工，再到大机器运用，整个俄国工业发展正沿着资本主义工业发展的轨迹进行。

---

① 列宁全集：第 1 卷［M］. 北京：人民出版社，2013：463.

② 列宁全集：第 1 卷［M］. 北京：人民出版社，2013：463.

　　俄国民粹派将这些已成事实的经济现象归结于是沙皇政府的决策导致的，认为俄国目前所谓的"人民经济"不属于资本主义范畴的经济。在分析村社经济时，民粹派认为俄国村社经济中出现的资本主义因素是人为和偶然的因素造成的。在他们的印象中，俄国村社中的土地属于村社人民所有并随意支配，村社经济中不存在剥削和压迫。在分析俄国工业时，民粹派理论家们也把"人民工业"与资本主义工业相对立，排斥"人民工业"中存在的资本主义因素。民粹派在解释"人民工业"时指出，它与资本主义工业大生产相比更具优势，其优势在于生产资料、生产工具和全部劳动成果都归生产者所有，即避免工业生产中的存在雇佣劳动关系，从而消灭剥削和压迫。在民粹派看来，这种所谓的"人民工业"生产在促进社会生产力发展的同时，还避免了资本主义的危害。

　　对此，在驳斥民粹派关于村社经济的理论时，列宁指出不论从历史发展角度还是生产力发展的高度来看待这一问题，俄国村社经济都已经属于资本主义经济发展的范畴。首先，从历史发展角度看，在农奴制度下，村社农民是地主和贵族的附庸，在生产劳作中被攫取大量的剩余产品。农奴制改革后，尽管村社农民可以通过赎买获得一定数量的土地，但由于俄国存在工役制，再加上农民的分化和生产经营的需要，大量村社农民还需继续充当地主和资产阶级的雇工，用工时和劳动成果抵偿债务，进而地主和资本家对农民的剥削显得更加理所当然，手段愈加温和且隐蔽。在《俄国资本主义的发展》一书中，列宁详细介绍了俄国雇佣工人发展的实际情况，他指出："这里包括无产的农民，其中有完全无地的农民，然而，最典型的俄国农村无产阶级是有份地的雇农、日工、小工、建筑工人和其他工人。……应当列入农村无产阶级的，不下于农户总数的一半4/10）。"① 可见这种带有浓重资本主义雇佣关系色彩的农村村社经济在俄国已经非常普遍，以农民为代表的无产阶级正在与资产阶级形成一种雇佣与被雇佣、剥削与被剥削的新型人身关系。因而，基于当前俄国经济社会发展的现状，列宁得出结论：以村社经济为代表的俄国农村经济已经是资本主义经济的一部分，只不过发展得不够充分。

　　此外，列宁还深刻批判了民粹派将人民工业与资本主义工业对立起来的观点。列宁指出：民粹派不能正确地理解资本主义生产，只是形而上学地将资本主义等同于机器生产。在马克思主义者看来，资本主义是人类发展史上的一个阶段性命题，它不只包括大机器生产，还包括商品生产流通、雇佣关系等多种形式。为了说明这一道理，列宁对俄国社会经济发展进行了大量的实地调查，

---

　　① 列宁全集：第1卷［M］.北京：人民出版社，2013：149.

论述了俄国手工业发展的过程，包括雇佣工人的增加、产业规模的扩大等一系列事实。另外，列宁也阐明俄国小手工工业转向资本主义大机器工业生产的历史事实和过程，特别强调了包买主和商业资本在促进手工工业向资本主义工业转变过程中的重要作用和历史命运，即终将被资本主义的历史发展所淘汰。资本主义社会分工的不断细化、生产协作程度的不断提高、国内外市场的不断扩大注定了小手工业将向资本主义手工工场和大机器工厂的转变，这一过程是生产方式进步的体现，是社会生产力发展的体现，更是社会历史发展规律的体现。列宁认为，以手工工业为代表的"人民工业"是俄国资本主义工业发展水平较低的阶段。

三、列宁对民粹派关于俄国资本主义历史地位的批判

（一）俄国民粹派对俄国资本主义历史地位的论断分析

在19世纪末俄国思想理论界中，对俄国资本主义历史地位的论述有很多，尤以民粹派和列宁的观点和分歧最为典型。以沃龙佐夫、丹尼尔逊和尤沙柯夫等为代表的民粹派持"俄国资本主义行不通论""俄国资本主义不必要论"和"俄国资本主义微不足道论"。

在沃龙佐夫的著作《俄国资本主义的命运》中，他提出俄国资本主义是行不通的，其理由有两点：一是俄国资本主义缺乏庞大的国内市场和必要的国外市场，进而导致俄国资本主义产品价值的实现难以完成；二是俄国的特殊国情让俄国资本主义发展异常困难，原因在于俄国幅员辽阔但生产力有限，缺乏俄国资本主义发展所必需的物质基础如交通体系、工厂建筑和资金等。与此同时，他还提出俄国社会是否适用西方资本主义工业化发展模式的质疑。他认为俄国雇佣工人在农奴制改革后并没有得到足量的增长，部分大生产者开始放弃生产经营的权利，资本主义在俄国没有发展的基础，之所以有现有的发展，归因于政府错误政策的推动。他认为西方的资本主义发展模式并不适合俄国的现实国情，进而得出："所谓一切民族的工业都不可能避免地要经过资本主义发展阶段的理论是错误的……"①

与沃龙佐夫相比，丹尼尔逊没有那么偏激，他认为俄国社会发展资本主义是没有必要的。在历史上，丹尼尔逊曾与马克思和恩格斯有书信来往，其思想在一定程度上也受马克思、恩格斯理论的影响。尽管丹尼尔逊承认资本主义存

---

① 中共中央著作编译局. 俄国民粹派文选 [M]. 北京：人民出版社，1983：717.

在于俄国社会中，但他认为资本主义的存在给俄国社会经济带来了破坏，它进一步蚕食了"人民经济"和"人民工业"中的资金，逐渐毁坏俄国传统稳定的村社制度。他还认为资本主义作为一种充满剥削和压迫的生产方式，它使得社会资金大量集中在少数人手里，导致贫富差距越来越大；资本主义的生产方式虽然使劳动生产率提升了，但是俄国整个社会的消费动力和需求远远没有达到较高水平。因此，在他看来，俄国资本主义的发展导致了一个后果，即资本主义的大机器生产方式与当前俄国生产力不相适应的矛盾。为此，他提出了一个解决办法，即大力发展以村社集体占有土地形式的生产方式，他认为，只有这样的非资本主义生产方式才能让俄国避免生产方式落后生产力的问题。在对比资本主义生产方式和非资本主义生产方式之后，丹尼尔逊选择了后者作为俄国社会经济发展的方向，他相信只要完整地继承俄国村社制度，并进行一定的演绎和发展，未来村社社会经济一定比资本主义生产方式更加有活力，也更加具有优势。为了做好向村社社会主义过渡的准备，必须对当前的资本主义经济发展进行扼制，不能让资本主义继续在俄国发展。

民粹派理论家尤沙柯夫则对俄国资本主义现实的发展持悲观的态度，提出了"俄国资本主义微不足道论"。尤沙柯夫之所以认为俄国资本主义"微不足道"，主要在于他认为俄国农民目前的土地和地主租给农民的土地均属于国民经济，他在书中认为："在俄国欧洲部分的全部耕地面积中，只有十二分之一到十分之一是资本主义生产经营的，而十分之九则是人民经营的……人民生产是俄国主要的占统治地位的经济制度。"[①] 另外，在考察俄国社会经济发展的基础上，尤沙柯夫指出俄国资本主义经济缺乏必要的劳动力、缺乏充足的产业工人，更不存在有知识和经验的专家和农场主。总的来说，尤沙柯夫认为，俄国在农业生产方面出现资本主义方式，是没有希望看到的。即使"在当时和最近的未来，资本主义生产都没有任何发展的可能"[②]，不仅如此，他们还预测资本主义会进一步衰退。最后，他总结说，由于俄国缺乏存在资本主义生产发展的基本条件，强行发展资本主义经济只能导致俄国的全面危机。

（二）列宁对俄国资本主义发展的分析

针对民粹派唱衰俄国资本主义的历史作用，列宁基于马克思主义的立场，在对大量经济现象进行分析的基础上，透过现象看到其本质，深度阐释了俄国资本主义发展的历史必然性和巨大作用，对民粹派关于俄国资本主义发展的三

---

① 中共中央著作编译局．俄国民粹派文选［M］．北京：人民出版社，1983：633．
② 中共中央著作编译局．俄国民粹派文选［M］．北京：人民出版社，1983：644．

种论断进行了深刻分析。

1. 俄国资本主义发展不是"人为"的、"培植"的，而是一种必然

列宁认为，俄国资本主义并不像民粹派所认为的那样是"人为"的"培植"的，而是具有历史发展的必然性。其一，历史必然性来自俄国的现实国情。农奴制改革后，俄国社会里农民分化、小生产者破产、产业分离和雇佣关系的出现标志着资本主义在俄国的萌芽。尤其是社会分工和市场的深入发展为俄国资本主义打下了坚实的发展基石，对此，列宁指出："无论资本主义发展或人民的贫穷化都不是偶然的。这是以社会分工为基础的商品经济发展的必然伴侣。"① 其二，历史必然性源于新社会阶层的自然形成。随着经济社会的发展，特别是农奴制改革后，俄国相继出现了一大批新的社会阶层，例如，由原来城市大商人转变的城市资产阶级、由地主和富农变化而成的农村资产阶级、由工厂主变成的工业资本家以及受剥削压迫而退化为无产阶级的农民和雇佣劳动工人。这些新型阶层不是凭空出现的，是生产力进步的产物，是生产方式改进变化的产物，是资本主义在俄国发展的代言人。相反，俄国资本主义的发展离不开这些阶层和这些人员的推动。因而，列宁反驳民粹派将俄国资本主义看作是"人为"和"培植"的，明确指出俄国资本主义的发展建立在俄国工农业已有的发展基础上，并遵循着资本主义发展的一般规律。其三，历史必然性源于科学技术的运用。科学技术的进步带动的是生产力的极大发展。西欧资本主义正是在两次产业革命的推动下，取得了跨时代的发展。列宁指出："就技术水平说，资本主义社会超过了所有其他社会。"② 科技的出现意味着大机器将在社会生产中得到运用，而机器的普遍使用也将带来劳动生产率的极大提高和劳动力的极大充裕。为此，列宁对比了机器投入使用前后俄国资本主义工业生产的情况指出，机器的广泛使用为资本主义开拓了新的产业部门，如机器制造业和采矿工业等，也为资本主义其他方面的发展提供了更为宽广的劳动力市场和生产资料市场。在科学技术革命的推动下，资本主义和俄国社会生产力均取得了大幅度的发展。其四，俄国外部资本主义发展的影响和推动。19 世纪末到 20 世纪初的资本主义正处在从自由资本主义向垄断资本主义过渡的时期，西方资本主义国家通过殖民战争和不平等贸易等形式扩大国外资本主义商品市场，加剧剩余价值的攫取。俄国虽然处在欧洲资本主义发展的一隅之地，但随着农奴制改革的进行，也逐渐扩大了对外开放的程度，引进了先进的科学技术和大机器生

---

① 列宁全集：第 1 卷 ［M］. 北京：人民出版社，2013：86.
② 列宁全集：第 1 卷 ［M］. 北京：人民出版社，2013：64.

产，经济社会生产已然展现出不一样的风貌。受西欧资本主义世界市场的影响，经过农奴制改革和资本主义的一定发展，俄国已经由原来封建落后的农奴制国家转变为具有资产阶级特色的资本主义国家。而民粹派到了20世纪初仍然不承认俄国资本主义发展的存在，列宁在他的文章中指出："试图用限制土地自由转移的法律或规章来阻挡世界资本主义，就和试图用枝条编成的篱笆来阻挡火车一样，是件十足的蠢事。"① 这种阻挡违背了人类历史发展的必然规律，与历史潮流向背，最终会被历史所抛弃。

2. 俄国资本主义具有巨大的历史作用

首先，从社会发展层面看，这种巨大的历史作用体现在促进了俄国资本主义发展，推动了俄国社会发展的进程。马克思主义政治经济学认为生产力和生产关系是相辅相成、协调统一的。生产关系只有适合生产力，才会发挥其促进作用，否则将阻碍生产力的发展。这种僵局只有在出现先进且合适的生产关系时，才容易被打破。而俄国农奴制改革前后的发展对比正好诠释了这一理论。可以说，沙皇俄国当时内忧外患的统治境地很大程度上是封建、落后、强制、单一和分散的农奴制造成的，它与当时俄国社会生产力的不适不仅没有促进社会生产力的发展，反而给社会带来了许多社会矛盾。因此，当时的社会生产力对生产关系提出了较高的要求。随着资本主义生产方式在俄国工农业相继被应用，俄国经济社会发展的现实已经证明了资本主义的生产方式在适应社会生产力发展的同时，更促进了俄国社会生产力的极大提高。资本主义生产方式让传统工业与商业经济相结合、传统农业与商业经济相结合，不断释放出工农业无尽的生产力，使得产业部门生产集中、生产技术提升以及生产效率提高等，打破了小农和家庭作坊式生产分散且落后的局面。

其次，从人的发展层面看，这种巨大的历史作用体现在一定程度上实现了人的解放。第一，人身关系的解放。农民的分化和小生产者的破产致使他们不得不从他们依附的土地上分离出来，进而投入到更为宽广和复杂的雇佣劳动市场中，其人身关系在一定程度上得以解放和扩大。第二，思想的解放。列宁曾对比过农奴制和资本主义制度的特点："农奴制的特点是长期停滞，劳动者麻木愚昧，劳动生产率很低。资本主义的特点则是：经济和社会的发展非常迅速，劳动生产率大大提高，劳动者的麻木状态被打破，劳动者团结起来和投入自觉生活的能力开始苏醒。"② 在人身关系被打破的基础上，俄国农民和小生产者也

---

① 列宁全集：第25卷［M］．北京：人民出版社，：2017：162.
② 列宁全集：第25卷［M］．北京：人民出版社，：2017：162.

通过社会实践逐渐对自身的价值存在和人与社会的关系产生了思考，慢慢实现了从外到内的深刻解放。

3. 列宁与民粹派关于俄国资本主义历史地位论争的差异

关于列宁与俄国民粹派论争的差异，可以概括为一个起点和两个基本矛盾问题。

首先是一个起点，即以什么样态度对待俄国社会经济现象。在这一点上，俄国民粹派与列宁的态度截然相反，前者对俄国经济发展现状视而不见，片面或者错误地理解马克思主义学说，认为俄国没有发展资本主义的基因和要素，不适合资本主义发展道路；而后者则肯定俄国社会经济发展中的资本主义因素，运用马克思主义基本原理对其抽丝剥茧，最终用大量的调查数据和科学理论佐证了相关观点。因此，这一起点也表明：如果不能以实事求是的态度客观看待俄国资本主义经济现象，也就无从论证俄国资本主义发展的可能性和必要性。

其次是两个基本矛盾问题。第一个矛盾是俄国资本主义发展所需要的国内外市场的矛盾，第二个是资本主义无限生产和有限消费的矛盾。纵观民粹派理论家的学说，无外乎围绕市场和消费这两点展开对俄国资本主义的攻击。然而，在列宁看来，尽管存在一些矛盾，但俄国资本主义的发展依然有光明前景。列宁认为随着资本主义发展程度的加深，国内外市场的扩大问题将通过一定方法来解决，并指出民粹派错误地将个人消费等同于生产消费，同时更强调："资本主义没有矛盾就根本不能存在和发展。"①

四、列宁对民粹派关于俄国资本主义与社会主义道路关系的批判

（一）民粹派提出可以从村社直接过渡到社会主义

长期以来，俄国民粹派始终将自己当作是俄国农民的代表，自诩最了解俄国农民的迫切需求。面对俄国农民所面临的疾苦，民粹派将其归咎于俄国资本主义的发展，他们提出，想要避免贫困和剥削，想要进入社会主义，必须"跨过资本主义"，利用村社制度得天独厚的优势，直接过渡到社会主义。

在民粹派看来，真正的社会主义应该具备以下几点：没有剥削和压迫，集体劳动以及劳动成果共享。他们发现俄国的村社或多或少具备这些条件，如村社农民的集体劳作被他们看作是村社农民先天拥有集体主义和社会主义的"共产性"，只有稍加引导，必能唤醒村社农民的社会主义意识，一举过渡到社会主

---

① 列宁全集：第 3 卷 [M]．北京：人民出版社，2013：42.

义。为了完成这一目标，民粹派学者时刻强调要反对资本主义在俄国发展，认为俄国资本主义只会让社会退回到封建时代。为此，民粹派相继提出了"反对城市"和"回到民间去"运动。他们要让受资本主义荼毒最厉害的城市避免继续产生异化，阻止资本主义在城市继续发展；他们还号召广大青年到农村去，在与农民共同生产、生活和学习中宣传革命思想和社会主义思想，争取在农村掀起一场反抗沙皇统治的斗争，利用现有村社社会制度的优势，一蹴而就地迈进社会主义。随着沙皇统治的不断压迫，民粹派的"反对城市"和"回到民间去"运动相继失败，利用村社经济的优势为向社会主义过渡的空想最终破灭，民粹派所笃信的理论也湮没在历史长河中，不为人知。

2. 列宁认为社会主义的建立必须在资本主义发展的物质基础上

晚年的马克思曾将目光聚焦在东方俄国社会经济发展上，他认为俄国的农村公社具有公有制和私有制并存的特点，未来俄国农民公社的发展方向不是社会主义就是非社会主义，具体如何选择发展，则要根据现时的历史环境和生产力状况。随后，马克思在1882年俄文版的《共产党宣言》中继续指出，如果俄国革命成为西方无产阶级革命的信号而与西方无产阶级革命遥相呼应、互相补充的话，"那么现今的俄国土地公有制便能成为共产主义发展的起点"①。作为最早研究《共产党宣言》的学者，民粹派虽然看到马克思关于农村公社公有的论述，注意到农村公社的公有性质，但是，他过分夸大俄国村社的革命斗争力量，认为俄国村社已经具备过渡到资本主义的先天条件，这种认识是有欠缺的，由于民粹派对俄国资本主义发展形式的错误判断，进而导致民粹派的运动以失败告终。

与俄国民粹派小资产阶级的立场相比，列宁站在无产阶级的角度，沿着马克思、恩格斯所提出的阶级斗争理论的逻辑思路，认为村社农民无法担负起社会主义革命的重任，也不能成为社会主义革命的主导力量，村社也不是社会主义斗争的有效载体。首先，村社在资本主义发展的刺激下，已经开始瓦解，并存在着地主奴役农民的现象，无法成为社会主义革命斗争的有力战场；其次，农民因其仍拥有一定的资产被称作是小资产阶级，缺乏革命斗争的彻底性，有农民领导的运动和革命仍属于资产阶级性质，运动或革命胜利所带来的也只是封建社会或者资产阶级社会，没有丝毫社会主义性质。

那么，俄国应该怎样步入社会主义，要不要进入社会主义，生产力水平低能进入的社会主义吗？由于资本主义存在生产资料占有形式和社会化生产的矛

---

① 马克思恩格斯文集：第2卷［M］．北京：人民出版社，2009：8．

盾，这种矛盾无法彻底解决，资本主义的"丧钟"终将响起。所有马克思主义者必须坚信：资本主义必然灭亡，社会主义终将胜利。资本主义在剥削压迫和榨取剩余价值时，也为社会主义的建立夯实了社会生产力基础，从而为社会主义革命斗争做了必要准备。正如马克思、恩格斯所言，"资产阶级不仅锻造了置自身于死地的武器；它还产生了将要运用这种武器的人——现代的工人，即无产者"①，并指出无产阶级作为与资产阶级对立的阶级是真正革命的阶级。有些阶级随着大工业的发展而日趋没落和灭亡了，而"无产阶级却是大工业本身的产物"②。在列宁看来，无产阶级被剥削压迫最重，其斗争意识最为坚定、斗争精神最为强烈、斗争行为最为彻底，是最具革命性质的群体。

当然，仅仅靠俄国工人阶级运动是不能同全世界资产阶级做斗争的，必须要联合全世界工人阶级，在发展和提高社会生产力的同时，积极开展有效的政治民主运动，乃至暴力革命，以此达到建立社会主义、巩固社会主义和发展社会主义的目的。

第二节 列宁对"合法马克思主义资本主义"发展理论的批判

在当今世界，我们应如何看待社会中存在的一些资本主义因素，如何处理好社会主义与资本主义的关系？在经济全球化背景下，国家与国家之间的联系愈发紧密的情况下，处理好社会主义与资本主义国家的关系显得尤为重要。从改革开放开始，中国一直面对各色文化和各种意识形态的冲击。面对资本主义文化的渗透、侵蚀，有些人的社会主义意识开始动摇，出现了否定中国革命、中国历史的"历史虚无主义思潮"、迷恋北欧民主社会主义（实质上是资本主义）的民主社会主义思潮等一系列错误思潮，那么资本主义制度到底是不是完美的、令人迷恋的制度呢？19世纪末20世纪初就有这样的一场争论，即列宁与"合法马克思主义"的论争，列宁为了破除当时一部分人被资本主义虚伪性所迷惑，进而迷恋资本主义的错误做法，对"合法马克思主义"进行了批判，我们有必要重新回顾与思考这场争论。通过列宁与"合法马克思主义"的论争及列宁的批判，我们更能从理论上澄清事实，划清边界。

① 马克思恩格斯文集：第2卷［M］．北京：人民出版社，2009：38.
② 马克思恩格斯文集：第3卷［M］．北京：人民出版社，2009：437.

一、列宁对"合法马克思主义"关于资本主义社会不存在内在矛盾观点的批判

"合法马克思主义"出现在 19 世纪末,这个流派披着马克思主义的外衣,以马克思主义者自居,而游走在无产阶级队伍中,曾与列宁站在一条战线上反对"民粹派",但同时他们又在沙皇政府准许的合法报纸杂志上发表评论,极力赞扬资本主义,从而得到沙皇政府的赏识与信任。"合法马克思主义"表面上宣扬马克思主义,但实质上却是代表资产阶级利益的社会改良主义者的两面人。不过,一般的民众因为他们曾经与列宁一起对民粹派进行批判,对他们的这种虚伪的假象是看不透的,因而,指出其思想的迷惑性、虚幻性是非常必要的。

(一)列宁批判合法马克思主义"资本主义社会不存在内在矛盾"的观点

"合法马克思主义"为了能够拉拢资产阶级而百般迎合、讨好他们,相反,他们对马克思主义则采取实用主义的态度,任意地曲解、肢解马克思主义!

司徒卢威(Struve Gustav)是"合法马克思主义"的代表人物,他的代表性著作是《俄国经济发展问题的评述》(1894),他赞美李斯特(Friedrich List)《政治经济学的国民体系》(简称《国民体系》)对资本主义发展过程中的"历史必然性和合理性"的描述,"我还没有看见有哪一本书比《国民体系》更令人信服地说明广义的资本主义的历史必然性和合理性的了"[1]。与此同时,他把马克思主义的阶级学说当作"非科学的认识"。比如,他认为:"马克思、恩格斯的阶级斗争理论是'非科学的认识',把阶级斗争缩小为实现细小改良的'现实主义'斗争,极力赞美资产阶级,认为资本主义在俄国的存在将是巩固的和持久的"[2],为了避免冲突,他对资本主义社会的阶级矛盾采取了无视的态度。司徒卢威指出:"随着资本主义的发展,基础和上层建筑之间的冲突会越来越轻……社会的转化可能不是通过持续不断的阶级冲突,而是通过阶级的消除"[3],他对马克思的阶级冲突理论采取了轻描淡写的否定态度,更是避而不谈民粹派的阶级实质。对此,列宁在批判"合法马克思主义"的第一部著作即《民粹主义的经济内容及其在司徒卢威先生的书中受到的批评(马克思主义在资

---

[1] 彼得·伯恩哈尔多维奇·司徒卢威. 俄国经济发展问题的评述 [M]. 李尚谦,等译. 北京:商务印书馆,1992:100.

[2] 高狄. 马克思恩格斯列宁斯大林毛泽东著作大辞典:中 [M]. 长春:长春出版社,1991:1362.

[3] VIRENDRA K R. Marxism in Russia:The Origin. Development and Decline of a Doctrine. Volume 1 (1861—1907) [M]. S. S. Publishers,1999.

产阶级著作中的反映）评彼·司徒卢威〈俄国经济发展问题的评述〉》一书
（1894—1895）中认为，如果像司徒卢威所认为的那样，就等于承认了俄国资本
主义发展的"必然性和合理性"。列宁认为："指出资本主义以最不发达因而是
最坏的形式在人民生产中占据统治地位，那您就证明了的俄国资本主义的'必
然性'……那您也就证明了的俄国大资本主义的'合理性'。"① "合法马克思主
义"打着客观主义的旗号，极力颂扬资本主义。他们不认可社会主义的科学性，
认为俄国社会主义革命和社会主义社会并不是适合俄国的模式，他们忘记了无
产阶级革命的目标，而一厢情愿地认为资本主义制度是美好的制度。他们把俄
国社会发展的最终目标定位为资本主义和资产阶级的自由民主。在这种价值目
标和价值导向的指引下，他们必然走向社会改良主义。列宁站在无产阶级的阶
级立场上，旗帜鲜明地批判了"合法马克思主义"的错误思想，那就是他们从
批判民粹主义反对资本主义的一极而走向赞美资本主义，不切实际地为资本主
义唱赞歌的另一极。这说明"合法马克思主义"实际上是伯恩施坦主义的变种。
在1901—1902年的《怎么办？（我们运动中的迫切问题）》中，列宁在批判伯恩
施坦的同时也批判了资本主义的存在和发展被"合法马克思主义"者看作是历
史的必然，维护资本主义制度，粉饰、美化资本主义的错误思想。

（二）列宁批判合法马克思主义"资本主义生产各个部门之间是按比
例分配"的观点

司徒卢威和杜冈—巴拉诺夫斯基为代表的"合法马克思主义"在考察了马
克思有关社会资本再生产的理论之后做出判断，他们认为，资本主义的发展是
协调的、按比例的。巴拉诺夫斯基甚至公然声称："只要社会生产比例适当，无
论消费需求怎样减少，也不会使市场上产品供给总量超过需求。"② 这说明他们
认为资本主义生产是可以实现"社会生产比例适当"的，各个部门之间并不存
在分配失调的情况，那么，照此推理，资本主义生产的社会化与资本主义私人
占有的矛盾就不会出现，也不会发生相对过剩的经济危机。这实际上抹杀了资
本主义再生产内部的固有矛盾。列宁认为以司徒卢威为首的众多"合法马克思
主义"者太嚣张了，他们不但抛弃了马克思学说若干相当重要的方面，而且他
们还认识不到自己的错误。如果按照司徒卢威宣扬的理论，既然资本主义能够
实现协调的、按比例的发展，那么就不会发生资本主义的经济危机，资本主义
的必然灭亡更是天方夜谭，这种理论不仅是对马克思关于资本主义发展必然规

---

① 列宁全集：第1卷 [M]．北京：人民出版社，2013：397.
② 王伟光，侯才．社会主义通史：第3卷 [M]．北京：人民出版社，2011：146.

律的直接发难，也是对马克思劳动价值论、剩余价值理论的公开质疑，如果他们的发难在思想界引起极大的混乱，马克思主义的剩余价值理论则面临着分崩离析的危险。

为了有针对性地批判以司徒卢威为代表的"合法马克思主义"，列宁在19世纪末发表了《市场理论问题述评》的文章，列宁在文章中指出，杜冈—巴拉诺夫斯基先生和布尔加柯夫先生在观点上是一致的，他们都认为，"发展着的资本主义生产自己给自己创造市场，主要是依靠生产资料，而不是依靠消费品……资本主义国家需要国外市场，绝不是实现的条件"①。列宁认为，既然瓦·沃·先生和尼·一逊先生关于资本主义社会的市场（特别是国内市场）理论都被杜冈—巴拉诺夫斯基先生和布尔加柯夫先生反对，认为民粹派的观点是绝对错误的，他们还对民粹派错误的原因进行了分析，指出民粹派要么忽略了马克思的分析，要么不懂得马克思的分析。那么，列宁本以为他们可以一致地对民粹派进行批判了。但是，令人意外的是，两人却展开了论战，针对两人论战中的错误，列宁进行了认真的研究和探讨，他指出杜冈—巴拉诺夫斯基的错误在于没有看到马克思对外市场理论，列宁指出马克思在《资本论》第二卷分析产品的实现那一篇，非常明确地阐明了对外贸易同国外市场的联系。马克思说："资本主义生产离开对外贸易是根本不行的。"② 但是，为了不把问题搅乱，更好地分析再生产的产品价值，因而没有把对外贸易引进来。列宁指出，杜冈—巴拉诺夫斯基错误地理解了马克思的思想。杜冈—巴拉诺夫斯基说："单是国民生产分配的比例，还不能保证产品销售的可能性。即使生产的分配合乎比例，产品也可能找不到市场。"③ 列宁首先否定了杜冈—巴拉诺夫斯基的理解，他说："不，这几句话的意思不是这样。"④ 然后他又批判了杜冈—巴拉诺夫斯基将马克思社会再生产的实现论转化成按比例分配理论的错误观点，维护了马克思在《资本论》中所阐述的基本观点。列宁不仅指出了他们的错误之所在，而且进一步对马克思在《资本论》第三卷中的认识进行了补充说明，列宁指出，马克思在《资本论》第三卷是这样论述的："进行直接剥削的条件和实现这种剥削的条件，不是一回事。二者不仅在时间和空间上是分开的，而且在概念上也是分开的。前者只受社会生产力的限制，后者受不同生产部门的比例和社会消

---

① 列宁全集：第4卷 [M]．北京：人民出版社，2013：40-41.
② 马克思恩格斯文集：第6卷 [M]．北京：人民出版社，2009：527.
③ 列宁全集：第4卷 [M]．北京：人民出版社，2013：43.
④ 列宁全集：第4卷 [M]．北京：人民出版社，2013：43.

费力的限制。"① 列宁明确说明了，马克思认为资本主义的直接剥削条件和实现这一剥削的条件是不同的，一定社会的生产力限制了资本家对工人阶级的剥削以及剥削的轻重，而不同生产部门的比例和社会消费能力则限制了剥削来的剩余价值能否实现。马克思想证明的是资本家无限扩大生产的意图和人民群众的有限消费之间的矛盾，这是资本主义社会固有的矛盾。而实际上杜冈—巴拉诺夫斯基就是试图否认这个基本矛盾，试图通过人民消费的实现转移到国外市场中去。生产资料的生产与消费品的生产不是截然分开的，两者实际上是一对孪生兄弟，是如影随形、紧密联系的。与此同时，生产部门的不变资本和可变资本也不是一成不变的，而是存在着流通，但是这种流通并不是简单地通过个人消费领域的流通，而是通过生产领域的流通。列宁认为，资本主义的本性一方面要求无限扩大生产消费，扩大积累和生产，而"另一方面则使人民群众无产阶级化，把个人消费的扩大限制在极其狭窄的范围内"②。

列宁认为，如果消费是生产目的，资本家就无法榨取更多的剩余价值。不过这个事实同资本主义社会的生产归根到底与消费相联系是一致的。

二、列宁与"合法马克思主义"关于马克思主义实现论与资本主义危机论的论争

"合法马克思主义"者通过否定马克思主义实现论和资本主义危机论，而把资本主义制度说成是一种自然的永恒的制度，肯定、赞美、膜拜资本主义。

（一）关于资本主义具不具有"无限可能性"的论争

司徒卢威为了评布尔加柯夫的书和伊林的文章，写了《论资本主义生产的市场问题》这篇文章，列宁于 1899 年 3 月针对司徒卢威的文章写了《再论实现论问题》一文，在文章中，列宁指出，司徒卢威"把资产阶级经济学家的市场理论同马克思的实现论混为一谈"③，列宁说："司徒卢威毫无根据地把实现论叫作按比例分配的理论。这是不确切的，而且必然会引起误解。"④ 那么，社会总资本的再生产和流通是如何进行、如何实现的呢？列宁认为，马克思为了简明扼要地说明问题，运用了科学的假设法，把对外贸易、国外市场不考虑在内，排除了当时影响不是很大的因素，这样能够清晰明了地说明社会总资本的实现

① 马克思恩格斯文集：第 7 卷 [M]．北京：人民出版社，2009：272.
② 列宁全集：第 4 卷 [M]．北京：人民出版社，2013：44.
③ 列宁全集：第 4 卷 [M]．北京：人民出版社，2013：60.
④ 列宁全集：第 4 卷 [M]．北京：人民出版社，2013：62.

过程。针对"合法马克思主义"所认识的劳动总能按比例分配于各个生产部门的"和谐""完美"的错误论调，列宁指出，不管是马克思本人还是与司徒卢威进行论战宣传马克思理论的作者，都没有从他们的文章中得出生产和消费协调的结论，而是与之相反，"他们都着重指出了资本主义所固有的矛盾，这些矛盾不能不在资本主义的实现中表现出来"①。

列宁认为司徒卢威在实现论上犯了两个错误：第一，司徒卢威把资产阶级经济学家的市场理论同马克思的实现论混为一谈；第二，混淆了抽象的实现论与某个国家、某个时期资本主义产品实现的具体历史条件。列宁认为，资本主义社会中社会总资本是如何实现再生产和流通的呢？马克思实现论进行了科学地说明，这就是马克思实现论的科学价值。针对社会总资本如何实现再生产和流通这个抽象的理论，列宁通过实现论进行了说明。列宁认为，实现论有两个前提，一是要把对外贸易抽象掉的问题，也就是暂且不要考虑国外市场，但这绝不意味着我们否认在资本主义社会对外贸易曾经存在或能够存在；二是如何通过假设说明产品之间的按比例分配问题，列宁指出，为了全面地说明实现过程，应该假设资本主义各生产部门之间产品是按比例分配的，但这也并不是说像司徒卢威所理解的那样，产品总是按比例分配。司徒卢威的歪曲只是为了粉饰、美化资本主义，为资本主义永恒做辩护。

列宁认为：第一，不能用对外贸易或第三者的存在来说明产品在资本主义社会中能不能实现的问题，关于这一点，马克思主义的实现论是做了非常彻底、明了的说明的。罗莎·卢森堡与"合法马克思主义"有相似的思想，也是用对外贸易或第三者的存在来说明产品在资本主义社会的实现问题。在1913年的《资本积累论》中，卢森堡认为单纯依靠国内市场资本主义生产很难实现再生产，需要把一部分消费产品转移到国外市场；第二，剩余价值不可能实现？列宁认为这是由小资产阶级经济学家不了解一般的实现过程而导致的错误思想。第三，资本主义生产和消费之间也会存在矛盾，这是一种必然，即使资本主义生产在完全成比例和极其顺利地实现的条件下，也会如此。这是由于资本主义所有制和社会化大生产的矛盾导致的，而不是依赖于是否成比例。

（二）"合法马克思主义"者把资本主义制度说成是一种自然、永恒的制度，肯定、赞美，膜拜资本主义

"合法马克思主义"者通过对资产阶级"民粹派"的批评，赢得了无产阶级的支持，但是他们并非忠诚地维护无产阶级的利益，而是暂时为了某种利益

---

① 列宁全集：第4卷［M］．北京：人民出版社，2013：61．

与无产阶级联合，他们表面上反对民粹主义和封建专制，但并非是为了传播马克思主义，赢得革命的胜利，而只是为了进一步影响工人，控制工人，实现其特殊目的。他们对资本主义永远都是肯定、赞美，膜拜的，他们认为："社会主义以资本主义的存在而存在：没有资本主义，它就成为没血没肉的幽灵。"①　只要一谈到资本主义的黑暗面和历史局限性，他们就三缄其口，因而被称为资本主义的"完美论"者，他们为资产阶级剥削进行辩护，进而粉饰和美化资产阶级，"合法马克思主义"。司徒卢威认为："资本主义不光是一种邪恶，同时也是促进文化进步的强大因素；也就是说，它不单是一种破坏因素，而且也是一种建设因素。……不，一定得承认我们还不够文明，还要向资本主义学习。"②

"合法马克思主义"者自信地认为随着社会和生产的发展，俄国封建农奴制度已经或者正在走向解体，资本主义的发展具有必然性，而俄国已经走上资本主义发展道路，这种取代是历史的进步。"合法马克思主义"批判民粹主义，"第二个错误的根源在于把标志'剥削程度'的资本主义同作为一定的'生产组织'的资本主义做了对比。在这里却忘记了一个简单的道理：'咎由自取''秋菊春桃，物各有时'。总之，资本主义是发展中的现象，它在一定历史时期所显示出来的面目与人民整个文化水准有密切联系"③。因为对民粹主义的批判，而较好地把自己隐藏起来，但其隐藏的本质，又通过他们的宣传与表达逐渐暴露出来，他们否认资本主义必将最终走向灭亡的客观历史规律，这种规律是伴随着资本主义社会自身无法克服与超越的内在基本矛盾而产生的，他们试图通过努力论证资本主义的完美性、永恒性与优越性，论证资本主义具有历史必然性和进步性。试想如果资本主义具有这些特性，那么，马克思主义所阐明的个人、阶级和政党在历史发展中的作用，将无法发挥作用，无产阶级政党所发挥的领导作用也没有必要，这等于否定了马克思主义社会形态的发展是受历史发展的必然性与人们的主体选择性双重制约的，而变成人们在历史发展的必然性面前是消极被动、无能为力的。

---

① 彼得·伯恩哈尔多维奇·司徒卢威. 俄国经济发展问题的评述［M］. 李尚谦，等译. 北京：商务印书馆，1992：104.

② 彼得·伯恩哈尔多维奇·司徒卢威. 俄国经济发展问题的评述［M］. 李尚谦，等译. 北京：商务印书馆，1992：228.

③ 彼得·伯恩哈尔多维奇·司徒卢威. 俄国经济发展问题的评述［M］. 李尚谦，等译. 北京：商务印书馆，1992：104.

三、列宁对合法马克思主义者的"土地肥力递减理论"和"小农经济稳固论"的批判

（一）"土地肥力递减理论"回避农业落后的社会原因和历史原因

李嘉图提出过，"土地肥力递减理论"马克思十分明确地揭示了李嘉图的错误。但是"合法马克思主义"者布尔加柯夫不但没有看到这些错误，还混淆了马克思极差地租理论与"土地肥力递减理论"的区别。

"合法马克思主义"者布尔加柯夫认为"土地肥力递减理论"是一条规律，也就是土地报酬因为土地肥力的丧失获得报酬呈现递减规律，这是亘古不变的。食物不足和农产品涨价就是因为这个规律，这实际上是掩盖资产阶级剥削农民的事实，为资产阶级剥削、掠夺土地肥力辩护，而有意掩盖或者忽略了导致俄国农民贫困事实的真正原因是土地私有制和资本主义生产关系。列宁指出："设法回避农业落后的社会原因和历史原因，而把这种落后归咎于'自然力的保守性'和'土地肥力递减规律'。"① 这是资产阶级的辩护士自然要做的事情，但是，他们宣称的规律是臭名远扬的辩护术和糊涂思想。

（二）"小农经济稳固论"是用"中等农民"粉饰"农民"

以布尔加柯夫等人为代表的"合法马克思主义"秉持调和折中主义的学术理念，鼓吹小农经济可以在资本主义社会中安居乐业，他们认为小农普遍都能吃苦耐劳，因而，必然会为保住自己的小块土地甘愿忍受任何困苦等，所以他们具有"稳固性"。这种论调与19世纪末20世纪初以伯恩施坦为代表的修正主义者遥相呼应，它们反对大生产优于小生产的观点，否认俄国资本主义的发展是造成农民大众贫困的原因，而认为小农经济具有稳固的生命力。由此可见，这些资产阶级的庸俗经济学家用这一理论回避了小农劳累过度的事实，掩盖了资本主义条件下小农的两极分化以及大量沦为农业雇佣劳动者的历史趋势。其实质在于赞美使千万百小农破产的资本主义制度。因而，他们反对马克思主义，反对无产阶级革命，粉饰资本主义的企图是非常明显的，那就是破坏工农联盟的形成。"资产阶级的利益要求粉饰资本主义和掩盖阶级鸿沟。"② 列宁指出，"合法马克思主义"是用"中等农民"来粉饰一般的"农民"，如小农，这实际上是"偷换概念"，这是"合法马克思主义"混淆视听的一种方式。列宁指出，小农因为资金不足、饲料不足、牲畜质量低劣、牲畜棚简陋等情况，不管他们

---

① 列宁全集：第5卷［M］. 北京：人民出版社，2013：210.
② 列宁全集：第23卷［M］. 北京：人民出版社，2017：460.

怎样勤奋，也不能赶上产品质量要高一倍的大生产。"资本主义使小农注定要劳碌一辈子，白白消耗劳动力。"① "合法马克思主义"者从哪儿能够看出"小农经济稳固"呢？不过是试图掩盖资本主义剥削制度的一厢情愿罢了，合法马克思主义者倾向于把俄国劳动者的贫困归咎于自然界，并用"土地肥力递减理论"和"小农经济稳固论"来为资产阶级剥削进行辩护，实际上是为美化资本主义，进而模糊俄国工农群众的政治意识而服务的。

如果我们以为"合法马克思主义"批判了民粹派的错误思想，他们就是正确的，就犯了形式主义的错误。实际上这只能导致我们不能辩证地看待民粹派的错误，所造成的结果就像小马过河、盲人摸象一样。"合法马克思主义"之所以被称为"客观主义"或"狭隘客观主义"，是因为他们拒绝对历史过程的必然性做阶级分析，片面地看待资本主义的发展，他们站在资产阶级立场上来分析这种发展，看待这种发展，就会造成"只见树木，不见森林"，只能看到资本主义发展的进步性与历史必然性，而看不到资本主义的腐朽性。"客观主义"只说明资本主义社会经济发展的必然性，却否认资本主义生产方式的对抗性质，否认阶级斗争，否认资本主义灭亡的必然性。

理论是行动的先导，现实的具体实践都是在一定的学术思想上和深刻影响下进行的，不难想象，"合法马克思主义"由于受错误学术思想倾向的影响，必然是理论上高举着马克思主义旗帜，唱着马克思主义的赞歌，而实质上却是贬低马克思主义，为资本主义高唱凯歌。在历史特定时期内，"合法马克思主义"的理论主张可能有一定的进步成分。但是他们为了达到为资本主义剥削辩护的目的，对资本主义制度进行美化与粉饰，必然会走到马克思主义的对立面。如司徒卢威打着马克思主义的旗号，指出："对于前者来说，资本主义只是可悲的现象，只是人类的荒谬和卑贱的结果；对于后者来说，它是文明人类的社会经济发展中的必经阶段——其历史使命在于为以后的进步创造物质的和精神的条件。"② 这里前者就是指的民粹派，而后者就是指的马克思，但实际上马克思不仅指出了资本主义的历史进步性，也指出了资本主义的罪恶，司徒卢威却夸大了资本主义的作用。这实际上是对马克思主义的修正，可见，其指导思想的反马克思主义，将其卫道士的本性充分暴露出来了。这也必然会导致其政治实践的反动性。1909 年，司徒卢威等人参加了《路标》文集的编写工作，而这部文

① 列宁全集：第 23 卷 [M]．北京：人民出版社，2017：217.
② 彼得·伯恩哈尔多维奇·司徒卢威．俄国经济发展问题的评述 [M]．李尚谦，等译．北京：商务印书馆，1992：109.

集是俄罗斯资产阶级自由作家编写的，他们把俄罗斯发展的终点认定为资本主义以及资产阶级的自由民主主义，司徒卢威对此一点儿也不避讳，他对斯托雷平反动统治采取了全部接纳和公开拥护的态度。俄国社会主义"十月革命"胜利后，他们再也不愿意伪装，也不屑与以列宁为首的马克思主义为友，而是赤裸裸地成为与人民为敌的白卫分子。"合法马克思主义"者千方百计地赞美资本主义，认为要虚心向资本主义学习。诚然，我们要看到资本主义先进性的一面，但是，也不能像"合法马克思主义者"那样否认马克思主义的实现论和资本主义危机理论，而认为资本主义有"无限可能性"。这无疑是资产阶级的辩护士。

第三节　　批判与发展：列宁关于资本主义发展趋势理论的深入思考

对于马克思提出的关于资本主义发展趋势的"两个必然"与"两个决不会"理论，列宁给予高度评价。他指出马克思是在研究人类社会发展规律的过程中，深刻认识到资本主义的发展必然导致共产主义，他认为马克思"对资本主义社会所做的最确切、最缜密和最深刻的研究"①，还指出"凡是人类思想所建树的一切，他都放在工人运动中检验过，重新加以探讨，加以批判……所不能得出的结论"②。这一段话，说明了列宁对马克思、恩格斯根据历史发展规律所做出的科学结论是充分肯定的。

伴随着以电力为标志的第二次科技革命，资本主义社会经济关系发生了一系列深刻变化。列宁通过对这一阶段资本主义发展的深入研究，考察了资本主义向帝国主义过渡中的新现象，批判了伯恩施坦在政治经济学方面，用经济发展的新材料为资本主义辩护的观点；批判卡特尔、托拉斯可能解除资本主义危机，用阶级斗争缓和论否定资本主义崩溃论的错误观点；在批判伯恩施坦错误观点的同时，列宁根据当时的现实对马克思、恩格斯的经典资本主义理论进行了发展。

一、列宁对伯恩施坦关于资本主义及其发展趋势的批评

前面我们探讨了伯恩施坦针对 19 世纪末 20 世纪初资本主义社会发展呈现

---

① 列宁全集：第 39 卷［M］. 北京：人民出版社，2017：333 – 334.
② 列宁全集：第 39 卷［M］. 北京：人民出版社，2017：334.

的新现象和新特点，根据他在英国对经济现象的考察，对资本主义及其发展趋势做出了不同于马克思、恩格斯的判断与认识。他认为经济发展的事实并不像马克思、恩格斯所说的那样，资本不是在走向集中和垄断，而是越来越分散，有产者不是减少而是在增加，由此，他根据自己的分析与判断，得出资本主义不是即将崩溃而是越来越适应社会发展的结论。

列宁详细地考察了19世纪末20世纪初资本主义发展的情况，但他与伯恩施坦关于资本主义及其发展趋势的看法大相径庭，研究列宁对伯恩施坦关于资本主义发展趋势的认识，一方面是我们全面把握19世纪末20世纪初资本主义及其发展的规律性的有力武器，另一方面也能更清晰地了解伯恩施坦关于资本主义及其发展趋势理论的局限性。

马克思认为，由于资本主义自身无法克服与回避的矛盾，资本主义危机是不可避免的。伯恩施坦做出了与马克思的不同判断，他对此是非常自信的。他认为这是他对马克思主义理论的创新，他找到了"经济发展的新材料"能对马克思主义关于资本主义经济危机的理论进行修正。但是，他用什么方法收集资料的呢？他是从一些街头小报中抄下的关于英国有产者人数增加的数字，并以此作为证明资本主义正在走向崩溃的论据，这种论据肯定是没有说服力，也是站不住脚的。因为，首先，从收集的材料看，材料没有代表性，他把不同时期的、用不同方法得来的，没有任何代表性的材料拿来比较，这样的比较是没有任何意义的。他还认为垄断资本统治的事实，并没有改变无产阶级贫困化的事实。而从实际情况来看，在1880—1912年的30年间，工人的工资平均增加了25%，而在同一时期，生活费用至少上升了40%，食品、衣服、燃料和房租都涨价了，因而工人的实际生活水平是降低了，劳动强度也提高了，他们的生活状况并没有像伯恩施坦宣传的那样得到根本改善。虽然阶级矛盾有减弱和缓和的趋势，但不能证明资本主义不在走向崩溃。资本主义就像一个垂危的病人，虽然有几天精神状态还不错，但不能说明他的整体状况是良好的。

卡特尔、托拉斯的调节能力是伯恩施坦特别看重的，也是他认为的利器。伯恩施坦认为随着垄断组织和垄断资本的增长，生产的社会化，逐渐分离的资本所有权与管理权，增加的信贷工具以及通信与信息服务的巨大改善，资本主义并没有消亡的迹象，几乎可以无限期地生存下去。卡特尔和托拉斯的出现能使资本主义从根本上消除危机。伯恩施坦说："不用担心，有现成的药方，因为资本主义自身已经产生了克服经济危机的种种条件，所以'过去发生的危机不再重演了'。"① 列宁在 1908 年所写的《马克思主义与修正主义》中，批驳了伯恩施坦否定资本主义经济危机的理论，他认为，在危机论和崩溃论方面，伯恩施坦是目光短浅的。针对伯恩施坦以卡特尔、托拉斯等垄断组织的发展为根据，而对马克思资本主义"崩溃论"的否定，列宁进行了有力的反击。列宁讽刺那些修正主义者都是"近视眼"，他们把资本主义社会的暂时"繁荣"当作长远发展的前景看待，列宁认为，在工业高涨和繁荣的情况下，想要改造马克思原理的人，是最近视的人。他指出卡特尔和托拉斯虽然具有把生产统一起来的功能，但同时又使生产的无政府状况加剧，那么，在这种情况下"危机的时代并没有过去"，他指出，资本主义所发生的社会危机是资本主义发展过程无法避免的，因为危机是和资本主义紧密相连的，是资本主义制度所孕育的胎儿。"危机仍然是资本主义制度的不可避免的组成部分"②，导致危机产生的"因"是资本主义制度，而危机恰恰是资本主义制度所造成的"果"。这说明列宁找到了危机发生的真正根源，仅仅因为资本主义短期内的工业高涨和暂时的繁荣，就认为资本主义不会消亡，观点是荒谬的，危机只是改变了具体的形式、次序和情景而已。事实确实如列宁所料，资本主义发展的现实无情地打破了伯恩施坦的美梦。19 世纪末很多国家发生了席卷全国的经济危机，日本 1900 年爆发了第一次经济危机，同时期的美国也没有幸免，生产已经开始下降，市场信心开始失稳。1903 年，美国爆发全面危机，并转入萧条。资本主义危机发生的现实向修正主义者表明，危机的时代并没有过去。

二、一战前后列宁对帝国主义特征的探索

列宁是非常重视对资本主义发展过程中新现象的研究的，他在《社会民主党纲领草案》（1895）就注意到资本集中和积累的问题，注意到这些现象的出现对社会生活所带来的影响。列宁因为反对沙皇被流放，在流放中他于 1899 年为《工人报》写的一组文章中有一篇《我们的纲领》，文章说明了马克思主义理论的贡献在于马克思、恩格斯揭示了现代资本主义经济的实质。另一篇，《中国的战争》（1900）中，他研究了发达资本主义国家急于向殖民地国家倾销工业品，所以，他们到处发动战争的丑恶行径。

《危机的教训》（1901）指出资本主义的经济危机好像慢性病发作一样不时反复出现，经济危机的反复出现，说明俄国已经走向资本主义发展道路，且走

---

① 彭树智. 修正主义的鼻祖——伯恩施坦［M］. 西安：陕西人民出版社，1982：353.
② 列宁全集：第 17 卷［M］. 北京：人民出版社，2017：15.

向垄断。《马克思主义和修正主义》除了通过生产与资本不是走向分散而是日益集中，卡特尔、托拉斯等垄断组织的加强对伯恩施坦的修正主义进行批判以外，还主要阐明了资本主义大工业的发展，这是现代资本主义发展过程中出现的新的经济因素。《资本主义社会的贫困化》（1912）说明了工人的绝对贫困化和相对贫困化问题，列宁指出："工人在财富迅速增长的资本主义社会中的比重愈来愈小，因为百万富翁的财富增加得愈来愈快了。"①

《俄国的生产积聚》（1912）是列宁分析垄断资本主义在俄国的情形的一篇文章。他在文章中用具体事实批判了伯恩施坦所认为的资本正在走向分散的言论。从而进一步说明了俄国和其他欧洲的主要资本主义国家一样，生产正在集中到少数大企业和最大企业中。列宁认为，在俄国，通过股份公司吸收中等资本家的大量资本和"零钱"是那些少数百万富翁加强自己实力的一种办法。从此可以看出，列宁在当时就已经把垄断看作是帝国主义的最基本的经济特征。

19 世纪末 20 世纪初，俄国社会开始走上资本主义道路，发达资本主义国家解决过度积累、处理过剩资本的方法，不是扩大内部消费，提高劳动者工资的办法，而是将过剩资本集中到几个资本家银行手中。银行家积累了"过剩资本"，到国外投资放贷，从而进行殖民掠夺、争夺世界市场，这种以金融资本扩张的方式，制造和扩大世界不平等，必然引起战争。而第一次世界大战的爆发，又进一步加剧了资本主义的政治、经济危机，国际上的动荡和矛盾交织在一起，而对帝国主义问题在国际上并没有形成共识，这个问题一时成为国际上最尖锐、最迫切的问题，需要从理论上做出回答。

三、对帝国主义特征的概括与总结

19 世纪末 20 世纪初，为了批判第二国际一些陷入社会沙文主义和社会帝国主义的右翼势力，列宁参阅了大量文献资料，做了大量的实践工作，潜心研究，于 1916 年完成了《帝国主义论》一书，1917 年，该著作发表。在这本专著中，列宁提出了自己的帝国主义理论，发展了马克思、恩格斯关于资本主义发展的趋势理论。列宁的著作是建立在对马克思《资本论》所奠定的磐石般的理论基础之上的，同时他还借鉴了以霍布森、希法亭金融资本和卢森堡的资本积累理论为代表的第二国际理论家的研究成果，如《帝国主义研究》《金融资本》《资本积累论》《帝国主义》等。

在著作中，列宁指出，自 19 世纪 70 年代以来，世界资本主义发生了重大

---

①　列宁全集：第 22 卷 [M]．北京：人民出版社，2017：240.

变化。这主要表现在生产的集中和垄断资本的形成，以及在此基础上形成了金融资本和金融寡头对社会经济政治的全面统治。列宁明确对帝国主义的内在规定性进行了概述，他明确指出垄断是帝国主义的根本经济特征，是帝国主义的实质，说明了金融资本就是银行资本，并对这一历史阶段资本主义发展的新特点进行了概括和总结，考察了资本在 19 世纪末 20 世纪初发展的历史和逻辑及其呈现的新特点，他指出，垄断组织和金融资本统治确立是帝国主义的标志。资本主义发展的一般规律就是自由竞争必然产生集中、集中必然导致垄断。因而，帝国主义的出现也是历史发展的必然。

其次，列宁根据当时资本主义发展的实际情况和对帝国主义经济特征与历史地位的分析，论述了垄断资本主义阶段的帝国主义的五大具体特征，概括起来就是垄断组织的出现、金融寡头和国际垄断同盟已经形成、资本输出开始、领土瓜分完毕。列宁关注资本主义内部具体特征的变化，在他看来，"垄断"仍旧是帝国主义的主要特征。列宁对帝国主义的特征的把握是高屋建瓴的，他既感受到了帝国主义衰亡的气息，说明了资本主义正日益由自由竞争的资本主义走向垄断资本主义，寄生、腐朽和垂死的特征，是垄断资本主义的特性，这是资本主义发展的最高和最后阶段的帝国主义必然体现的特点，但同时，他又看到了资本主义发展的可延续性。列宁认为它们在一定时期内还存在迅速发展的可能性。列宁因而对国家垄断资本主义的发展并不排斥，认为其可以为社会主义提供充分的物质基础，帝国主义实际上是无产阶级社会革命的前夜。1920 年7 月，他再次强调，在帝国主义时代垄断资产阶级收买工人贵族，并夺取工会中的领导地位，给工人运动造成严重危害。这是机会主义的经济根源。

四、银行由普通的"中介人"变成金融资本的垄断者

19 世纪末 20 世纪初，列宁根据马克思、恩格斯对银行信用的分析，对德国和法国几家大银行集中和兼并的数据进行了系统考察，他论证了银行的集中与工业生产集中的必然关系，这样有利于实行工业资本同银行资本的"人事结合"，"垄断是从银行生长起来的"①，这意味着银行本来是普通的"中介人"，现在由于垄断资本的形成，摇身一变成为万能的垄断者。对银行新作用的关注在列宁的《帝国主义论》中有明确的表述。列宁指出了银行是如何根据其特殊的业务职能将自己从一个普通的"中介人"而转变为万能的垄断者，从而控制工业资本家的经济命脉的过程。

---

① 列宁全集：第 27 卷［M］．北京：人民出版社，2017：435.

列宁通过对 1907—1908 年度，德国柏林仅仅九家银行就差不多集中了所有存款的一半的例子，进一步说明了银行业的集中与垄断。在今天的资本主义体系中，银行的这一特点尤为明显。当前，国际性的大银行不但掌握着工业资本家的经济命脉，还将整个世界的各个产业、各个领域（电子、信息、金融、房地产等）都连接在一起。像高盛、雷曼兄弟这样的国际性大银行，在国际性的经营贸易中就起着牵一发而动全身的举足轻重的作用，全球经济形势与国际性大银行的发展息息相关，因此一旦银行资金运转困难，出现呆账、坏账，世界性的经济劫难有可能就会引发。2008 年爆发的全球性金融危机就是一些银行在房价高涨的时候，贷款给一些购房者，当房价低迷的时候，这些购房者无力偿还银行的贷款，由此银行发生了次贷危机，随着高盛、摩根、雷曼等投资银行陷入困境，全球性的经济危机全面爆发，随后，由金融领域的经济危机逐渐蔓延至实体经济，也爆发了危机，不同程度的损失在电力、煤炭、钢铁等大型实体经济中纷纷表现出来，一些小型加工业被迫关门倒闭。列宁在 20 世纪初期就深刻地认识到这一点，他指出："在任何情况下，在一切资本主义国家，不管有什么样不同的银行法，银行总是大大地加强并加速资本集中和垄断组织形成的过程。"① 这说明了银行在金融资本统治中的作用正在日益加强的事实。因而，列宁认为，德国没有托拉斯，"只"有卡特尔，"但统治德国的，不超过 300 个资本巨头。而且这些巨头的人数还在不断地减少"②。列宁举例说，如美国的美联储，它的职能是制定和实施货币政策，提供金融服务，维护金融体系，如果我们仅仅根据它的职能判断，它起的作用相当于美国的中央银行，但谁能想到，它实质上是一个私人银行家和大企业集团的组织，而且是不受政府控制的纯粹的私人组织呢？这些私人组织成了根本不参与任何企业经营、以"剪息票"为生，终日游手好闲的食利者阶级。这些食利者阶级以及所谓的"高利贷国"，他们利用自己的垄断地位收买无产阶级的上层，并通过他们依靠垄断地位和殖民扩张所获取的高额利润来收买工人贵族。在这种情况下，那些对帝国主义充满幻想，不愿意革命，希望通过改良的方式实现社会主义的机会主义分子产生了动摇，变成支持这些代表垄断者利益的政策。因而，垄断的产生对工人革命的积极性产生了消极的影响，它不仅限制了技术的进步和革新，还从根本上阻碍了生产的发展和进步。虽然，当今资本主义发展呈现日新月异之势，但是生产力的发展不仅没有消除帝国主义的"腐朽性"和"寄生性"，相反，随着资本

---

① 列宁全集：第 27 卷［M］．北京：人民出版社，2017：352.
② 列宁全集：第 27 卷［M］．北京：人民出版社，2017：352.

主义自身调节能力的增加，愈演愈烈。

五、对帝国主义的实质与垄断实质的提炼

马克思、恩格斯主要生活在自由资本主义时代，恩格斯晚年虽然资本主义发生了一些新变化，恩格斯也对垄断组织、股份公司的作用进行了概括总结，但是由于帝国主义的特征表现得并不充分，因而对帝国主义的认识还需要进一步深化，而这个任务是由列宁完成的。列宁在分析帝国主义社会的主要特征的基础上，进一步分析了帝国主义的实质。列宁认为垄断是帝国主义的实质，垄断是资本集中发展到一定阶段的产物。在资本主义发展过程中，为了避免竞争，规避风险，企业往往寻求联合。在联合的过程中，企业的规模进一步扩大，竞争进一步加剧，为了避免恶性竞争，就产生了垄断的趋势。列宁指出不管我们认识到也罢，没有认识到也罢，垄断都是一个不可逃避，也无法否认的事实。列宁认为，对有些资本主义国家来说，他们之间的差别，只是在垄断组织的形式上或产生的时间上的一些非本质的差别，这和他们实行保护主义还是实行自由贸易政策没有多大差别，"而生产集中产生垄断，则是现阶段资本主义发展的一般的和基本的规律"①。这说明了垄断作为帝国主义的实质，是生产发展的必然结果。

同时，生产社会化在垄断的推动下，得到了进一步的发展，技术发明与改良的社会化进一步加剧了垄断组织与非垄断组织之间、垄断组织与垄断组织之间的矛盾与竞争。这些少数的垄断资本家仍旧垄断着社会化的生产资料，他们要从国内、国外市场上，从全世界把竞争者排除掉。这样，就使得竞争空前残酷，因而也就具有更大的破坏性。因而，列宁认为，垄断的存在不但没有消除竞争，反而使竞争更加惨烈。"从自由竞争中生长起来的垄断并不消除自由竞争，而是凌驾于这种竞争之上，与之并存，因而产生许多特别尖锐特别激烈的矛盾、摩擦和冲突。"② 资本主义的基本矛盾因为垄断的存在和发展加强了，因而，垄断是帝国主义最深厚的经济基础。"这种矛盾的尖锐化，是从全世界金融资本取得最终胜利时开始的过渡历史时期的最强大的动力。"③ 金融资本这个概念，列宁在《帝国主义论》中做了精辟阐述："生产的集中；从集中生长起来的垄断；银行和工业日益融合或者说长合在一起，——这就是金融资本产生的历

---

① 列宁全集：第27卷［M］. 北京：人民出版社，2017：336.
② 列宁全集：第27卷［M］. 北京：人民出版社，2017：400－401.
③ 列宁全集：第27卷［M］. 北京：人民出版社，2017：435－436.

史和这一概念的内容。"① 列宁关于金融资本的概念，至少说明了金融资本产生的原因，以及产生的条件（生产的集中、垄断，银行和工业的联合、金融资本的内容）。

金融资本攫取高额垄断利润和向社会征收贡赋的种种勾当，及对广大劳动人民的剥削关系逐渐通过列宁对其的揭露显示出来。列宁指出，垄断商品生产虽然依旧"占统治地位"，"依旧被看作全部经济的基础，但实际上已经被破坏了，大部分利润都被那些干金融勾当的'天才'拿去了。这种金融勾当和欺骗行为的基础是生产社会化，人类历尽艰辛所达到的生产社会化这一巨大进步，却造福于……投机者"②。这段话一方面说明了金融资本主义时代已经取代了商业资本主义时代和工业资本主义时代，另一方面也从一定意义上能够说明2008年经济危机发生的部分原因就在于银行业的次贷危机。在资本主义社会，掌握着庞大资本的金融寡头掌握着总公司，并通过其在经济、政治、社会、生活等各个方面的全面参与而实现全方位的统治。

列宁指出："或者说金融资本的统治，是资本主义的最高阶段，这时候，这种分离达到了极大的程度。金融资本对其他一切形式的资本的优势，意味着食利者和金融寡头占统治地位，意味着少数拥有金融'实力'的国家处于和其余一切国家不同的特殊地位。"③ 资本是以逐利为目的，资本唯利是图的本性必然会导致资本的对外扩张。资本对外扩张必然会产生利益分歧从而激化资本主义国家间的固有矛盾，当这种矛盾达到无法调和之态势，就会导致帝国主义战争的爆发，战争为无产阶级革命创造了前提条件。因此，帝国主义的所有具象都被列宁用"垄断"这个逻辑起点联系起来。列宁关于帝国主义本质、基本特征和基本趋势的探索淋漓尽致地诠释了金融资本与金融寡头之间联系的普遍性和客观性。

六、资本主义发展的"两种趋势"并存

理论界关于帝国主义"腐朽趋势"的争论在过去的100多年里经久不息。一些人认为帝国主义的垂死性和腐朽性的论断已然失效，在当代资本主义蓬勃发展的态势下也失去现实说服力。这些人大概只片面关注到帝国主义"垂死的、腐朽的、寄生的"这几个基本特征，而事实上列宁在论述资本主义腐朽趋势的

---

① 列宁全集：第27卷［M］．北京：人民出版社，2017：362.
② 列宁全集：第27卷［M］．北京：人民出版社，2017：342.
③ 列宁全集：第27卷［M］．北京：人民出版社，2017：374.

同时，也论述了资本主义的迅速发展趋势。我们不能一叶障目、不见泰山，以偏概全地做出欠考虑的误判，而是"要全面准确理解帝国主义的腐朽性、寄生性、垂死性，既不能在帝国主义战争、危机和革命高潮中，片面把帝国主义的'垂死状态'理解为马上死亡；也不能面对当代资本主义的新发展，片面得出帝国主义'垂而不死，腐而不朽'结论"①。事实上资本主义的"腐朽趋势"和"迅速发展"二者之间是并存的，它们之间是对立统一的关系，资本主义在此阶段的蓄势发展并不能阻止其内部机体的衰老。资本主义自身固有的矛盾是矛盾群中的主要矛盾，这类矛盾是资本主义自身难以克服的。就像一棵树干已经朽了的大树，虽然暂时还有枝叶，但丝毫也阻挡不住死亡的步伐。

列宁倾向于把"垂死性"等同于"过渡性"，列宁这里所指的"垂死"仅仅指资本主义帝国主义阶段的垂死，而不是说帝国主义的垂死（最终灭亡）。资本主义自身固有的矛盾以及无力解决的困境决定了资本主义最终灭亡的必然趋势，但与此同时，资本主义社会的统治阶级也不是消极被动地等待其灭亡，他们还是千方百计地对其生产关系不断进行调整，当生产关系还能继续容纳生产力发展的时候，资本主义还会继续存在。这是列宁对"两个决不会"思想的继承与发展，虽然通过一定的手段人为地调节生产关系能缓解资本主义矛盾，进而延缓资本主义最终灭亡的时间，但马克思的预言终将会成为现实，帝国主义的垂死性和长期性表明社会历史的发展是自然历史进程，人为的干预只能是历史发展的一个小小插曲，但绝不能改变历史发展的趋势。列宁关于帝国主义发展趋势的论断启发我们要用发展的眼光看待问题。而事物在发展的过程中是量变与质变的有机统一。只有量的积累达到应有的程度才能实现质的飞跃，正如当前所在的资本主义阶段，生产力的发展与生产关系还能彼此相适应，资本主义并未到达最终覆灭的境地。

---

① 李景治. 列宁帝国主义论与当代资本主义的发展［J］. 社会主义研究，2016（3）.

第六章

第二国际理论家对资本主义发展趋势理论
研究的价值、现实启示及局限性

第二国际理论家关于资本主义发展趋势的研究不仅给我们展现了他们不同的思想以及他们之间的论争与冲突，更为重要的是还给予我们方法论的启迪，同时通过他们的论争，我们也可以吸取许多有益的启示。这也是研究他们思想论争的当代价值与意义。

第一节　第二国际理论家对资本主义发展趋势
认识研究的价值

一、列宁对俄国关于资本主义发展错误思潮批判的价值

（一）理论价值

在俄国，由于受到民粹派和"合法马克思主义"、经济派的理论干扰，马克思主义理论传播过程并不顺利。为此，列宁必须扫除俄国资本主义发展道路上影响马克思主义理论传播的障碍，对民粹派、"合法马克思主义"、经济派以及伯恩施坦修正主义这些错误思潮进行批判，列宁在对这些错误思潮批判、鉴别、比较的过程中，对马克思主义批判资本逻辑、揭露资本主义本质与发展的理论进行了发展，为马克思主义理论的传播做出了杰出的贡献。

首先，列宁在研究俄国发展问题时，从俄国社会发展的现实出发，他着重研究了俄国社会生产关系的变化。他既看到了资本主义发展给生产关系带来的变化，对俄国民粹派看不到村社正在瓦解，一味地赞美农村公社公有性，而看不到俄国社会分工的出现，商品经济、资本主义正在发展的事实，对一味否定资本主义、贬低资本主义的行为进行了批判，同时列宁也不是一味地肯定资本主义，他对"合法马克思主义"过度美化资本主义的思想也进行了分析、说明

和批判。列宁在分析俄国资本主义发展情况时，论证了俄国资本主义发展的必然性和历史进步性。但与"合法马克思主义"夸大俄国资本主义发展的永恒性和进步性不同的是，列宁不只是看到俄国资本主义发展的规律性和进步性，还看到了资本主义社会的阶级矛盾和阶级斗争及灭亡的必然性。在与民粹派和"合法马克思主义"的历次交锋中，列宁多次批评他们唯心主义的世界观和形而上学的方法论。列宁以实践为标准，运用历史唯物主义的世界观和唯物辩证的方法论来分析问题、解决问题。列宁在坚持马克思主义的同时，捍卫了马克思主义的真理性，对历史唯物主义、唯物辩证法和辩证唯物主义认识论的坚持贯穿其整个研究过程。

针对"合法马克思主义"一味曲解马克思主义，反对和歪曲马克思主义政治经济学的一系列基本原理的情况，列宁在深入考察俄国国情的基础上，批判了"合法马克思主义"在劳动价值论、资本积聚和集中理论、地租、小农经济稳固论、劳动群众贫困化理论、资本主义再生产和经济危机理论方面，否认资本主义阶级矛盾和阶级斗争，从而否认无产阶级暴力革命和无产阶级专政的行为。"合法马克思主义"者是为资本主义制度辩护的一群庸俗经济学者，他们的一个主要特征就是在研究过程中仅仅是按照社会表面的现象来描述社会经济关系，"经济现实似乎只是一个受永恒自然规律支配的世界，与资本主义毫无联系，抹杀资本主义的固有矛盾，掩盖资本主义的剥削关系，美化资本主义制度，背离了马克思的辩证法，背离了马克思原有的社会批判精神"①。而列宁始终坚持马克思主义的基本立场、观点和方法，说明了对待资本主义的应有态度以及如何把握社会发展的规律性，列宁的分析与批评为我们深入地理解和分析马克思的资本主义崩溃论和危机理论拓宽了思路。

其次，列宁在坚持马克思主义的同时，也捍卫了马克思、恩格斯关于资本主义发展的理论。针对民粹派严重曲解马克思主义这一情况，列宁在深入分析研究马克思、恩格斯关于资本主义发展的理论的基础上，以俄国社会经济为研究对象，通过大量实地调查研究和数据分析，详细阐述了资本主义社会分工理论、市场理论以及产品实现理论，有力地驳斥了俄国民粹派的理论错误，为马克思主义在俄国传播扫清了障碍，进一步捍卫了马恩关于资本主义发展的理论。

最后，列宁将马克思主义基本原理同俄国实际相结合，在社会和时代的发展中逐渐形成其帝国主义理论，推动了马克思主义俄国化的进程，开创了东方

---

① 费小平. "永远是一只鹰"："新马克思主义"先驱罗莎·卢森堡与乔治·卢卡奇［J］. 四川外语学院学报，2008（6）.

马克思主义的先河。晚年的马克思和恩格斯已经开始关注俄国社会发展道路的问题，但由于各种原因，他们未能进行深入而系统的研究。随着列宁登上俄国的政治舞台，以俄国历史现状为基础，运用马克思主义研究俄国社会发展问题的重任落到了列宁的肩上。在与民粹派的具体论争中，列宁坚持了马克思主义，捍卫了马克思主义。

（二）实践价值

不论现在、过去还是未来，研究列宁和民粹派、"合法马克思主义"者关于资本主义发展趋势的论争都具有重要的价值和意义。以列宁为代表的俄国马克思主义者在与非马克思主义者的论争过程中深刻认识了唯物论、辩证法、社会主义等马克思主义的重要内容，这一论争对我们认清非马克思主义的本质具有重要作用。这些价值和意义在当下也不断闪耀着真理的光辉。研究列宁与民粹派、"合法马克思主义"者的论争过程对认清非马克思主义的本质，警惕和防范非马克思主义思潮的侵蚀，筑牢思想基础具有重要作用；对理清生产关系的实质进而明确社会主义的本质，对防范化解重大风险，坚定社会主义道路自信具有十分深远的意义。

1. 有助于警惕和防范非马克思主义思潮的影响，筑牢思想之基

民粹主义在俄国的发展有着极其深厚的土壤，对俄国思想界、理论界影响巨大。俄国民粹主义一直幻想着俄国有农村公社，村社具有社会主义的因素，可以不经过资本主义的苦难，跨过资本主义的"卡夫丁峡谷"直接过渡到社会主义，由于其自身的阶级局限，民粹派表面是为人民谋出路，实则是在大力宣传小资产阶级社会主义思想。俄国民粹主义思潮不仅干扰了知识分子的价值判断，同时也阻碍了马克思主义在俄国的传播。现今，民粹主义在全球范围内卷土重来，中国也不同程度地受到影响。由于具体历史的限制，中国共产党缺乏与民粹派关于资本主义发展趋势的论争经验，而研究列宁与民粹派的论争过程能帮助我们党更深刻地认清民粹主义的本质，在掌握丰富资料的基础上全面批判民粹主义，进而降低民粹主义对中国社会产生的不良影响。

当前民粹主义在中国发展出新样态和新的表现形式。首先，民粹主义与其他主义相互交织，如前几年震惊全球的"萨德事件"，其实质是民粹主义刺激下的一起极端民族主义事件。其次，互联网的巨大运用使得民粹主义逐渐与网络相交融，不少极端分子借助互联网的虚拟性，在网络上大量散布不实言论，煽动民众情绪，故意抹黑政府，这种行为不仅严重污染网络环境，还极大地破坏了政府的公信力。最后，在市场经济的影响下，民粹主义呈现出与资本结合的

趋势，日益变成资本追逐利益的工具。

当今中国，马克思主义在意识形态领域占据主导地位，但非马克思主义思潮从未停止对马克思主义的攻击和诘难，意识形态领域显得异常错综复杂，其中以民粹主义、新自由主义、民主社会主义、历史虚无主义为最。如何有效警惕和防范非马克思主义思潮对意识形态领域的冲击，是摆在当今中国人面前的一个难题，它关乎社会主义现代化建设，也涉及主流价值观地位的确立，是马克思主义理论者当前最重要的任务。现如今，我们要切实做好马克思主义理论的研究和宣传工作，不断用社会主义核心价值观凝聚力量，筑牢思想之基；同时也要做好向后看的工作，重新回顾马克思主义作家与各种非马克思主义思潮斗争的过程，不断总结经验。

2. 透过经济现象揭示生产关系实质，明确社会主义本质

俄国民粹派对"人民经济"的论述是与资本主义经济联系在一起的，他们将二者对立，在没有对俄国社会发展事实进行深入调查研究的情况下，仅仅从俄国经济现象便武断地认为俄国可以走"非资本主义道路"。但现实情况是俄国资本主义在经历改革后仍处于不发达的状态，与西欧的发达资本主义国家相比，俄国在生产力、生产关系、市场发展和社会分工等方面仍有很大差距。其中一个重要缘由是农奴制的残余使得资本主义生产关系处处体现旧时代的烙印；同时在历史观和方法论上的局限也使得民粹派看不到资本主义生产的有利一面，只从村社制的表象出发，使得它根本无法揭示生产关系的实质。另一方面，列宁则科学地提出了资本主义经济是对"人民经济"的扬弃。对列宁与民粹派关于"人民经济"论争的研究能帮助我们更加清晰地了解社会主义的本质。

进入新时代，我国社会的主要矛盾发生重大变化，但社会主义初级阶段的最大实际没有变，马克思主义经典作家所论述的社会主义发展到高级阶段之后生产力和生产资料都优于资本主义的设想与当前我们国家这个最大的实际并不相符。基于这一客观实际，党和国家提出要坚持调动一切积极因素，为社会主义现代化建设服务。其中，党的十一届三中全会做出改革开放的伟大决策，在所有制、分配方式和经济体制方面都做出了巨大的改变，在其中加入了部分私有制的因素，这是符合我国国情的正确做法，对于发展落后生产力有巨大推动作用。

但是公有制和私有制的并存使得部分人质疑中国特色社会主义是否改变了性质、改掉了方向，甚至将中国特色社会主义曲解为"中国特色资本主义"。这些投机分子只是看到社会生活中出现了非社会主义的因素，就大肆攻击和诘难社会主义，其实他们根本不明白社会主义生产资料的占有形式和公有制的主导

地位，也不明白中国特色社会主义到底特色在何处，更不能深刻把握社会经济关系的本质，他们犯了与民粹派类似的错误。因此，对民粹派错误思潮的分析批判能够帮助我们准确辨别对中国特色社会主义进行敌视和攻击的各类错误思潮，也有助于我们从社会经济现象中更好地揭示生产关系的实质，明确社会主义的本质，坚定地朝着社会主义现代化道路前进。

3. 以发展的眼光审视社会主义初级阶段，坚定中国特色社会主义道路自信

民粹派十分不看好俄国资本主义，认为俄国资本主义不论是和西欧大机器阶段的资本主义还是国内的村社经济相比都不占任何优势，所以他们得出的结论是推动俄国经济社会发展的重任不能由俄国资本主义来执行。但民粹派应当知道，当时俄国的资本主义处于不发达阶段，将它与成熟的西欧资本主义做比对来贬低本国资本主义是十分不合理的。马克思主义经典作家以生产力发展水平的高低为基础，实事求是地将资本主义的发展分成小商品生产、工场手工业生产和大机器生产三个阶段，三个阶段同时对应资本主义发展的不同时期。这也就意味着资本主义生产力的不断发展将会使得资本主义的发展阶段发生相应的改变。列宁继续强调尽管当前阶段俄国资本主义生产力发展水平较低，但俄国资本主义走向更高发展阶段则是历史的必然趋势。

唯物辩证法强调任何事物的发展都不会一帆风顺，都要经历由小到大、由弱到强的转变，事物本身也会呈现出不同的阶段性特征。对此，我们要坚定信心，从事物所处的具体历史环境以及它的未来发展前景两方面来审视这不同的发展阶段，做到心中有数。"前事不忘后事之师"，列宁与民粹派关于资本主义发展阶段的争论，对于我们认识社会发展阶段理论能提供有益的启示，因而，我们对社会发展的认识不能死板僵化，既要相信社会主义向更高阶段发展的必然性，不断坚定对中国特色社会主义的道路自信，又要看到发展道路的曲折性。

在发展阶段问题上，社会主义同样也会经历由低到高的发展，对某个较低发展阶段的社会形态的评价必须结合当时生产力的实际状况，不能用超前阶段的标准来衡量现阶段低水平的现状。当前我国社会主义处于初级阶段，有些不怀好意之人用共产主义阶段的特征来要求社会主义这显然是有失公允的。

同样地，我们国家对社会主义的探索也经历了一个由表及里、由不懂到懂的过程。在理论层面，我们经历了从不了解社会主义、盲目探索到改革开放后邓小平提出社会主义的本质，强调社会主义初级发展阶段的观点再到现在坚定走中国特色社会主义道路，表明我们党对社会主义的认识正在不断深化，也表明马克思主义与中国具体实际相结合取得巨大成就。在实践层面，中国共产党多次强调尽管我们国家走上社会主义的发展道路，但经济文化落后的现状并没

有变，与西方资本主义国家相比仍有很大差距。基于此，一些人开始极力颂扬资本主义制度，不断贬低我们的社会主义制度，但事实却是，社会主义尤其是中国特色社会主义的制度优势是任何其他制度比拟不了的。我们不要学民粹派盲目看待资本主义的错误做法，不要用共产主义的社会形态和资本主义高度发达的状态来要求社会主义初级阶段，要坚信随着社会生产力的发展，社会主义向更高阶段迈进是历史的必然。正如习近平总书记所强调的那样，我们有信心，有能力在21世纪中叶把我们国家建成富强民主文明和谐美丽的社会主义现代化强国。

二、视域拓展和视角转换的批判有助于深化对资本主义的理论认识

第二国际理论家对资本主义发展趋势的研究，由于研究方法、历史背景的差异，导致研究结果迥异。以列宁、卢森堡为代表的马克思主义者能够坚持唯物主义辩证法，用一分为二的观点看问题，而伯恩施坦主义者、民粹派、"合法马克思主义"者们则采取了一种"非此即彼"的两极对立思维方式，这种两极对立的思维方式也使得他们的认识偏离了对资本主义和社会主义发展规律的把握，因而他们不可能客观地看待资本主义与社会主义关系。须知资本主义和社会主义之间不是简单的对立关系，而是"非此即彼"与"亦此亦彼"的对立统一关系。

（一）资本主义与社会主义的"非此即彼"与"亦此亦彼"的对立统一关系

恩格斯指出我们在看待客观事物的时候，不应该思维固化，"非此即彼！"而是应该在对立中看到统一——"亦此亦彼！"卢森堡在1899年《社会改良还是革命？》中第一部分"伯恩施坦的方法"专门批判了伯恩施坦把社会改良与社会革命对立、把目的与运动对立起来的形而上学思维方式，是一种"非此即彼"的两极思维方法，这说明了伯恩施坦在分析问题、处理问题时经常把问题简单化、孤立化。他认为要么资本主义崩溃论是正确的，要么资本主义适应论是正确的，那么按照伯恩施坦的这个非此即彼的推理，"或者，伯恩施坦对资本主义发展过程的看法是对的，那么社会的社会主义改造就是空想，或者，社会主义不是空想，那么'适应工具'就必然站不住脚。问题就在这里"①。伯恩施坦这种形而上学的思维方法导致他看不到社会主义发展的历史必然性与资本主义暂

---

① 中共中央马克思恩格斯列宁斯大林著作编译局国际共运史研究室. 卢森堡文选：上卷［M］. 北京：人民出版社，1984：74.

时出现繁荣的关系，当然更无法理解马克思"两个必然"与"两个决不会"的辩证统一关系。在该看到统一的时候，他只看到对立。在该看到对立的时候，他又试图调和资产阶级和无产阶级的矛盾，认为通过改良可以消除危机，消灭资本主义社会的根本矛盾，这就犯了机械的、非辩证的理解错误，本来是对立的矛盾，却试图调和。在对待经济危机，这个资本主义制度无法消除的现象的时候，他却把危机看作是经济机器中的故障，如果危机停止了，这部机器就可以正常地运转。但是，危机事实上不是平常意义上的"故障"，而是资本主义社会中不可调和的矛盾，它根源于资本主义私有制。伯恩施坦这种形而上学的思维方法是在本来应该看到对立的地方，"非此即彼"'地方却看到"亦此亦彼！"同时本来应该看到"亦此亦彼！"的时候，却只看到"非此即彼"。民粹派和"合法马克思主义"也犯过类似这样的错误。如民粹派一味贬低、否定资本主义，而夸大农村公社的作用，他们看不到资本主义发展的历史进步性，看不到资本主义与社会主义的"相互依存和联结"，更不清楚资本主义与社会主义这种相互依存的现象不是按个别人的意志存在的，而是按照事物的内在规律发展的。伯恩施坦与"合法马克思主义"在美化资本主义制度上也是如此，他们的思想不仅是不合时宜的，而且是错误的。

通过列宁对俄国民粹派、"合法马克思主义"、伯恩施坦及考茨基关于资本主义发展趋势理论的认识与批评，可以让我们清楚地知道列宁与俄国民粹派、"合法马克思主义"、伯恩施坦及考茨基资本主义观的分歧所在。作为一个多世纪前出现的社会思潮，俄国民粹主义、"合法马克思主义"、伯恩施坦及考茨基在资本主义发展的初期或者某个特定历史环境和政治背景下，他们对社会主义或资本主义的认识曾有过短暂的积极意义。但与列宁为代表的马克思主义相比，其两极对立的思维方式及与马克思主义相左的世界观和方法论，以及本质立场注定了他们将被社会历史所淘汰的命运。

当然，第二国际理论家关于资本主义的认识并非是一无是处的。在考察第二国际理论家的理论时，我们要充分认识，明辨是非，对于他们理论的进步性和落后性必须结合当时的社会实际和历史环境来看待。正如列宁所言，我们必须严格地将其落后一面和进步一面区分开来。如果不假思索地将他们的全部理论否定掉，也就同样犯了形而上学的错误，即孤立、片面、静止地看待资本主义及其发展。以伯恩施坦为代表的修正主义者其共同的理论缺陷在于他们跳不出一定的阶级局限和时代局限，罔顾发展事实，将事物发展的客观规律抛掷脑后，因而，他们的理论必将被历史抛弃而湮没在历史的洪流中。而与此相反，同样是第二国际理论家的列宁和卢森堡处于相同的时代条件下，他们也提出了自己对资本主义发展趋势的看法，他们的思想也会受到历史、时代的各种局限，可能在某些方面存在某些欠缺或者错误，但是他们却能做到"不唯上""不唯书""只唯实""不媚俗""不欺下"，进而发展成为马克思主义理论家的典范。这一对比发展启示我们：任何思想都有其产生的土壤和时代特征，都会受到当时的历史和时代所局限；而这些思想也必然会随着社会实践的变化存在不适应时代发展的内容，而我们所能做的就是，直面这些问题，认真调查研究，紧紧抓住社会发展实际，理清时代发展脉络，遵循社会发展的客观规律，将认识和实践统一起来，对不适应社会和时代发展的思想或者理论进行"扬弃"。俄国民粹派和"合法马克思主义"者关于资本主义的认识就是对待资本主义的两种极端态度，俄国民粹派否定资本主义发展，而"合法马克思主义"者又过度美化资本主义，这两种错误思潮，就是没有充分了解俄国当时发展的实际。在马克思主义中国化的进程中，我们也曾持有过排斥资本主义和美化资本主义的"左"或者右的论调。一派是将资本主义视为洪水猛兽，必欲除之而后快，他们认为市场和社会主义是格格不入的，市场是资本主义的产物，这就犯了"左"的错误。另一派却把资本主义说成"人间天堂"，对资本主义大加赞美、极力美化，粉饰资本主义的剥削本质，否定资本主义矛盾，认为资本主义的一切都是好的，主张学习西方，全盘西化。这就是右的错误。在对待资本主义和社会主义的认识上之所以出现这些错误是因为相关理论与现实发展严重脱节，理论创新跟不上实践的新发展和时代的新要求。因此，解放思想，实事求是在推进马克思主义中国化进程中显得尤为重要。历史实践证明，改革开放40多年的历程正是中国特色社会主义以实事求是为准绳，不断解放思想，与时俱进，实现理论创新、制度创新和实践创新的过程。

在历史发展规律面前，我们任何人都要以实践作为检验、评价人物功过、理论对错和新事物发展等问题的唯一标准。那些把某个人的思想甚至是马克思主义经典理论作家的个别论断作为鉴定正误、评判是非的唯一标准的人，犯了"唯上""唯本本主义"的错误，必将被历史和时代所淘汰。只有坚持实事求是，做到"不唯上""不唯书""只为实"，才能真正做到尊重历史，尊重事物发展的客观规律，在纷繁复杂的斗争中激浊扬清，还历史事实以本来面目。

（二）拓展批判视域，为我们深入地理解和分析马克思的资本主义崩溃论和危机论拓宽了思路

伯恩施坦对资本主义适应论的判断，虽然不是完全正确，但也不是完全没有道理，因而其理论对当时的社会民主党人和我们理解资本主义具有很大的迷惑性。列宁、卢森堡、考茨基对其理论的批评与认识以及他们对资本主义的独

特理解，无一例外地都抛开了一些细枝末节，从总体上来批判资本主义，这为我们全面地理解和看待资本主义的发展，深入理解和分析马克思的资本主义崩溃论和危机论拓宽了思路。

列宁在《帝国主义论》中运用整体性方法，科学地揭示了垄断是帝国主义停滞和腐朽的经济根源，但是，列宁并没有因噎废食，而是辩证地看待垄断的作用，并没有把这种因垄断而引起的停滞绝对化。因此，他不是仅仅看到帝国主义存在腐朽趋势，同时，他还指出帝国主义还存在迅速发展的趋势，这实际上反映了列宁对待资本主义发展的辩证唯物主义态度。列宁并没有低估资本主义自我调节能力（即适应能力）。我们必须充分认识到金融资本主义这种既腐朽、垂死又迅速发展的特征，才能保持清醒的头脑。

马克思、恩格斯就预言："资产阶级的灭亡和无产阶级的胜利同样是不可避免的。"① 马克思、恩格斯后来又根据形势发展，对"两个必然"做了进一步补充，他们指出："无论哪一个社会形态，在它所能容纳的全部生产力发挥出来以前，是决不会灭亡的；而新的更高的生产关系，在它的存在条件在旧社会的胎胞里成熟以前，是决不会出现的。"② 列宁在《帝国主义论》中提出了"帝国主义是垂死的资本主义"的著名论断，又说资本主义可能在腐烂状态中保持一个比较长的时期。这就告诉我们：任何一种社会形态的灭亡及其向另一种社会形态的过渡，必然是一个十分漫长的过程。

卢森堡在对伯恩施坦资本主义适应论的批判中，也采用了总体性的思维方法，她并不像伯恩施坦那样，只抓住资本主义社会的一些表面现象不放，如伯恩施坦在 1898 年《崩溃论与殖民政策》异常激动地批判马克思的危机理论，认为马克思的危机理论已经过时，普遍性营业危机已经消失，他就是抓住了一些具体的事实，只看到问题的表面现象，但事实并不如伯恩施坦所愿，他的那些琐碎的事实，并不能控制 1900 年和 1907 年又接连不断暴发的一个个剧烈的危机的残酷事实，这表明伯恩施坦所倡导的"资本主义适应论"的失败。同时也说明了表面的繁荣并不能阻止危机的发生，只要资本主义私有制存在，危机的时代就不会过去。只不过，由于资本家参与了组织和调配，在一定程度上改变了危机的发生间隔时间。正像列宁在《马克思主义和修正主义》中所指出的："卡特尔和托拉斯把生产联合起来了，但是大家都看到，它们同时又使生产的无政府状态变本加厉，使无产阶级的生活更加没有保障，资本的压迫更加严重，从

---

① 马克思恩格斯文集：第 2 卷 [M]．北京：人民出版社，2009：43.
② 马克思恩格斯文集：第 2 卷 [M]．北京：人民出版社，2009：592.

而使阶级矛盾尖锐到空前的程度。最新的巨型托拉斯恰恰特别清楚、特别广泛地表明资本主义正在走向崩溃，不管这是指一次次政治危机和经济危机，还是指整个资本主义制度的完全崩溃。"①

卢森堡对伯恩施坦的批评方法，是继承了马克思总体性方法论，并以此为武器来批判伯恩施坦的，匈牙利作者卢卡奇（Georg Lukács）在《历史与阶级意识——关于马克思主义辩证法的研究》专门写了一章《罗莎·卢森堡的马克思主义》，卢卡奇在文章中对卢森堡针对伯恩施坦的批评进行了高度评价。伯恩施坦用来质疑马克思危机理论的证据是 1873 年之后 20 多年没有出现普遍的经济危机，确实，因为资产阶级统治策略的调整，资本主义世界经济问题的间隔周期拉长了，但问题根本是我们判断资本主义社会最终会不会走向灭亡，不能仅仅根据危机周期的长短，伯恩施坦只看到了问题的表象，而实际上，我们要分析，马克思所分析的危机的内在结构和危机深藏的一般原因还存在不存在？它们根植于资本主义生产方式之中。因而我们在分析伯恩施坦的资本主义适应论和当前的经济现象时，应该能够透过错综复杂的资本主义世界的表象看清问题的实质，不被一些假象蒙蔽双眼。比如，对待当前的全球性金融危机，有些人不联系资本主义私有制的内在矛盾，不联系金融资本逐利的本性，不联系资本主义制度的本质，不了解资本主义基本矛盾是"包含着现代的一切冲突的萌芽"的，资本主义生产方式越是占统治地位，越是发展，"社会化生产和资本主义占有的不相容性，也必然越加鲜明地表现出来"②，仅仅只是从现象本身来看待危机，认为金融危机的产生主要是由于"金融市场上的投机活动失控""市场约束机制失灵""金融监管机制失职"或"借贷过度"以及银行家的贪婪等引起，那么，天天标榜"完美"市场制度的美国，怎么没有能够防止金融危机的爆发呢，更谈不上从错综复杂的资本主义发展的现象中看清危机的实质了。

无论列宁、布哈林和卢森堡政治观上分歧如何，他们在帝国主义是"资本主义的最后阶段"，或者是"腐朽的资本主义"的一种表现形式上保持了高度一致。卢森堡指出："帝国主义虽然是延长资本主义寿命的历史方法，它也是带领资本主义走向迅速结束的一个可靠手段。"③ 因此，关于"资产阶级的毁灭不可避免"的这些论述不仅反映了当时的革命家所感受到的政治乐观主义，而且也

---

① 列宁专题文集·论资本主义 [M]. 北京：人民出版社，2009：294.
② 马克思恩格斯文集：第 9 卷 [M]. 北京：人民出版社，2009：287.
③ 罗莎·卢森堡. 资本积累论 [M]. 彭尘舜，吴纪先，译. 北京：生活·读书·新知三联书店，1959：359.

是那时普遍接受地对资本主义的结构主义和功能主义的理解，这种理解认为资本主义必然走向毁灭。事实上，他们都是在一战的背景下进行写作的，之后是短暂的繁荣，然后就爆发了大萧条和二战——所有这些都支持他们的论点，即全球体系是岌岌可危的。一百年过去了，资本主义依然存在，但可能表现出了新的特征。我们依然可以将资本主义视为帝国主义，而且资本主义的确不断遭遇内在趋势所导致的危机。资本主义生产通常与消费不足（或生产过剩）的趋势相联系。这个趋势可以表现为一场危机或者生产的停滞。这两者，一个可能是突然袭击，像龙卷风一样，一个可能是来得比较稳，又缠绵不绝，像梅雨。消费不足的趋势是资本主义所固有的，而且看来只能以生产资源的局部弃置来加以克服，所以，停滞始终是资本主义生产的特征。在过去几个世纪里，资本主义扩张得厉害，只有周期性的危机和偶尔发生的停滞破坏了这种上升的趋势。

对卢森堡来说，帝国主义的国际关系必然会导致对劳动的掠夺与剥削，"资本需要全球范围内的生产资料和劳动力来维持畅通无阻的积累"，因此"如果没有所有领土上的自然资源和劳动力，它就难以为继……"

三、正确理解资本主义"两种趋势"及历史过渡的长期性

我们知道，马克思所揭示的"两个必然"说明了资本主义的本质注定了资本主义必然走向灭亡，但同时马克思"两个决不会"又辩证地说明了社会主义代替资本主义的长期性。这个历史过程不仅是曲折的，有时甚至会发生逆转，倒退。列宁对此曾经明确说过："每个时代都而且总会有个别的、局部的、有时前进、有时后退的运动。"① 如苏联的解体、东欧的巨变。这就意味着这一过渡时期不会在较短的时间内结束，也意味着社会主义不会在较短时间内就能代替资本主义。理解马克思、恩格斯"两种趋势"理论对于我们理解当代资本主义发展中所遇到的问题，意义非常重大。

（一）当代资本主义生产力迅猛发展与经济停滞不前两种趋向同时存在

当代资本主义主要是指自第二次世界大战结束以来西方发达国家的国家垄断资本主义。随着科学技术的发展，资产阶级采取了一系列调整措施，使得当代资本主义发展呈现出复杂多变的倾向，时代的变化的确对马克思、恩格斯、列宁等经典资本主义理论的一些结论形成了挑战。在表现形式、自身结构等方面，当代资本主义的确已经发生了巨大变化。当代资本主义生产力快速发展与

---

① 列宁专题文集·论资本主义 [M]．北京：人民出版社，2009：91.

经济停滞两种趋向同时存在的现象。

晚年恩格斯不是简单地继承了"两个必然"和"两个决不会"理论，而是批判地继承和发展了这两个理论。他在继承与发展中不断创新，这突出的表现在晚年恩格斯对资本主义会"速灭"的批评、修正和发展上。恩格斯晚年针对资本主义世界的新变化对早年的研究做出了一些修正与发展，但这并不意味着资本主义可以和平长入社会主义，更不意味着马克思预言的失效，更不能作为否定马克思主义科学性以及合理性的证据。这些变化正是资产阶级根据马克思的批判对资本主义生产关系进行针对性调整的结果，这也在一定程度上改变了马克思主义理论的部分前提条件。

前面我们探讨过列宁着重从社会分工和国内市场的角度，不仅考察了俄国是怎样由自然经济和商品经济向资本主义转变的事实，而且根据 19 世纪末 20世纪初世界资本主义发展的特征分析，形成了他的"趋势"的理论，这就是资本主义已走向停滞和腐朽的趋势，但他同时强调，"停滞和腐朽"是资本主义发展的必然趋势，如果以"停滞和腐朽"的趋势而排除了资本主义的迅速发展，那就是明显的错误。因而，列宁所指出的资本主义已经停滞与腐朽的趋势，是在当时革命浪潮风起云涌的背景下对无产阶级革命前景的积极展望，是一种革命的乐观精神，同时也是对 19 世纪末 20 世纪初世界资本主义的弊病和危机的深刻揭露，但实际上，列宁也清醒地认识到资本主义是有生命力的。

我们应该充分揭示当代资本主义发展性与寄生性并存、生产性与腐朽性同在、垂死性与长期性相伴的现实，并做出有说服力的阐释。当前资本主义尚有调整能力和发展能力，这也决定了关于资本主义发展趋势的世纪性论争依然不会结束。

当代资本主义有的国家发展呈欣欣向荣、蓬勃发展之势，而有的国家则显得老态龙钟，经济发展显现疲态。这说明他们几十年的发展并不是平衡的，矛盾性日益凸显。当代资本主义作为一个整体，仍然在创造着经济奇迹，推动着生产力飞速发展。但是，在有些国家，也就是说当代资本主义的发展呈现两种趋向，既存在着生产力快速发展的趋向，也存在着经济停滞的趋向。列宁的这个结论被全球资本主义或国际垄断资本主义阶段呈现的新变化和新特点进一步验证了。

1. 当代资本主义存在着生产力快速发展的趋向

马克思、恩格斯在《共产党宣言》中曾经充分肯定资本主义在反对封建专制过程中和生产力发展中所起的重大作用，他指出资本主义"创造了完全不同于埃及金字塔、罗马水道和哥特式教堂的奇迹；它完成了完全不同于民族大迁徒和十字军征讨的远征。"① 与此同时，马克思、恩格斯也充分肯定了资产阶级所起到的历史进步作用，"资产阶级在它的不到一百年的阶级统治中所创造的生产力，比过去一切时代创造的全部生产力还要多，还要大"②。

首先，当代资本主义推动了科学技术的进步。近几十年来，人类在科学技术方面取得了突飞猛进的进步。在美国、日本、德国、英国、法国等发达国家的主要推动下，航天技术、微电子技术、原子能技术、新材料技术等的出现，掀起了新技术革命的浪潮。

其次，科学技术推动了生产力的发展。科学技术随着几次科技革命的推动，正在起着加速推进的作用，如果说蒸汽时代，科学技术是起着合力的作用，那么信息时代，科学技术就起着 N 次方的作用。

再次，当代资本主义总体上保持了经济的持续增长。虽然资本主义在发展的过程中，几乎每隔十年就要发生一次经济危机，但是资本主义在发展的过程中也在不断调整自己。自罗斯福新政和凯恩斯主义推行以来，尤其是二战后，资本主义发生了重大的变化。从总体上看，战后资本主义各国的经济仍然保持着持续增长的势头。

2. 当代资本主义存在着经济发展疲软的迹象

法国著名学者米歇尔·阿尔贝尔（Michel Albert）指出："目前的资本主义不管其性质如何，都处于垄断地位，似乎是铁板一块。然而，如果一个个地考察，只要深入具体事物中就可以看到，恰恰相反，不同国家中存在着真实的资本主义，资本主义像生活一样，是多种多样的。"③ 阿尔贝尔认为，资本主义不是只有一种模式，因而各个资本主义国家发展也是不同的。当代资本主义的发展前景并不容乐观，可以说发展一度处于困境。

首先表现为：美国经济困难重重，前景堪忧。20 世纪美国所取得的所有经济成就和发展都伴随着反复出现的严重的危机和困难。保罗·沃尔克（Paul A. Volcker, Jr）在《纽约时报 100 年》写道："我们注意到，20 世纪发生的所有的巨大经济成就、所取得的所有发展都具有同样的特征——伴随他们反复出现的是严重的危机和困难。"2008 年全球爆发了资本主义危机，作为当代资本主义领头羊的美国首当其冲，受到很大影响，经济长期疲软，失业率大增，各种

---

① 马克思恩格斯文集：第 2 卷 [M]．北京：人民出版社，2009：34.
② 马克思恩格斯文集：第 2 卷 [M]．北京：人民出版社，2009：36.
③ 阿尔贝尔. 资本主义反对资本主义 [M]．杨祖功，杨齐，海鹰，译．北京：社会科学文献出版社，1999.

社会问题接踵而至。2011 年，美国又爆发债务危机，使本已脆弱的市场神经更加敏感，悲观气氛再次浓烈。2016 年特朗普的当选被视为"黑天鹅"事件，这个老牌的自由资本主义国家居然逆潮流而动，甚至刚刚上任三天，就退出了奥巴马政府苦心经营的 TPP。甚至有人认为，全球化逆转了。现在，特朗普又是频频发动贸易战，也是试图通过对其他国家的限制，来挽救持续低迷的本国经济。这次新型冠状病毒性肺炎疫情全球肆虐，美国新型冠状病毒性肺炎人数与死亡率都高居全球首位，失业人数目前已到达 200 万人，美国的经济受新冠疫情影响，必然一蹶不振。

其次，欧洲经济困难重重。英国脱欧，"火车头"德国经济发展变缓，意大利等许多国家陷入债务危机。这次新型冠状病毒性肺炎疫情欧洲也因为防控不力，是疫情比较严重的地区，他们的经济发展也是处于萎靡状态。

（二）当代资本主义具有容纳生产力发展的空间和能力

第二国际理论家关于资本主义发展趋势的批判、论争，可以让我们清楚地知道资本主义制度是具有一定的调整能力的。当代资本主义社会虽然存在着生产力和生产关系的严重矛盾，西方世界也发生了像 2008 年那样全球性的金融危机，也存在着诸多破坏生产力发展的社会因素，但是资本主义社会的这些矛盾在资本主义社会关系的范围内尚能被调解，而且当今的资产阶级的领导层也意识到这种调整的必要性，这意味着资本主义社会仍具有容纳生产力继续发展的能力；意味着社会主义代替资本主义的过程，必然要经历与他们的交流、合作、竞争、较量。

这启示我们，一方面新社会因素逐步产生，具有不可避免性，另一方面当代资本主义进一步增强了发展中的不确定性。特别是"不靠谱"的特朗普上台以后，美国与全球在经济、政治、文化上的冲突越来越明显。美国发动贸易战，极大增强，影响全球安全和稳定的不确定因素，这预示着当代资本主义将是一个较长的历史发展过程。

当代资本主义国家为了适应生产力的发展，避免经济危机的发生，他们也采取了一些措施来缓和阶级矛盾，这些带有一些社会主义元素的措施不同程度地缓和了社会矛盾，他们又借助现代市场经济体制的特性，使资本由私人垄断走向国家垄断、国际垄断，资本主义依靠各种联合来共同规避风险，客观上调节了资本主义的生产关系，资本主义的寿命在某种程度上得以延长。

我们研究的 19 世纪末 20 世纪初，作为 100 多年前出现的资本主义生产关系新变化，使资本主义世界呈现出一片欣欣向荣的发展景象。当代资本主义也出现了新的变化，但"万变不离其宗"，其本质并没有发生根本性的改变。资本的逐利本性仍旧没有改变，雇佣劳动和私人所有制仍然是这个社会的基本制度。生产社会化和生产资料私人占有之间的矛盾仍旧是当代资本主义的基本矛盾，这种矛盾在资本主义制度内部依然是不可能解决的，最终取而代之的必将是新的社会形态，而这种社会形态也不是空穴来风，依然是在资本主义胎胞里孕育产生的。

正如晚年恩格斯所言，我们要用辩证的、系统的、开放的眼光对待历史和研究现实。在考察生产资料所有制、劳资关系、分配理论和经济危机的变化时，我们必须结合当时的社会实际和历史环境来看待其变化的形式和实质。如若不假思索地肯定资本主义可以和平长入社会主义，就犯了以伯恩施坦等为代表的"修正主义者"的错误，即全盘否定马克思、恩格斯的理论。伯恩施坦的缺陷在于其跳不出阶级局限和时代局限，他不仅盲目地歪曲事实，而且不择手段地从一些不具有权威性地小报上寻找论据，企图证明自己的论断正确，这实则是一种不负责任的态度，也说明了他的理论和信仰偏颇。反观马克思、恩格斯两人，他们为《共产党宣言》先后写了七篇序言，对他们前期的理论进行了发展，尽管他们的理论在某些方面可能存在局限性，但是他们实事求是、与时俱进，不断完善和发展理论的态度，都是值得学习的。

（三）向社会主义过渡的长期性

辩证唯物主义认为，事物的发展变化有两种质变形式，即爆发式飞跃与非爆发式飞跃。一般说来，爆发式飞跃持续时间较为短暂，而非爆发式飞跃持续时间较为漫长。从资本主义社会向社会主义社会的转变也存在着两种质变方式，俄国、中国等国家，通过暴力革命这种爆发式飞跃来完成了资本主义向社会主义的转变。而当代资本主义国家虽然对社会主义是反对的，但是他们所采取的国家垄断资本主义措施，也包含着社会主义的元素。资本主义制度最终必然会由于不可克服的矛盾走向崩溃，不过这种不经过革命的方式不可能像爆发式飞跃一样短期完成，它将经过一个长期的演变过程。为什么这些国家会通过剧烈革命在较短时期内完成社会更替，而当代资本主义向社会主义转变却是一个漫长的过程？其深层次的社会原因在于：俄国和中国在爆发革命前，大地主、大资产阶级统治者在政治上全面反动。他们对无产阶级及广大劳动者实行残酷镇压，禁止无产阶级政党合法存在，拒绝同工会组织合作，对工人阶级及工会组织的要求不做任何让步，对工人阶级的罢工斗争一味采取高压政策，国内充满了白色恐怖。在经济上，他们不对旧的社会关系进行重大调整，致使旧的生产关系严重束缚生产力的发展。他们维持着早已不适合社会化生产力性质的传统私有制模式，在企业经营中不给工人任何民主权利，完全将工人当奴隶来对待。在这种情况下，新旧社会的更替只能通过剧烈革命的方式。由于采取剧烈革命的方式，矛盾迅速激化、迅速解决，旧事物迅速被摧毁，因而在社会矛盾和阶级矛盾都很尖锐的情况下，无产阶级反对资产阶级的社会更替很快便完成。俄国的国际环境是在一战中，它是帝国主义链条中最薄弱的一环。在这种情况下，列宁为了结束一战，同时为了推翻俄国临时政府的统治，发动了十月革命，推翻了俄国沙皇的统治。

而当代资本主义国家由于国情的不同，他们的历史发展同上述国家有较大差异。这些国家向社会主义的转变是一个在平稳发展中的"嬗变"过程，是一个阶段性部分质变不断积累的过程，是新旧制度相互贯通的历史过渡过程。列宁曾经揭示帝国主义发展的"两种趋向"，一种是资本主义旧制度逐渐趋亡；另一种是新社会因素逐步生长的趋向，两种趋向同时存在。从总的发展趋势上看，资本主义是垂死的、腐朽的，但是，任何事物的发展都不是一蹴而就的。列宁在论证帝国主义的垂死性、腐朽性的同时，也提醒人们，不要忽视资本主义还存在着"迅速发展"的趋势。他说："如果以为这一腐朽趋势排除了资本主义的迅速发展，那就错了。不，在帝国主义时代，某些工业部门，某些资产阶级阶层，某些国家，不同程度地时而表现出这种趋势，时而又表现出那种趋势。整个说来，资本主义的发展比从前要快得多。"①

四、正确认识当代资本主义的"变"与"不变"

（一）正确地认识当代资本主义的"变"

资本主义的"变"与"不变"是一个矛盾统一体。这对矛盾统一体也是不断发展变化的。19 世纪，在自由资本主义时代，资本主义社会生产力飞速发展，资本主义相比较以前发生了很大的变化。但马克思并未仅仅停留在对资本主义生产力发展的肯定和赞美上，他通过对商品的考察，揭示了资本主义剥削的秘密，揭示了资产阶级疯狂追逐剩余价值的本性，揭示了生产的社会化与资本主义生产资料的私人占有之间的不可调和的矛盾，也深刻说明了资本主义经济危机的不可避免性，说明了资本主义私有制如果不发生根本的改变，资本主义社会的经济危机，资本主义的灭亡都是必然的事实。

---

① 列宁专题文集·论资本主义［M］．北京：人民出版社，2009：210.

历史发展到 19 世纪末 20 世纪初，资本主义社会发生了一系列新变化，是自由资本主义向垄断资本主义发展的特殊时期。伯恩施坦通过考察，认为资本主义社会出现了股份公司、垄断组织，再加上信用制度的发展，小生产经济的顽强性和工会的经济斗争等情况，资本主义社会并不像马克思所描述的那样——走向崩溃，而是越来越适应社会的发展。伯恩施坦看到了资本主义所发生的新变化，对资本主义社会新发展的论述有一些合理的因素，我们当今要客观地评价伯恩施坦关于资本主义及其发展趋势的认识，打破过去只要伯恩施坦的论述与马克思的论述有所不同，便简单化地斥之为"反马克思主义"的错误做法。我们还要进一步认清资本主义社会虽然的一些新现象，但仍旧不能改变资本主义制度是一种以生产资料私有制为基础、以资本家无偿占有雇佣工人剩余劳动为特征的剥削制度的事实，我们不能因为资本主义社会出现了股份公司、中小企业发展了，通信发展了，就误认为资本主义制度不会走向崩溃。事实上通过列宁、卢森堡、考茨基对伯恩施坦资本主义适应论的批判，我们更能从理论上认清资本主义必然走向灭亡的这个现实。

当代资本主义国家从生产关系方面进行了改革，做了一系列调整。比如，不少发达国家在产权关系上出现了"资本社会化"的趋势，他们是在坚持私有制不变的前提下，对财产所有形式进行调整。二战后，"股权分散化"和"资本社会化"的趋向越来越明显。这种"象征性"的股权分散改善了紧张的劳资关系，资本家的目的就是让劳动者因为能够参与利润分配而更为关心企业，他们的想法的确实现了。事实上西方资本家阶级通过努力拉拢工人贵族、股权分散化确实达到了他们想要的结果。这可以从 19 世纪末工人运动曾经如火如荼，而在二战之后逐渐转入低潮看出来。我们也应该明白，尽管资产阶级由于无产阶级的斗争和各方面的压力对资本主义生产关系进行了局部调整，或者说是资本主义的"自我扬弃"，然而这丝毫没有改变资本主义生产关系的性质，"星星还是那个星星，月亮还是那个月亮"，虽有新意却仍是老瓶装旧酒。工人阶级持有了一点儿小额股票，但是这种股票仅仅是工人们所获得的劳动报酬的凭证，持有这种"旧船票"并不能登上资本家的"客船"，所谓的"人民资本主义"依然是个空，更妄论撼动资本主义统治的根基了。在这种情况下，所谓的工人持股无非只是分配关系的一种变化，他们的雇佣劳动者身份在本质上没有改变。

现阶段，西方发达国家实行的是国家政权与垄断资本相结合的国家垄断资本。其具体实现形式主要有：在部分重要企业实行国有化经营或控股；在某些行业实行国家专营，运用国家财政和货币体系垄断社会管理和调节体系。有限的私人资本与社会化生产力发展之间的矛盾，通过上述国家垄断资本的形式在一定程度上缓解了，同时也减少了私人资本对社会经济发展的某些消极影响。但这些调整和变化都只是资本主义内部局部的调整和变化，并不能改变当代资本主义社会固有的基本矛盾，资本主义社会依然面临着种种难以解决的问题和困难。马克思经济危机理论的正确性也通过2008年以来由美国爆发的次贷危机所引发的全球性金融危机得到充分验证。美国的次贷危机，表面上看是由美国的"透支消费""金融监管机构失职、缺位""政策失误""低估风险"和国际金融体系存在诸多弊端等因素所造成的，但实质上就是一场经济危机。经济危机的根本原因绝不仅仅是实践操作层面上的问题，对于经济危机爆发的根源和实质问题，马克思早就有过深刻的揭示，它根源于资本主义的基本矛盾，即生产的社会化与生产资料资本主义私有制的矛盾。虽然此次的全球金融危机变化了形式，与以往生产过剩的危机表现的形式不同，是以"消费过度"的形式表现出来，但它的根本原因仍然是资本主义社会的基本矛盾，具体在于生产全球化与生产资料私人占有之间的矛盾，突出地表现为生产无限扩张与全球市场需求有限的矛盾。

列宁巨著《帝国主义论》出版100多年来，科学技术日新月异，生产力迅猛发展，人类进入信息时代。与此相对应，国际资本主义的垄断发展轨迹也从一般垄断发展到"特殊垄断"，再到国家垄断，甚至在国家垄断的基础上又跨越国界发展到国际垄断。但是，不管资本主义世界如何发生变化，在关于资本主义社会发展趋势上，列宁的帝国主义理论，说明的帝国主义发展的"变"与"不变"的规律依然是不过时的，他对帝国主义特征与实质的概括依然是正确的，在列宁看来，垄断既可以解释金融资本是如何形成的，又可以说明资本主义如何通过殖民政策瓜分世界的现象。

随着资本主义垄断的发展与变化，当代资本主义国家的经济获得了新的发展，具有了更多的变化形式和更丰富的内容。这些新发展、新变化和新内容，也从另外一个侧面证明了当今的资本主义垄断仍然没有脱离其资本主义的本质属性，垄断的特征并没有随着资本主义的发展而变异或消失，相反，随着资本主义的发展，今天的国家垄断资本主义形式更加复杂，手段更加隐蔽，内容更加多样。

但是，是不是像有些人所认为的那样，当代资本主义经济发展呈现出的新特点、新变化和新内容说明资本主义越来越适应时代的发展了，列宁关于帝国主义"垂死的、腐朽"特征的描述已经过时了呢。还有的人甚至认为列宁此观点是错误的，因为在他们看来，当今资本主义不但没有垂死，反而呈现出欣欣向荣之势，因为，他们看到了垄断组织惊人的"垄断"能力，"这些跨国垄断组织无论从数量、规模，还是功能和形态方面都远远超出了列宁所生活的那个年代，他们对全球经济的支配作用也达到了前所未有的程度"①。在经济全球化和跨国公司等因素的推动下，当代资本主义的发展依然散发着生机。那么，列宁的学说是不是遭遇了时代困境？有些学者以资本主义的暂时发展的平稳就推断资本主义已经摆脱了经济危机，已经更新到了新的发展阶段，怀疑当今的资本主义发展阶段已经不是列宁当年所推断的垄断资本主义阶段。他们认为，二战结束后的70多年里，在"和平与发展"的时代主题下，中国作为社会主义的大国，以主动的姿态融入世界全球化的历史进程，并取得了举世瞩目的成就。资本主义国家政治运作稳定，经济发展相对平稳，民众生活水平稳步提升，由这些现实情况，去推断当下资本主义的发展图景与列宁提出的"帝国主义是寄生的、腐朽的、垂死的资本主义"的论断相差甚远。这些显著的现实对比案例似乎让人感觉到列宁的《帝国主义论》已失去应有的时代价值和现实说服力，列宁的《帝国主义论》在当今境遇下陷入困境。事实是这样的吗？答案是否定的。列宁的《帝国主义论》不但没有遭遇时代困境，通过对其著作哲学逻辑的深入分析以及2008年全球金融危机的爆发以及一系列资本主义世界所遭遇的打击事实，反而证明了其著作的时代价值。

　　的确，在这100多年间，资本主义在发展的过程中确实出现了许多新情况、新问题。历史呈现错综复杂的局面再加上诸多因素的影响，资本主义并没有像我们期待的那样，呈现垂死之态，这是因为，一些帝国主义国家在二战后迫于社会主义形势的发展，对资本主义生产关系进行了一些调整和改良，他们使垄断资本国有化、经济调节计划化、企业管理民主化，因而这使得资本主义的发展出现了许多新的特征，这些新变化在某种程度上蒙蔽了一些人。实际上这些变化就像孙悟空七十二变一样，虽然它可以千变万化，但万变不离其宗，变来变去其帝国主义本质还是没有变，世界基本矛盾没有变。这些调整和改良并没有消除资本主义社会的固有矛盾，即个别企业生产的有组织性与整个社会无政府状态的矛盾，也没有改变当代国际垄断资本主义的本质，没有改变垄断资本主义的本质属性——寄生性、腐朽性。在当今的资本主义社会里，虽然资本主义利用经济全球化和科技进步获得了新的生机和活力，资本主义发展出现了诸多新现象、新特点，并且还在继续发展，但是，资本主义最终还是避免不了灭亡。列宁帝国主义论揭示的帝国主义本性，就是要扩张。现在中国快速崛起，美国的利益受到了阻碍，所以美国千方百计要把中国搞垮，中国改革开放以后，

---

① 张超. 当今资本——帝国主义的新特征及其本质 [J]. 思想理论教育导刊, 2015 (4).

特别是 2019 年以来的中美贸易战便是有力证明——帝国主义的本性就是要侵略、就是要扩张。这证明了列宁思想的正确性，列宁在《帝国主义论》中关于帝国主义本质、特征的判断以及所运用的唯物史观、唯物辩证法的分析是我们理论跨越重重障碍，回击所谓时代困境的抨击，在变化的实践中彰显该理论的时代价值，是我们当代马克思主义者应肩负的时代使命和历史责任。

但是，为什么资本主义发展会出现"腐而不朽""没而不落""垂而不死"呢？这是因为资本主义的生产关系尚有可调控的空间，生产力发展也还有一定的空间。马克思在 1859 年所写的《〈政治经济学批判〉序言》中对生产力和生产关系的这种关系进行了精确的描述，他提出"无论哪一个社会形态，在它所能容纳的全部生产力发挥出来以前，是决不会灭亡的；而新的更高的生产关系，在它的物质存在条件在旧社会的胎胞里成熟以前，是决不会出现的"①。

但是，"凡物有生必有毁"，资本主义作为一定历史阶段的产物，其的发展只是历史发展过程中的阶段性现象而不是生命历史现象，因而它必定也有其产生、发展和灭亡的过程。

（二）深化认识国际金融危机的本质，深化社会主义市场改革的理论依据

西方资本主义世界垄断依然没有改变，这从 1994 年墨西哥发生金融危机到 2001 年美国"新经济"的衰退以及 2008 年美国的金融风暴可以窥见资本主义发展的现实一角，列宁在《帝国主义论》中一针见血告诉我们，西方经济正日益向投机的、"赌博式"的资本主义方向发展。由美国次贷危机引发的国际金融危机，其直接表现是美国持有高杠杆效应的金融衍生产品交易体系的过度投机性及美联储作为法定监管机构，并未采取有效的遏制措施，导致管理失控与崩盘，这场金融海啸好像是新自由主义经济放任政策误导的结果。但究其更深层次的根源，资本主义经济制度难逃其责，它的爆发实质仍旧是资本主义方式的内在矛盾——生产的社会化与生产资料私人占有之间的矛盾。国际金融危机产生的深刻根源和经济实质仍旧没有改变，生产的社会化与生产资料私人占有之间的矛盾导致了资本主义生产商品供给过剩而劳动群众需求不足的矛盾，最终爆发美国的次贷危机，并进一步引发世界金融危机，导致全球经济衰退，这使得很多人曾经质疑市场经济理念，甚至认为市场经济体制已穷途末路。实际上，作为马克思主义理论工作者，应该清楚地知道，市场经济中商品二重性的矛盾

---

① 马克思恩格斯文集：第 2 卷［M］．北京：人民出版社，2009：592．

即使用价值和价值的矛盾只是构成产生危机的可能性的条件，资本主义制度才是使危机由可能转化为现实的根本原因。而在社会主义制度下，我们可以通过完善社会主义制度，加强政府的监管就可以来规避危机的发生。在市场经济体制中，市场的优点能很好地发挥出来，如它有较强的灵活性，能够整合各类资源，因而要充分发挥市场在资源配置中的决定性作用。

五、正确理解经济全球化与逆全球化

卢森堡资本全球化理论论证了资本积累需要扩展到非资本主义国家，资本最终会因为"消费不足"走向全球，她的资本全球化理论影响深远，可以为当今经济全球化理论与逆全球化的发展提供借鉴。

（一）卢森堡资本积累理论有力地预见和论证了资本全球化的必然性

卢森堡论证了资本积累和扩大再生产顺利实现的问题，她把马克思扩大再生产如何实现的问题由一个国家的内部市场扩大到非资本主义国家的市场，并从世界体系的视域考察了非资本主义国家与资本主义国家的关系，说明了非资本主义国家对资本主义国家的依赖与依附关系，从中我们能够明确世界资本主义体系是如何建立起来的。卢森堡通过论证说明了资本积累靠的并不是资本家的劳动，而是通过牺牲非资本主义阶层的利益，野蛮、大规模军事掠夺及殖民地的征服来完成的。在最初资本主义萌芽和发展的阶段，资本积累与再生产过程是在资本主义国家进行。然而随着资本积累的扩张，资本家的野心不满于此，便通过如发动战争，在非资本主义国家建立东印度公司等手段来进行敛财，使得这些非资本主义国家被迫地加入该过程，从而促进了世界的全球化发展。帝国主义国家资本逻辑主导下的价值观导致他们不断地进行扩大再生产，当国内市场不能够满足产品需求的市场时，他们便把魔爪伸向非资本主义阶层，而市场毕竟是有限的，市场的有限性和资本主义私有制所带来的趋利性和扩张性之间的二律背反的矛盾无法解决，资本主义的发展也走入了死胡同。卢森堡在对马克思政治经济学再研究的过程中，进一步发展了马克思世界经济全球化理论，预言了资本积累全球化的过程，发展了马克思的资本积累理论，揭示了资本积累的内在结构与规律。在当前经济全球化的背景下，卢森堡资本积累全球化思想论述了中西方国家关系本质，对资本主义国家对非资本主义国家的侵入，以及被侵入的非资本主义国家和阶层如何独立自主发展本国经济，以避免资本主义国家的殖民化进行了论述。

（二）发展中国家经济全球化过程中应该坚持独立自主

列宁和卢森堡所处的帝国主义时代，广大的发展中国家这样的非资本主义

环境被资本主义列强以掠夺自然经济，发展商品经济，分离农民经济的方式征服，同时资本主义列强还采取了各种侵占非资本主义市场的手段，如国际借贷、保护关税、军国主义，以武力的方式打开了非资本主义国家国内市场。西方资本主义国家对中国经济的入侵和对中国商品市场侵占的事实可以从近代中国苦难深重下的民族资本主义发展史反映出来。在当前经济全球化趋势突破地区、民族、国家界限的前提下，我们应该以主动的姿态迎接经济全球化，因为任何一个国家和民族的发展都不可能离开世界经济发展的海洋，而使自己孤立在世界经济海洋发展的小岛上。我们在适应经济全球化大潮的同时，也要意识到，当今的经济、资本全球化仍旧是资本主义国家主导的，资本主义生产方式依然是作为一种占统治地位的生产方式而存在，在世界历史上扮演着主角。在资本财富高度集中、发达国家与发展中国家两极分化严重、金融风险颇具世界颠覆性、资本力量愈来愈强大的国际背景下，我们应该保持自己的独立性，既主动融入全球化进程，又不要成为西方资本主义国家的附庸。国际规则的制定权掌握在发达资本主义国家，难怪有些人把全球化看作帝国主义的最新形式，如果我们不能在全球化过程中保持自己的独立地位，就有可能成为帝国主义的鱼肉，陷入新殖民主义的泥沼中。虽然"和平与发展"是当今时代的主题，然而资本主义生产方式有没有很好地解决这个问题呢？答案是否定的。一部中国近代史，就是中国人民的屈辱史，帝国主义列强侵略的魔爪伸向我们的幕幕惨痛的画面，我们不能忘记。中国近代史所遭受的苦难时刻在提醒着我们要坚定不移地走社会主义道路，"落后就要挨打"、依赖外国丧失独立性就会亡国，因而我们必须时刻提防帝国主义的所谓"先进文明"和打着帮助我们的冠冕堂皇口号的"糖衣炮弹"，只有坚持独立自主、坚持改革开放，才能抓住一切机遇迅速崛起，才能屹立于世界民族之林，实现中华民族的伟大复兴。

（三）市场经济发展应处理好内外市场的关系

卢森堡在研究资本积累问题时，她首先关注的基本问题就是市场问题，由此可见市场问题在经济发展中的重要地位。卢森堡把资本主义市场作为内部市场，把非资本主义市场作为外部市场。根据卢森堡对内外市场的阐释：在资本主义的发展过程中，资本主义内外市场在经济发展过程中各自起着不同的作用。首先，内外市场并不是依据政治地理上划分而形成的，即这不属于政治地理的概念，而是基于社会经济学划分的，属于社会经济学的概念。其次，资本主义生产是社会化大生产，生产者在向社会提供产品和服务的同时，还是自己生产产品和服务的购买者和自身生产要素的供应者。而国外市场就是吸收资本主义的生产物并提供给资本主义以生产要素及劳动力的非资本主义的社会环境。配置资源是否高效、国民经济是否平稳的运行都需要内部市场进行协调，而外部市场主要是看能否为本国产品提供一个比较好的销路，从而使资本主义社会化大生产的一个过程得以完成。

我们从资本全球化的视角来看，资本主义的生产方式无疑占据了世界经济政治文化的霸权地位。所以，在卢森堡看来，发达资本主义国家不断利用非资本主义市场来销售产品，从而实现剩余价值，资本主义的积累也会像滚雪球一样越滚越大、越积越多。在这场全球化浪潮中，广阔的消费品市场、更为廉价的原材料和劳动力都是"非资本主义生产方式"即作为国外市场的广大发展中国家提供的，与此同时，发达的资本主义国家却获得了各种国际规则制定权和原材料定价权的绝对优势地位，他们凭借着资金和技术的垄断地位，轻易实现了利益最大化。此外，"落后国家生产的多半是资本有机构成低的产品，生产价格低于价值，而发达国家是相反的，按卢森堡所分析的这就是一种现实性的垄断资本主义"①。

发展战略的选择是每个发展中国家都会遇到的问题。中国也不例外，它作为最大的发展中国家，根据中国的国情，通过全面深化改革，制定了适合自己的所有制结构，以公有制为主体，多种所有制并存，从而走出了一条独具中国特色的社会主义道路。从最初对市场经济的错误认识到取消商品经济，再通过市场经济姓"资"还是姓"社"的讨论，到逐步认识到市场经济仅仅是资源配置的一种手段，社会主义也可以有市场，一步步地重新定位，最终中国选择不再封闭自我，而是以昂扬的姿态主动融入世界经济的大潮，并根据自身独特优势，借助发达国家之力，改善自身落后的生产力状况，从而实现产业结构的优化升级，经济平稳快速发展，但在对外开放市场的过程中，我们坚持独立自主的原则，减少并摆脱对外经济关系的依赖，在实现社会主义现代化的过程中走出了一条新路。

（四）在全球化大势所趋的背景下保持中国特色

马克思在《共产党宣言》中指出，"资产阶级，由于开拓了世界市场，使一切国家的生产和消费都成为世界性的了"②，这就是马克思所讲的全球化，全球化是时代发展的必然趋势，而经济全球化是全球化的核心，是资本积累和扩张在全球范围内的实现，是历史发展的潮流，是大势所趋，是不以我们的意识而

---

① 方耀. 罗莎·卢森堡的资本积累理论探析［D］. 开封：河南大学，2014：5.
② 马克思，恩格斯. 马克思恩格斯选集：第1卷［M］. 北京：人民出版社，2012：404.

转移的一种客观趋势，我们应该因势而谋、应势而动、顺势而为。

列宁在批判考茨基"超帝国主义论"时指出，帝国主义是资本主义全球化发展的最高阶段。考茨基只看到帝国主义在经济全球化的自然属性方面，而没有看到全球化的资本帝国主义社会属性，因而对资本主义主张改良。卢森堡资本积累全球化理论开创了主流马克思主义批判性与反传统的先河，指出了资本必将超越国内市场的限制，走向资本全球化的过程。

当前，我们建立中国特色社会主义，在全球化的背景下，才能在与不同国家的比较中体现出"中国特色"，我们的改革开放是在坚持社会主义道路，借鉴资本主义的经验基础上的改革开放，它既不同于单纯的社会主义，也不同于搞市场经济的资本主义，它是吸收了资本主义的积极成果，同时又坚持公有制的主体地位的社会主义，它是那么的与众不同，具有鲜明的特色。同时我们的改革开放也是在批判吸收传统社会主义的经验教训上的改革开放，因而需要区分传统社会主义国家和资本主义国家的不同，我们的改革开放是在全球化视野下进行的，它吸收了全球化海纳百川的精神。

我们要清醒地认识到在全球化浪潮的推动下，当代主要资本主义国家虽然也发生了许多新变化，但是他们的垄断特征未有丝毫减弱，而且这个帝国主义的特征还在不断加强之中。区别于从前四次兼并浪潮特征的全球第五次兼并浪潮，它的兼并主要出现了一些超大银行，主要表现为金融领域的兼并，这说明西方帝国主义的确已经发展到金融资本主义的时代，在世界的发展中占有支配地位。各种形式的国际金融垄断资本，是经济全球化条件下资本主义的一个显著特征。当代资本主义，由于全球垄断的形成，而进入国际金融垄断资本主义阶段。当代全球资本主义也被有些学者称为金融垄断资本主义，这个判断从一个角度准确把握了当代资本主义的新变化。同时也说明了，不论当代资本主义发生了怎样的变化，但"万变不离其宗"，列宁100多年前就指出了"20世纪是从旧资本主义到新资本主义，从一般资本统治到金融资本统治的转折点"[①]。这说明列宁是非常有远见的，他认识到金融资本主义是资本主义发展的最高阶段。"帝国主义，或者说金融资本的统治，是帝国主义的高级阶段。"[②] 列宁所分析的垄断作为帝国主义的经济实质并没有改变。列宁的帝国主义理论和卢森堡资本积累全球化理论实际上就是资本全球化的新阶段、新形式的理论。

全球化不能等同于趋同化，不能全部照搬西方经验，要结合我们中国自身

---

① 列宁全集：第27卷［M］. 北京：人民出版社，2017：361.
② 列宁全集：第27卷［M］. 北京：人民出版社，2017：374.

的国情，体现我们中国的特色。全球化强调的是"和而不同"，在遵循全球化的发展趋势的前提下，体现中国特色，无疑是抵制西化、美国化的一支重要力量。

一些国家不能顺应经济全球化的大势，反而逆潮流而动，推行贸易保护主义。面对当今国际局势瞬息万变、社会矛盾错综复杂的状况，习近平总书记提出了人类命运共同体思想，这是习总书记适应时代潮流，响应人民的呼声而提出的经济全球化战略，这是对马克思主义唯物史观的世界历史思想的继承和发展，是对当今世界历史进程的新特征、新规律和新趋势的揭示，习近平总书记为处理资本主义国家和社会主义国家如何求同存异，应对人类共同面临的问题提供了解决问题的中国方案，从而站在当今时代的理论制高点上。2018年11月5—10日，上海国际进口博览会召开，习近平在大会上深刻分析了当今世界大势、对未来蓝图进行了规划，深刻阐释了中国深化改革开放的政策，同时也给美国总统特朗普上了深刻的一课。我们针对全球化发展的态势，决定每年都在中国上海召开进博会，这说明中国的政策方向完全和美国的相反，而中国的胸怀与智慧，将会在五到十年后有更大的体现，而且时间越长，体现得越充分。经济全球化是不可逆转的历史大势，而美国一再发动贸易战，推行贸易保护主义，美国的这种逆全球化行为和当前的国际形势发展是背道而驰的，也是和当前的全球化趋势格格不入的。

（五）资本主义全球化的实质是全球资本主义"化"

全球化在给各国经济带来繁荣和发展的同时，也带来了一些消极的影响，近几年出现了一些发展中国家经济发展不平衡、资源分配不均、环境污染加剧等问题。全球化作为世界历史发展的必然趋势，它既有积极的一面，可以为我所用，也有消极的一面，这就是全球化所带来的失衡与落差。正如习近平总书记所说："要适应和引导好经济全球化，消解经济全球化的负面影响，让它更好惠及每个国家、每个民族。"① 学习和研究第二国际理论家如何进行资本积累的理论有助于我们理解全球化的过程、实质及其对发展中国家的影响。

以信息技术为代表的第三次科技革命，发生在20世纪80年代，在第三次科技革命的影响下，西方资本主要国家生产力得到飞速发展，传统的经济增长方式被改变，西方资本主义国家也陆续进入一个新阶段：全球资本主义（即国际垄断资本主义阶段）。全球资本主义与以前传统的资本主义存在着明显的不同，最突出的表现在作为社会基本矛盾的生产力与生产关系，甚至上层建筑方

---

① 习近平谈治国理政：第2卷［M］．北京：外文出版社，2017：478．

面。在生产关系上，发达资本主义国家的国有部门进一步私有化，工人、工人上层等都拥有了一些所有权，工人也拥有了一些股份，表面上资本分散了，但实质上这种所有制的资本家已经独立出来，成了依靠股息生存的食利阶层并拥有多元化的所有权。因此，全球资本主义彻底改变了过去的劳资关系，在工厂里所看到的管理者实际上仍旧是工人的上层（即工人贵族）；在上层建筑方面，民主选举、议会制度被国家进一步完善，公民的政治参与也通过"参与制"等逐步提高。同时，为了尽可能获得超额垄断利润，资本家在国内不断进行扩大再生产，而广大人民群众却因消费不起无力购买，这就造成生产产品过多与消费不足的矛盾，为了进一步扩大销售，资本家千方百计地向国外市场扩张，而这种扩张又借助于跨国公司和国际组织而催生出全球化，所以资本主义的全球化是试图使全球资本主义"化"，使发展中国家成为他国的附庸。卢森堡资本积累理论就说明了西方资本主义通过资本主义的国际化发展，通过对自然经济的斗争，完成了资本的原始积累，通过对商品经济的斗争，实现了资本的扩张，她说明了资本主义国家是怎样一步步实现剩余价值资本化的过程。马克思世界历史理论也说明了世界贸易的发展以及全球化的过程。资本主义全球化给发展中国家带来的结果，一是容易依赖发达国家，而成为发达国家的附庸，二是导致发展中国家与发达国家的贫富差距进一步扩大，发展中国家如果不能够提高自己的产品质量，在经济全球化过程中获益较少，可能会导致自己资金匮乏，债务负担严重。三是发达资本主义国家往往把污染较重的企业往发展中国家转移，从而完成他们产品的升级换代，发展中国家必须有环境保护的意识，不能为了暂时的利益牺牲环境。

　　不过，不管全球化的结果如何，我们都应该清醒地意识到，全球化是时代的潮流，不可逆转。我们应该顺应历史发展的潮流，而不应该成为历史发展的绊脚石，但我们也应该保持清醒的头脑，作为发展中国家，应该知道广大发展中国家与发达国家在全球化面前有着不同的命运。19世纪末俄国的命运是广大发展中国家面临的境遇：一方面，广大发展中国家想要实现自身发展，离不开资本主义所创造的高度发达的物质文明，离不开全球化，因而不能闭关锁国，把自己强行封闭，像清政府那样，被西方的洋枪、大炮、鸦片强行打开中国的大门；另一方面，我们也要清醒地意识到，主导全球化的发达资本主义国家必将利用他们的资金优势，最大限度地实现资本增值，这必将导致资本主义国家在发展中忽视给发展中国家所带来的资源浪费、生态危机等一系列问题而在全球范围内蔓延、转嫁他们的经济危机。由资本主义国家所主导的经济全球化，不可能改变资本主义社会的基本矛盾，也不可能改变资本主义社会的痼疾。

总之，人们应该清楚地认识到全球化运动的主要受益者是帝国主义，他们压根上不想帮助发展中国家，反而想利用发展中国家，实现他们在经济、政治、文化上的垄断。帝国主义侵略目前不仅仅是有形的地域扩张，也不一定非要打进这个国家的领土、领空，更是无形的文化渗透，这是一种新的殖民现象。

（六）逆全球化是不得人心的反潮流行为

在经济全球化的同时，另一种力量与趋势也在发生，那就是逆全球化。逆全球化也称反全球化或去全球化。不管是"反"，还是"去""逆"，这些有违背全球化的做法都是不合时宜的，妄图阻挡世界历史大势，让世界经济发展的潮流退回到一个封闭的、孤立的小岛，而不能经历大风大浪。关起门来搞建设的思想不仅是不可能的，也是不符合历史发展规律的。

对于历史大势，奉行的是水可疏而不可堵的原则，现在的全球贸易与过去相比，表现非常明显的是"两个代替"，一是独领风骚的商品交易的全球化已被生产过程的全球化所代替，二是"产品内"分工代替"产品间"分工。如一架飞机，它的机头、机翼、机身等可能在不同的国家生产；智能手机也是如此，它的芯片、摄像头、屏幕等零部件也是不同的国家生产的。各经济体因为生产过程的全球化而更加紧密地联系在一起，"你离不开我，我离不开你"或者说"你中有我，我中有你"的全球价值链日益形成共生生态。"构建人类命运共同体""一带一路"的新理念新思想新战略，主张共商共建共享，顺乎民心和世界潮流，被频频写入联合国决议。

"相通则共进，相闭则各退"充分说明了构建人类命运共同体，走合作共赢的全球化发展战略的重要性。

"逆全球化"趋势出现的根本原因是西方资本主义国家为了解决经济发展持续低迷，采取了解决贸易失衡、促进就业的贸易保护措施，这是西方资本过度积累所导致的结果，是帝国主义的本性、资本的本性所决定的。在金融资本主义时代，利用金融资本在全球攫取大量财富是以美国为首的西方资本主义国家热衷的行为，如不管是美国的退群、英国的脱欧还是西班牙闹独立，他们这种行为归根结底都是以利益至上、以资本逻辑为主导的行为，这些自私的行为激化了资本主义的内部矛盾，这是逆全球化发生的重要原因。

马克思、恩格斯在 1848 年《共产党宣言》里说："资本主义生产的真正限制是资本自身。"① 不断积累和扩张是资本家的本性，到 20 世纪的时候资本的

---

① 马克思恩格斯文集：第 7 卷［M］．北京：人民出版社，2009：278．

扩张已经超出一个国家民族的范围，走向世界了。资本主义国家是如何实现自己的利益的呢？为了使自己的利益最大化，实现资本无限增殖的本性，资本主义国家一方面打压发展中国家，另一方面处处使自己优先。如美国作为发达资本主义国家的龙头老大，并且作为已经加入了巴黎气候协定的成员国之一，面对日益严峻的气候问题，他却选择了退群，说到底就是为了他们本国资本家的利益。美国的这种不担当、不作为的退群行为说明资本家为了最大限度地使资本增值而无所顾忌地使用资本，忽视社会生产力和消费力的实际状况，满足生产的目的，千方百计地获取剩余价值。为此，资本主义生产总是竭力克服因为资本主义生产方式所带的固有的限制，这样就不可避免地带来生产过剩、分配差距过大、固定资本投资过度等负面问题，这些负面问题累积到一定程度便会导致经济和金融危机爆发。资本和作为资本家总代言人的资本主义政府无疑被世界经济复苏乏力、困难和风险增加的资本主义生产方式的这种悖论左右着，他们需要根据时代和环境特点设计出缓和与解决危机的经济政策和经济制度。"逆全球化"就是他们为了扭转国内经济萧条、实体经济不景气、虚拟经济与实体经济失衡等不利形势采取的掩人耳目的短期策略，逆全球化的"逆"说明西方一些发达资本主义国家是逆历史趋势而动，这只能是他们妄图抓住的"一根救命稻草"，这根"救命稻草"不可能长期坚持下去。美国总统特朗普不断地退群和无端发起贸易战的"逆全球化"行为是"搬起石头砸自己的脚"。他的这种行为不但特别"不靠谱"，而且说明他缺乏责任担当意识，这种孤立全球的贸易保护主义必然是违背时代潮流的一种行为。在信息全球化的今天，各个国家不可能独善其身，紧随其后的将是新一轮的经济全球化，我们不能以封闭对抗封闭，而必须推行更大范围、更深层次的开发，西方垄断资本将会再次在全球扩张。但是，我们不惧怕，在未来世界格局的博弈中，广大发展中国家将振奋精神、独立自主，积极参与国际秩序的改革，以积极的心态主动参与到全球化的历史趋势中，这必然会影响新一轮全球化的发展方向。

第二节　第二国际理论家关于资本主义
发展趋势理论的启示

历史的车轮一直滚滚向前，现在到了 21 世纪，马克思、恩格斯关于资本主义发展趋势的理论，经过 20 世纪第二国际理论家的进一步发展，对当前我们的社会主义建设是否还能起到重要的启示作用呢？习近平指出："尽管我们所处的时代同马克思所处的时代相比发生了巨大而深刻的变化，但从世界社会主义 500 年的大视野来看，我们依然处在马克思主义所指明的历史时代。"① 这说明马克思主义的基本原理并没有随着时代的发展而过时，马克思主义理论依然闪耀着真理的光辉，对我们中国特色社会主义建设起着重要的启示作用。

一、在健全和完善社会主义市场经济中要注意的几个方面

有一种声音说，资本主义有市场，我们社会主义国家有；资本主义有股票，我们社会主义国家也有，他们就此说，你们是"中国特色的资本主义"，而不是社会主义，他们的这种观点显然是错误的。因为我们是以公有制为主体，我们的最终目的是实现共同富裕，己欲达而达人，而不是像资本主义国家"损不足而奉有余"。那么，我们在发展中国特色社会主义市场经济过程中要客观看待生产力发展问题，深刻理解"生产力发展的不可超越性"，这是我们为什么不能实行纯之又纯的公有制，而是以公有制为主体，多种所有制共存的社会主义市场经济的立论之基。

生产力是一个社会发展的客观物质力量，它的发展和变化不以我们的意志为转移。

（一）客观看待生产力发展问题，深刻理解"生产力发展的不可超越性"

如何看待资本主义的发展，是列宁与民粹派论争的焦点。民粹派认为"村社"是俄国经济发展的社会主义因素，俄国可以通过村社的形式跨越资本主义的"卡夫丁峡谷"，直接过渡到社会主义，而不需要发展资本主义经济。他们认为，村社经济是社会主义的因素，比资本主义经济更具优势，"我们完全可以避免当代欧洲的可怜命运""而不是步欧洲的后尘"。② 这些都充分说明，民粹派认为村社社会主义才是符合俄国社会发展方向的道路；而发展资本主义经济是"历史的倒退"，俄国将会被带向歧途，只有发展村社经济，发展村社社会主义才是俄国正确的道路。但事实果真如此吗？1861 年俄国农奴制改革之后，生产力虽然得到一定程度的发展，但是相比较西欧资本主义，发展程度仍旧很低。而村社制度作为俄国已经存在几千年封建制度的残余，土地和其他生产资料公有是原始社会遗留下来的社会组织的一些优点，但是，从时间上来看，俄国"农村公社"发展到 19 世纪 70 年代以后，它们已经不具备继续存在的条件，一

---

① 习近平谈治国理政：第 2 卷 ［M］．北京：外文出版社，2017：66.

② 中共中央马克思恩格斯列宁斯大林编译局国际共运史研究室．俄国民粹派文选 ［M］．北京：人民出版社，1983：6-9.

是"农村公社"本身正处于解体的过程中，它的存在已经脱离了俄国社会发展现实，生产关系也不符合社会生产力发展的需要，甚至阻碍了生产力的进步。然而，民粹派看不到这一点，依然罔顾社会现实，在这种思维模式下，村社经济的作用被刻意拔高，"农村公社"被看成俄国实现社会主义的优越的条件，农民的力量也被夸大，他们认为只要把沙皇政府赶下台，就可以在"农村公社"的基础上实现社会主义。他们不加分析地贬低资本主义生产形式。因此，列宁对俄国民粹派过度美化村社经济、无视资本主义经济与生产力发展事实的行为进行了批判。马克思肯定东方农村公社包含着天然的社会主义因素，可以与社会主义革命结合起来，东方落后民族可以不经过资本主义发展的"卡夫丁峡谷"，即不经过资本主义的苦难，直接过渡到社会主义。"俄国可以不通过资本主义制度的卡夫丁峡谷，而把资本主义制度所创造的一切积极的成果用到公社中来。"① 但是，民粹派只注意到马克思所讲的"可以跨越"，却忽视了进行跨越的条件，那就是：第一，国家和社会必须对农村公社予以支持和帮助，特别是财力上的支持和帮助，这说明实现跨越必须充分发展生产力；第二，必须通过俄国革命，才能改变公社所面临的非常不利的环境。列宁对民粹派的批判实际上就是告诉民粹派，他们只看到农村公社积极的一面，而没有看到农村公社阻碍生产力发展的一面。

在社会主义初期，由于缺乏社会主义建设经验，在探索社会主义发展道路上，我们也曾犯过一些"左"的冒进错误：忽视生产力发展现实，有意或者无意拔高生产关系的行为。"人民公社"和"大跃进"就是我们错误地认为，既然建立了社会主义，我们就要保持公有制的"纯粹"，因而出现了"宁要社会主义的草，而不要资本主义的苗"的错误思想，取消商品经济，取消商品交换，致使计划经济体制曾长期占据主导地位，这样的行为不仅导致经济发展缺乏生机和活力，还严重阻碍了社会生产力的发展。

1978年十一届三中全会开展了真理标准的大讨论，提出了"实践是检验真理的唯一标准"，批判了"两个凡是"的错误认识，在实践上表现为：实行包产到户的家庭联产承包责任制和建立健全社会主义市场经济制度，这极大地促进了社会主义生产力的发展。失败的教训和成功的经验都在揭示一个道理：生产关系的发展必须与社会生产力相匹配，适合生产力发展的生产关系会促进生产力进步，而落后的生产关系只会阻碍生产力的发展。中国特色社会主义已经进入新时代，面对新形势和新矛盾，党中央也积极全面深化改革，不断推动经济

---

① 马克思恩格斯文集：第3卷［M］．北京：人民出版社，2009：575.

体制改革，完善生产关系形式以适合并促进社会生产力的发展。因此，在中国特色社会主义现代化进程中，我们必须客观看待社会主义生产力发展水平，寻求与之相匹配的生产关系，在实际生产过程中，既不拔高亦不贬低社会主义生产关系。

（二）借鉴资本主义的有益成分，进一步健全和完善社会主义市场经济

农村公社是俄国民粹派推崇的发展道路，他们认为村社不存在剥削和压迫，村社人民的生产生活具有社会主义的先天优势，村社经济更符合社会主义道路，这些思想是俄国民粹派把俄国村社理想化，肯定俄国非资本主义发展道路的，他们错误地认为，资本主义生产方式与社会主义生产方式是不相容的，因而，如果说俄国出现了资本主义因素，也是偶然的或者人为的结果，应该尽量避免这种不利的影响。民粹派的代表之一丹尼尔逊明确提出，俄国只有从先前的历史去寻找，因而不要苛求通过资本主义的道路来发展自身社会经济，他曾对恩格斯这样说道："资本主义导致危机，损害了我们的全部社会的和经济的生活。俄国不会从资本主义找到出路……出路只能够从继承我们先前的历史发展的基础找到。"①

俄国民粹派认为俄国国内市场缩小，而要发展资本主义必须要有国外市场（受卢森堡思想的影响），但同时他们又认为，这在俄国是可望而不可即的，针对民粹派的此等谬论，列宁对他们的思想进行了批驳。列宁与俄国民粹派将资本主义恐怖化和罪恶化不同，他对待资本主义的态度就比较科学。在列宁看来，虽然资本主义社会有其罪恶的一面，如资本主义社会存在着剥削和压迫，但资本主义生产力相比较以前取得了长足的进步。

列宁与民粹派之间在社会主义和资本主义之间的论战与纠结启示我们：应辩证地看待资本主义，辩证地看待市场经济的作用，深刻认识社会主义适合生产力发展的方面，同时对资本主义可以借鉴、参考的合理因素，适当地吸收和接纳，有利于当前的社会主义市场经济进一步健全和发展。邓小平对此进行了深入剖析："计划经济不等于社会主义，资本主义也有计划；市场经济不等于资本主义，社会主义也有市场。计划和市场都是经济手段。"② 计划与市场都是配置资源，发展生产力进行扩大再生产的手段，其中政府利用权力组织资源以进行扩大再生产的手段是计划经济，市场是利用货币配置资源以进行扩大再生产

---

① 转引自马克思恩格斯同俄国政治家的通讯集 [M]．莫斯科（第二版），1951：169－170.

② 邓小平文选：第3卷 [M]．北京：人民出版社，1993：373.

的手段。而一个社会到底应当采取计划为主还是市场为主来扩大再生产，取决于它所处的客观历史环境，取决于生产力的发展情况。

从生产力上看，资本主义大生产相比较社会主义生产有一定的优势。资本主义的生产力经过几次科技革命的推动，发展迅猛，它给资本主义社会带来了巨大的财富，推动了资本主义社会经济发展和融合。与资本主义相比，社会主义社会生产力还有较大的发展空间。从生产资料占有形式看，社会主义较资本主义有相当大的优势。前文我们曾提及资本主义生产的固有矛盾即生产社会化和生产资料私人占有之间的矛盾，这是资本主义的固有矛盾。在这个矛盾的驱使下，资本主义诱发了一系列社会矛盾和冲突，如阶级对立、贫富差距过大等问题。而社会主义公有制追求的是生产资料全民占有和集体占有，并以共同富裕为发展目的，很大程度上可以避免出现这种矛盾及其导致的各种社会问题。资本主义和社会主义各自的优劣势告诉我们，在客观现实和人类社会发展规律面前，必须辩证地看待资本主义和社会主义，既要看到资本主义的生产力优势，也要看到资本主义奴役劳动群众的本性；既要看到社会主义的制度优势，也要明白当前社会主义的不足之处和努力方向。

而民粹派对于社会主义的认识不足也从反面警诫我们，要深刻认识社会主义发展的曲折性。在社会主义建设过程中，我们深受苏联僵化体制和意识形态的影响，在很长一段时间内对社会主义资源配置的方式认识模糊，片面将资本主义市场和社会主义计划对立起来，"宁要社会主义的草，不要资本主义的苗"；也认识不到市场和计划作为一种资源配置的方式，并不具有意识形态属性，仅仅是调节经济的手段。在确立社会主义市场经济制度之前，我们不仅忽视市场经济的优势，还在人为破坏当中慢慢损耗计划经济本身的优势。经过不断地实践、认识、再实践和再认识的反复过程，我们逐渐理清社会主义的本质、市场和计划的关系以及市场经济与社会主义的关系，不断解放思想，确定社会主义市场经济体制，将市场提升到资源配置的决定地位。

而辩证看待资本主义的目的在于对资本主义进行有目的的吸纳、扬弃，我们应该合理利用资本主义的先进因素。资本主义发展到现今已有 500 多年的历史，其间累积的资本、生产技术和管理水平超过一些社会主义国家。虽然社会主义和资本主义存在阶级属性和意识形态的本质不同，但科学技术、管理和优秀文化成果可以为任何社会、任何阶级所吸收理解。对此，邓小平曾强调指出："社会主义要赢得与资本主义相比较的优势，就必须大胆吸收和借鉴人类社会创造的一切文明成果，吸收和借鉴当今世界各国包括资本主义发达国家的一切反映现代社会化生产规律的先进经营方式、管理方法。"①

随着改革开放的深入，中国特色社会主义与资本主义交集也越来越多，为了更好地建设社会主义市场经济，中国政府在对外贸易、吸引外资投资和引进先进生产技术、经营方式、管理模式等方面做出了不懈努力，同时还不断完善外商投资和经营环境，从法律和制度层面保护外商的合法利益，实现互利共赢。

（三）正确处理全球化背景下国内市场与国外市场的关系

面对俄国已经被卷入到了世界经济、世界交往与世界革命的全球化浪潮中的这一基本事实，面对俄国国内市场在资本主义发展中的重要变化，俄国民粹派采取了掩耳盗铃的否定态度，不仅如此，他们还极力曲解资本主义在国外市场的发展现实。列宁尊重事实，采取了与民粹派不同的态度，他不仅深刻认识到在资本主义发展过程中市场所发挥的重要作用，还辩证地看待国内市场和国外市场的作用，他认为，资本主义的发展可以通过国内市场来发挥，如资本主义生产力和生产关系矛盾、无限生产和有限消费的矛盾等就可以通过发展国内市场来解决，同时，资本主义的发展也需要国外市场的参与。民粹派与卢森堡都认为国外市场的存在是为了实现资本主义的剩余价值，然而，列宁却认为资本主义寻求国外市场是为了扩大商品流通范围，是为了满足资本主义生产各部门的相互竞争，资本主义生产方式的不断变革、生产规模不断扩大也需要国外市场。当然，列宁也注意到由于欧美列强的挤占，俄国资本主义国内市场正逐渐失去主导地位，而俄国在开辟国外市场方面也没有明显优势。

列宁与民粹派关于国内外市场理论论争以及列宁对其理论的批判启示我们：在我们建设中国特色社会主义的过程中，尤其是我们在进行社会主义探索过程中有一些有益的经验，如陈云"三个主体，三个补充的思想"，正确处理了计划与市场的关系，但是后来我们在社会主义建设过程中急于求成，急于过渡，犯了"只要计划，不要市场"的严重错误。在当今市场经济的建设和发展进程中，尤其是在全球化的背景下，我们更应该吸取民粹派忽视市场作用的教训，正确处理政府与市场的关系。我们国家有些人，有些还是专家学者，深受新自由主义影响，把政府和市场完全对立起来，过分强调市场作用、否定政府作用，这种错误的看法带来的结果就是使整个国家经济陷入严重混乱。而发挥市场与政府"两只手"的作用和优势，这是中国在改革开放中应该注重加强的，这样既有利于最大限度调动市场经济内在的激励和创新动力，又能确保市场经济有序

---

① 邓小平文选：第3卷［M］. 北京：人民出版社，1993：373.

有效运行，有效调动各方积极性，推动经济持续健康发展。我们应充分利用好国内市场这块沃土，独立自主，以主动迎战的心态，以质量取胜的方式，把握国内市场竞争的主导权；同时也要积极融入经济全球化的大潮流中，使自己国家的商品融入世界商品经济的洪流之中，在国外市场占据一席之地，并处理好国际贸易摩擦中国家间的关系。

如列宁描述资本主义与市场的关系一样，市场的充分参与和助力都会为社会主义生产力的发展和市场经济的完善提供帮助。因而，完善和发展社会主义市场经济必须建立和培育一个良好的、统一的国内市场，这有助于我们社会主义国家走向世界，从而开辟更加广阔的国外市场。与此同时，我们在走向世界的过程中也可以借鉴和学习国外市场中的一些积极因素，如他们的市场规模、制度和标准等，这样在我们利用好、协调好、发挥好国外市场作用的同时又可促进国内市场的发育和成熟，推动社会主义市场经济的发展。当然，我们也不能疏忽大意，应注意到两个问题的存在：第一，要牢牢把握国内市场竞争主导权。改革开放以来，中国以积极的心态迎接对外开放，采取了许多吸引外资的手段，大量外资纷纷涌入中国市场。在日益激烈的市场竞争中，本土企业和民族企业的市场空间被外资企业因其资本和垄断地位的巨大优势，逐步侵蚀和挤占，甚至在某些行业和某个领域，外资经济独占鳌头，已经建立起相对牢固的竞争优势。我们必须意识到严峻的市场竞争的严重性，并采取相应的对策，防止一种新的殖民现象的产生。从国家层面看，我们应坚持独立自主为主，争取外援为辅，建立完备合理的市场制度，为资本竞争提供良好的环境；从国内企业看，我们应该从提供生产技术水平，提高产品质量上下足功夫，这样才能使自己的企业面对各种风险时都立于不败之地，如华为在中美贸易战中能力挽狂澜，靠的就是技术优势。另外，我们在学习国外企业管理经验的同时，也要丰富自己的企业管理经验，完善企业运行制度等，以此提高企业在市场化浪潮中的抵御风险的能力，逐步在市场竞争中把握国内市场竞争的主导权。第二，在国际贸易摩擦中处理好国家之间的关系。随着全球化的不断深入发展，经济和文化等领域国家之间的融合与互补表现得愈发紧密。这就要加强国家之间的合作，但我们也要意识到除了合作外，国家之间还充满摩擦和竞争，"没有永远的朋友，也没有永远的敌人"，国与国之间类似贸易壁垒、关税保护、反倾销等层出不穷，甚至出现了没有硝烟的贸易战。这些都是国家拓展国外市场和进行全球贸易中不可避免的问题。为此，寻找合理的途径和方式解决贸易摩擦并维护好国家间的良好互动关系在国外市场形成的过程中至关重要，同时也为国外市场的良好发展奠定了合作基石，从而为社会主义现代化建设服务。

二、全球化背景下建构"人类命运共同体"需处理好资本主义与社会主义的关系

在全球化的背景下，习近平总书记提出了构建"人类命运共同体"的伟大设想，构建"人类命运共同体"如何处理好资本主义与社会主义关系，无疑是个大问题。当前中国正走向全球化，2018年和2019年上海进博会的召开都要求我们以更开放、更博大的胸怀处理好与其他国家的关系，使我国真正成为"世界和平的建设者、全球发展的贡献者、国际秩序的维护者"①，这必然涉及我们应该如何看待资本主义，如何处理与资本主义世界的关系问题。在这个错综复杂的世界大家族中，社会主义与资本主义并存于当今世界，二者之间的关系不再是以往历史时期中赤裸裸的政治冲突和武装斗争的关系，更多的是在相互合作的基础上休戚与共，共同发展。在经济全球化持续推进和深入发展的历史背景下，对资本主义与社会主义的关系进行重新审视，有助于我们把握当代社会主义与资本主义的同一性和对立性，有助于中华民族伟大复兴"中国梦"的实现，同时有助于我们正确把握历史发展的规律，坚定共产主义理想信念。

对中国而言，改革开放意味着在一种"对立统一"中大胆吸纳资本主义的积极因素，但是，我们也不能迷恋资本主义，要充分发挥本国的主观能动性，坚持独立自主为主，争取外援为辅。因而，我们既不能受历史虚无主义思潮的影响，否定中国的历史，否定中国革命，也不能搞文化复古主义，而是要坚定地走中国特色社会主义道路。列宁对"合法马克思主义"的批判，使我们认识到，俄国民粹派将资本主义恐怖化和罪恶化是不对的，同样"合法马克思主义"美化、粉饰资本主义也是不对的。列宁对待资本主义的态度才是科学的、正确的态度。他不但看到了资本主义在俄国发展的进步作用，批判了民粹派否定资本主义的错误做法，另一方面也批判了"合法马克思主义"在批判民粹派的过程中过度美化资本主义、粉饰资本主义的偏激做法。因而，对待资本主义，我们要采取唯物辩证法的一分为二的态度。一方面，要认识到资本主义在社会发展过程中并不是完全消极的和负面的，它在社会主义的发展过程曾经起过积极的、进步的作用。另一方面，我们也要深刻认识到资本主义社会由于资本主义私有制的存在而导致的无法克服的根本矛盾是一个痼疾。因而，列宁所认为的19世纪末20世纪初，俄国资本主义的发展是为将来社会主义革命和建设做准

---

① 习近平. 携手建设更加美好的世界——在中国共产党与世界政党高层对话会上的主旨讲话 [M]. 北京：人民出版社，2017：9.

备，是有积极意义的。从这方面来说，列宁考虑的是比较全面的。他一方面积极支持在俄国充分发展资本主义，但另一方面他也认识到，必须要为实现社会主义做充足准备即加强马克思主义和社会主义的宣传教育，同时又不断批判和揭露资本主义的剥削和压迫以及尽早完成资产阶级民主革命的任务等。

列宁对待资本主义的科学态度启示我们：在全球化背景下建构"人类命运共同体"必须辩证地看待资本主义。因为当今的资本主义，实际上是吸纳了马克思的提醒与警告的资本主义，是做了自我修正的资本主义，资本主义还是有一定的扩展能力的，并不是只有垂死的、腐朽的一面。我们不能将其一棍子打死。在历史上，我们就犯过不能辩证地看待资本主义的错误，"宁要社会主义的草，不要资本主义的苗"，片面地追求"一大二公三纯"，只致力于改变生产关系。虽然我们建立了社会主义制度，但是由于当时没有意识到生产力发展的重要性，社会主义建立在生产力比较低的水平上，虽然实现了人与人的平等，但是却表现为"穷的平等"，人们感受不到社会主义制度的优越性，这也不是我们想要的社会主义。十一届三中全会提出"实践是检验真理的唯一标准"，解放了人们的思想，也解放了制约人们的精神枷锁，"贫穷不是社会主义"这句振聋发聩的话，再次给人民树立了发展的信心与希望。现在，实现中华民族伟大复兴的"中国梦"依然要求我们把发展放在至关重要的地位。那么，我们必然要辩证看待资本主义，对资本主义进行合理扬弃，充分利用资本主义的先进技术来发展社会主义，吸纳和借鉴西方资本主义国家的先进管理经验来建设社会主义。资本主义史已有500多年的历史，其间累积的资本积累、生产技术和管理水平是社会主义无可比拟的，特别是少数几个资本主义发达国家，生产力发展水平远远高于一些社会主义国家。邓小平曾明确指出："社会主义要赢得与资本主义相比较的优势，就必须大胆吸收和借鉴人类社会创造的一切文明成果，吸收和借鉴当今世界各国包括资本主义发达国家的一切反映现代社会化生产规律的先进经营方式、管理办法。"① 随着改革开放的深入，经济全球化的推进，中国特色社会主义与资本主义交集也越来越多，为了更好地建设社会主义市场经济，中国政府在对外贸易、吸引外资投资和引进先进生产技术、经营方式、管理模式等方面做出了不懈努力，不断完善外商投资和经营环境，从法律和制度层面保护外商的合法利益，实现互利共赢。

但我们必须指出，资本主义对社会主义国家进行和平演变的野心从来没有改变过，他们通过经济殖民或者文化殖民等各种方式企图"西化"或者"同

---

① 邓小平．邓小平文选：第3卷［M］．北京：人民出版社，1993：373.

化"社会主义国家，在当前世界经济一体化的大背景下，我们正经历百年未有之大变局，随着世界市场的扩大以及国际分工的深入，要求我们必须坚持正确的阶级立场，透过资本主义社会错综复杂的表象后面所隐藏的、所出现一切问题的本质，积极利用资本主义先进技术、管理经验建设社会主义的同时，对西方输入资本主义价值观念时刻保持着高度警惕。随着世界经济一体化和经济全球化的深入发展，资本主义与社会主义两种意识形态、两种社会的关系进入了新的阶段，呈现出许多新形式和新特点。首先，在社会形态上，社会主义与资本主义是具有本质区别的两种社会制度，社会主义要推翻资本主义，而资本主义则是想尽一切办法西化、遏制社会主义的发展。因此，世界经济一体化、经济全球化并没有改变资本主义与社会主义的本质区别，双方的根本对立也不会消失。其次，在社会发展的各个领域中，世界经济一体化、经济全球化使资本主义与社会主义的同一性更加凸显，资本主义与社会主义相互依赖、社会发展相互渗透的广度和深度不断加深。最后，全球利益的价值认同性是全球化背景下资本主义与社会主义同一性的重要表现。随着全球化的发展，许多全球性的社会问题在逐渐增加，向人类社会提出了共同的挑战，资本主义和社会主义需要共同面对全球环境恶化、跨国性恐怖袭击、各国经济发展不平衡、贫富差距与日俱增等诸多问题。由此可见，全球化背景下，资本主义与社会主义合作领域更广阔、合作程度更加深化。这需要我们冲破原有的思想禁锢，以新的思路和新的视角认识当代资本主义与社会主义之间的互动关系，并在这种认识的指导下，更好地推进本国的现代化建设。

当今世界正是面临新一轮的大调整、大发展的时刻，国家之间的联系日益紧密，整个地球正在形成一个"你中有我、我中有你"的地球村，世界多极化、经济全球化、文化多样化等问题层出不穷，而构建"人类命运共同体"是解决全球化问题的根本措施，构建"人类命运共同体"必须解决好同资本主义国家的关系，而通过列宁对"合法马克思主义"批判的研究，可以为我们解决全球问题，构建"人类命运共同体"提供参考与借鉴的经验。

三、当代资本主义与世界社会主义的发展趋势与前景展望

当代资本主义的发展已经走过国家垄断资本主义阶段，发展到国际垄断资本主义阶段的资本主义的各种矛盾也更加突出，逐渐突破国家的疆域界限在全球范围内被放大。当代资本主义基本矛盾也以新的表现形式暴露出来，这主要表现为：第一，就一个跨国公司来说，它们生产能力较强，有严密的组织性和纪律性，成员之间高度协作，这与整个世界市场各自为了自身利益而进行无政

府生产之间存在矛盾；第二，整个资本主义世界的生产能力呈现无限扩大的趋势，而实际上，从世界范围来看，社会的真正有效需求是不足的，这两者之间也存在着难以克服的矛盾；第三，资本的逐利性，促使资本主义追求生产的无限性，这是无止境的，势必与整个地球资源的有限性以及生态环境的日益恶化之间存在着矛盾；第四，从阶级队伍来看，跨国垄断资本家阶级被培养出来，他们与世界范围内无产阶级之间的对立与斗争，也是一种矛盾的表现形式。各种新老危机在资本主义基本矛盾的进一步刺激下一步步升级。

上述资本主义社会基本矛盾的新形式说明了资本主义社会所出现的新现象最终也无法破解资本主义社会私有制所导致的一系列问题，这些问题最终必然冲破资本主义桎梏，资本主义向社会主义过渡仅仅是个时间问题，我们需要从当代资本主义的新变化和世界社会主义的新发展中全面把握世界历史发展的总趋势。当今社会的时代主题已然发生了变化，资本主义社会发展不平衡、不稳定性增强，也出现了一些新的社会因素，如当代工人阶级和以前的传统工人阶级相比，他们的传统角色发生了变化，工人中的一部分已经由以前的蓝领工人变成了白领工人，这在一定程度上导致了工人阶级的分化，工人阶级的上层的认同感和革命意识在一定程度上削弱了。但是，不管是工人阶级的哪个阶层只要其被雇佣被剥削的社会地位并没有发生根本改变，工人阶级的历史使命就依然是消灭资本主义，消灭私有制，实现共产主义。

当代资本主义的发展趋势并没有随着资本主义发生的新变化发生任何变化，这可以用几句话来概括：第一，当代资本主义各种垄断势力显著增强，新现象层出不穷，垄断资本主义已经发展到国际垄断资本主义的新阶段。第二，当代资本主义的实质仍旧没有改变，垄断资本主义仍旧是当代资本主义难以改变的固有属性。垄断，是资本主义发展到帝国主义阶段的本质属性，由于垄断的存在所衍生的帝国主义的寄生性、腐朽性和垂死性并没有发生根本改变。第三，现代资本主义的各种矛盾在资本主义新变化的基础上进一步积累和深化，而由矛盾所导致的经济危机以及由此所引发的社会问题反而为 21 世纪社会主义的复兴开辟了道路。

四、社会主义既要发展生产力，也需要调整和变革生产关系

通过前文第二国际理论家对资本主义发展趋势理论的认识及比较研究，我们可以发现，在资本主义从自由竞争阶段到垄断阶段的发展中，资本主义社会的生产力和科学技术由以前的加速度发展到 N 次方的速度，生产力的发展迫使生产关系必须进行适时的调整，这样必然要求资本主义生产方式发生变革。而

在这一变革过程中，资产阶级为了维护自己的统治，不得不对原有的生产关系做一定的调整，这就出现了一些社会主义因素。尽管社会主义与资本主义社会的种种社会化举措存在着很大差别，不能把社会主义的举措简单等同于社会主义，但毕竟是资产阶级为了适应生产社会化的需要而采取的改进措施，这些措施反映了现代化生产规律，又包含人类文明发展的成果，社会主义社会也可以借鉴、吸收资本主义的文明成果。

资本主义生产关系的调整启示我们要一分为二地看待生产力与生产关系的辩证关系：在社会主义建设和发展过程中，我们要发展生产力，同时也要适时地调整和变革生产关系。

1953—1956 年对农业、手工业和资本主义工商业的三大改造，是我们通过变革生产关系，把资本主义私有制改造成社会主义公有制。原本采取了积极引导、稳步推进的方针，但是由于在改造的过程中急于求成、不够谨慎，犯了急躁冒进的错误，此外，对于社会主义经济模式的理解和选择上过于单一，追求纯粹的单一的社会主义经济成分，虽然整体上说来，社会主义改造是比较成功的，但也有一些遗憾。由于我们对什么是社会主义没有搞清楚，我们党对于我们还处在社会主义初级阶段也没有搞清楚，在生产关系上片面追求公有制，导致了"人民公社化"和"大跃进"运动，这严重阻碍了社会生产力的发展。由于长期依赖计划经济体制，在公有制实现形式的选择上只局限于集体所有制和全民所有制，虽然当时社会主义实现了绝对的平等，但是这种平等是建立在贫穷基础上的平等。1978 年全国范围内批判了"两个凡是"，并展开了真理标准的大讨论，邓小平提出了"实践是检验真理的唯一标准"，并回答了"什么是社会主义以及如何建设社会主义"的问题，指出了社会主义的本质是"解放生产力，发展生产力，消灭剥削，消除两极分化，最终达到共同富裕"。这 28 字方针，前面十个字"解放生产力，发展生产力"回答了生产力问题，后面 18 个字回答了我们最终目的，以及如何解决困扰人们的生产关系问题。这就批判了过去为了追求"一大二公三纯"片面强调生产关系的错误，但同时又说明，我们不是单纯地追求生产力，而是让一部分人先富起来，最终还是为了消灭剥削，消除两极分化，最终达到共同富裕。

五、对资本主义的正确认识，有助于坚定社会主义信念

（一）客观看待资本主义的历史地位

俄国资本主义未来何去何从是俄国知识分子的关注焦点。解决这一问题的

前提是如何看待俄国资本主义的历史地位。基于俄国社会经济现象的片面考察，民粹派认为俄国资本主义是微不足道的，完全没有发展的必要。而在"合法马克思主义"者看来，资本主义在俄国发展是必要的，资本主义制度只要稍加改良就能完美无瑕。不论是民粹派的"非资本主义道路"还是"合法马克思主义"的"资本主义完美论"，其都具有一定的资产阶级色彩。而列宁从无产阶级的阶级立场出发，科学、公正地分析了俄国资本主义发展的特点。他既肯定了资本主义发展的必然性、历史进步性，也说明了资本主义社会所存在的固有矛盾。由于对资本主义历史定位的不同决定了俄国思想界在俄国资本主义未来的发展走向上必然存在着很大分歧。列宁与俄国民粹派虽然都以在俄国建立社会主义为终极目标，然而在实现途径上出入较大。民粹派寄希望于俄国从村社走向社会主义，而列宁则认为俄国应该发展资本主义，在此基础上通过无产阶级斗争建立社会主义。列宁与"合法马克思主义"都对资本主义持积极评价，但与"合法马克思主义"的"资本主义完美论"不同，马克思与列宁都能在资本主义的萌芽期预测其可能带来的浩劫，因而他一再对"合法马克思主义"、对资本主义制度进行批判，并认为工人阶级应该联合起来与资本家进行斗争，以此将社会主义建立在高度发展的生产力之上。

列宁与民粹派、"合法马克思主义"的相关论争具有重要意义。列宁为马克思主义在俄国的传播指明了方向，它批判了以"合法马克思主义"为代表的错误思潮，指明了俄国无产阶级和马克思主义者的努力目标，进一步坚定了俄国人民为社会主义发展的可能方向奋斗的信心。

（二）正确把握资本主义历史走向，坚定共产主义远大信念

马克思、恩格斯在《共产党宣言》中阐发了"资产阶级的灭亡和无产阶级的胜利是同样不可避免的"的论断，这是19世纪马克思、恩格斯在总结各国革命实践经验中得出的科学论断，他们通过揭示资本主义社会的基本矛盾总结出资本主义必然灭亡、社会主义必然胜利的历史发展规律。他们还运用唯物辩证法这个思想武器，对社会发展规律进行探索，并结合他们的实际斗争经验，通过艰辛探索和研究发现了唯物史观和剩余价值规律，揭露了资产阶级剥削工人的秘密，从理论上进一步论证了资本主义灭亡的必然性，但现实的发展是资本主义至今仍然存在并进一步发展，现实并没有按照马克思、恩格斯所预料的情况发展，这就导致一些人对马克思主义的现实性存在质疑，以伯恩施坦为代表的众多理论家认为资本主义出现了一系列的新发展、新变化，并没有如马克思、恩格斯所言走向崩溃，因此他们认为马克思主义关于资本主义崩溃论的观点是

错误的，马克思主义已经是一种过时的理论。针对以上这种认识，有必要从三个方面重新审视资本主义社会出现的新变化。

其一，以伯恩施坦为代表的理论家所称颂的资本主义的新变化无非体现在以下几点：一是资产阶级改善工人阶级的福利待遇和生存境遇，实施一系列社会保障工作；二是资本家企业的联合组织一定程度上增强了资本主义生产的组织性，资产阶级政府对市场实行宏观调控，改变以往生产的无政府状态。实际上，这些新变化名为救资本主义于水火，实则是为资本主义注入更多社会主义的元素。资产阶级强化国家对经济的管理和干预，实施一系列社会保障工程，给无产阶级提供更多的社会福利，目的是为了缓和阶级矛盾，确保资产阶级的统治地位，但最终这种方式与社会主义的实现方式惊人地相似。一向作为马克思主义的敌人、作为无产阶级的敌人的资产阶级到头来却成了马克思、恩格斯口中"革命遗嘱的执行人"。

其二，在看到资本主义社会新变化的同时，也要看到资本主义社会的"不变"。首先，资本主义的生产方式没有变，言下之意，这种生产方式的弊端即生产的社会化和生产资料私人占有的固有矛盾没有变。这种矛盾在消费领域就是资本家产能过剩，广大人民群众有支付能力的需求同资本家过剩产品之间的矛盾；在生产关系领域表现为一些企业生产的组织性同自由市场无序竞争之间的矛盾；在阶级关系领域则表现为雇佣者与被雇佣者之间的劳资矛盾。我们所看到的资本主义新变化仅仅停留在表面，而透过这表面来看资本主义的实质内容并没有变。其次，生产资料私有制没有变。在这些新变化中，资产阶级的贪婪本性依旧未变，剩余价值和利润仍然是资产阶级的最终目的。尽管提高了工人阶级的工资待遇，但与资本家获得的利润相比较，只不过是九牛一毛。资本家以退为进，暂时的让步只是为了获得更加长久的利益。最后，工人阶级作为雇佣工人受资本家压榨的地位仍然没有变。即便工人阶级的经济和政治地位有了提高，但从整个社会阶级关系来看，工人阶级仍然处于社会底层，仍然受雇于资本家工厂，仍然是资产阶级赚取利润的工具，仍然受资本家无形的剥削与压榨。综上，资本主义虽然出现了许多新的发展和变化，但"万变不离其宗"，资本主义的固有矛盾、所有制形式和工人阶级的社会地位仍然没有变。

其三，当代资本主义的发展多以虚拟经济的形式进行，人们热衷于消费，热衷于借贷。在这种背景下，资本主义的基本矛盾不仅没有得以缓解反而愈演愈烈，社会两极分化严重，劳资矛盾愈发激烈，金融危机、债务危机也是此起彼伏，未曾消停。曾经不可一世的资本主义如今已是问题重重，自顾不暇。在20世纪即将结束的时候，英国广播公司在全球范围内就"千年思想家"这一话题进行网上评选，结果却出乎意料。著名的物理学家爱因斯坦仅居第二，而位居榜首的居然是曾经受尽资产阶级唾骂与污蔑的马克思！作为全世界无产阶级的导师和领袖的马克思，成为当下资产阶级意识形态浓厚的西方资本主义国家关注的焦点，这其中的原因不仅在于马克思将一生献给人类解放事业的伟人气魄，还在于他生前所提出的共产主义学说的科学性与现实性。不可否认，马克思早在一百多年前对资本主义灾难与危机的预测是准确的，社会主义的前途是光明的，"两个必然"仍然是当今社会发展的基本规律和必然趋势。

晚年的恩格斯始终把社会主义必然性和长期性作为整体进行思考。他强调，对社会主义不能进行详尽的描述，但可以做原则性的规划，社会主义不是一成不变的模式或者概念，否则会犯教条主义的错误。因此无产阶级要坚定共产主义理想，把社会主义当作目标来实现，做好长期斗争的准备，警惕其间出现的新情况、新变化，并及时做出调整。晚年恩格斯坚持运用唯物辩证法的基本观点对社会主义过渡的必然性和长期性进行阐述，向我们展示了对马克思主义的新贡献，进一步发展了"两个必然"与"两个决不会"理论。列宁、卢森堡不但能够正确认识资本主义社会中所出现的现象与本质的关系，继承马克思主义，还发展了马克思主义。他们透过错综复杂的资本主义社会种种现象和矛盾正确地认识资本主义社会中"变"与"不变"的关系。这一点，是我们正确把握资本主义历史走向的关键。19世纪最后30年，在第二次产业革命的推动下，不仅社会生产力获得迅速增长，而且生产关系、社会阶级结构也发生很大变化。但是，在资本主义的千变万化中又有四个根本"没有变"。一是资本主义社会固有的基本矛盾没有变。在现阶段，资本主义的基本矛盾依然是生产的社会化与资本主义私人占有之间的矛盾，这个矛盾目前仍在发展。通过上文我们对全球性经济危机的原因分析可以清楚地看到这一点。二是工人阶级受雇佣的地位没有变。在不损害资产阶级根本利益的情况下，19世纪末20世纪初的资本主义国家采取了一系列社会改良的措施，但工人阶级受雇佣、受剥削的地位并没有根本改变。在当代资本主义国家，占人口绝大多数的工人阶级拥有社会财富的少数，而占少数人口的剥削者却占有社会财富的多数，他们之间最突出的矛盾就是严重的、日益扩大的贫富两极分化，这种矛盾日前以更复杂的形式向深层次发展。由于这个基本矛盾的存在，西方国家周期性发作的经济危机不断，并且危机的形式出现了变化，还有进一步发展的趋势。近年来频频发生的全球性金融危机，表面上看好像是消费过剩引起的，似乎与生产过剩的危机没有什么关系，但实际上还是由支付能力的需求不足所导致的生产过剩。全球经济危机再次证明，只要存在资本主义制度，经济危机就不可避免。三是资本主义剥削的实质也没有变。在伯恩施坦看来，结束资本主义生产的无政府状态并不难，企业主的联合组织就可以对生产过程进行调整，从而防止资本主义的经济危机。但实际上呢？相对于单个资本和个人企业来说，这些垄断组织是提高了资本社会化的程度，但只不过是采取了股份制的新形式，这种企业形式不过是一种由多个私人资本共同所有的企业制度，企业的性质取决于控股权掌握在谁的手中。而在资本主义社会，国有企业是掌握在资产阶级手里的，资产阶级掌权，因而不可能改变资本主义私有制的基础。国有经济的性质取决于什么？众所周知，国家政权掌握在哪个阶级的手中，国有经济的性质就取决于谁。因而资本主义私有制如果依然存在，那么，资本主义社会就会存在着不可避免的矛盾，资本主义经济危机仍旧是不可消除的痼疾，资本主义剥削的实质也不可能根本改变。四是没有改变资本主义私有制的性质。当今资本主义经济的所有制结构仍旧是以资本主义私有制为主体、由大垄断资本集团占统治地位、多种经济成分并存的经济结构，虽然股份制有了一定程度的发展，工人拥有了一部分股票，但并没有改变资本主义的私人所有制。在当代，资本主义国家依旧矛盾重重，无产阶级与资产阶级的矛盾、宗主国与殖民地之间的矛盾、发达资本主义国家之间的矛盾等，这些矛盾都是由资本主义基本矛盾所派生的，并且这些矛盾并没有消失，从现阶段西方发达国家之间的关系来看，生产高度的社会化乃至经济全球化并没有使他们之间的矛盾和竞争消除，反而，使他们之间的矛盾和竞争更加惨烈。

2008 年影响全球的美国的次贷危机以铁的事实证明了列宁所说的帝国主义"腐朽性"和"寄生性"依然存在，由此危机开始，进而引发了全球金融危机。

虽然列宁的帝国主义理论表面上只是研究他当时时代的资本主义发展，但实际上他思考的却是范围更广的人民的历史命运，这些人民由于深受资本主义国家的重重盘剥，帝国主义入侵给他们带来深远的影响，世界无产阶级革命在帝国主义时代有没有实现的现实可能性，可能性有多大，都是他要认真思考的。列宁通过分析帝国主义时代的特征和影响，论述了帝国主义国家由于千方百计致力于资本主义扩张，发展不平衡，帝国主义国家和国家之间、国家和地区之间又必然会产生一系列矛盾和冲突。正是在这样的分析视角下，列宁高瞻远瞩地认为，社会主义革命能够在俄国这一资本主义国家阵营的薄弱环节实现。

列宁不但坚持马克思"两个必然"思想，而且身体力行地进行社会主义革命实践。首先，列宁对帝国主义进行了深刻剖析，做出了"帝国主义是资本主义的最后阶段"和"帝国主义是无产阶级革命的前夜"的科学判断。其次，列宁在充分认识到帝国主义必然走向垂死与灭亡的基础上，领导人民进行社会主义革命与实践，引导人们在人类文明演进的历史视野下，在共产主义理想的指引下，不断追求社会主义的理想，并建立了第一个社会主义国家。列宁把人类文明发展趋势与资本主义社会发展阶段创造性地结合，开阔了我们认识人类文明演进形式的新视野，激发了我们想要努力实现共产主义理想的渴望与期盼。"帝国主义是资本主义的最后阶段"这一振聋发聩的判断，既有助于我们时刻警惕帝国主义的"催眠"，有助于我们坚定社会主义必胜的信念，也有助于我们增强共产主义伟大理想实现的信心。在资本主义的腐朽趋势中坚守社会主义，充分意识到当代资本主义的发展阶段只是行走在实现马克思设想的人类共同体理想过程中的一个必经阶段。共产主义在漫长的社会主义之后终会实现。

总之，列宁运用历史唯物主义基本原理，通过对俄国资本主义发展的分析，把握历史发展的规律性和人民的历史选择性，创造性地提出了他的帝国主义理论，从而以无产阶级革命家的不同角度完善了对俄国社会发展道路和前景的思考。综合以上所述，可以看出，这四个"没有变"充分说明，资本主义的返老还童仍旧是少数人的痴心妄想，虽然他们已经走过几十年来的"相对繁荣"岁月，但这并不表明它们可以永世长存了。今天的发达资本主义国家，虽然社会主义因素在其内部有壮大的趋势。特别是二战以后，推行福利社会模式，劳资关系改善，矛盾得以缓和。但是，它的基本矛盾并没有消失，反而有进一步向结构性矛盾激化的方向发展的趋势。当然，代表先进生产力的阶级最终必须要通过长期的斗争或革命来解放新社会主义因素，不能指望新社会主义因素的不断积累使资本主义自然而然地过渡到新社会。因此，这种新社会主义因素是资产阶级的被动选择，标志着资本主义制度开始走向自己的对立面——社会主义制度。虽然资本主义的自我修复和发展不可能改变其私有制的本质，但是，不管如何，资本主义国家对生产关系进行的调整和改革，这实质上又在为社会主义提供现实的过渡形式，资本主义国家也出现了一些社会主义的因素，这说明资本主义社会也在吸收社会主义的积极因素，这无疑为向社会主义过渡提供了条件，通过发展生产力，为社会主义过渡提供了完备的物质基础。不断壮大和发展的社会主义因素在资本主义社会内部孕育着和发展着，社会主义取代资本主义的现实可能性尤疑增加了。全球经济危机的爆发，从理论上再次验证马克思的历史大趋势理论，中国在应对全球性金融危机中卓越的表现与成就，使我们对社会主义、对"中国模式"更是充满信心。同时，在这场社会主义与资本主义的斗争中，我们也更清楚地认清了资本主义的本质。

因而，我们应该对资本主义发展的客观规律有一个清醒的认识，坚定社会主义一定能战胜资本主义，并最终取代资本主义的信念。

中国的社会主义制度从1956年三大改造的完成到如今，也已诞生六十多年，但是，我们仍旧一再强调我国目前仍然处于社会主义初级阶段，在社会主义的发展中也出现了"大跃进""人民公社化"等一些不尽人意的地方。对此，有的人抛出了共产主义"渺茫论"。这实际上是没有正确认识社会主义，没有认清社会主义的本质，也没有认清社会主义的过去和现在，因而也无法正确把握社会主义的未来的问题。社会主义的未来即共产主义的远大目标并不是遥不可及的、无法达到的目标，也不是敲锣打鼓就可以实现的，而是经过长期发展必然代替资本主义的历史进程。习近平一再告诫我们，"共产主义决不是'土豆烧牛肉'那么简单，不可能唾手可得、一蹴而就"①。东欧剧变、苏联解体，使社会主义的生死存亡成为世界各国人民普遍关注的焦点，一些人的社会主义信念也因此发生了动摇。在这关键时刻，邓小平同志精辟指出，"社会主义经历一个长过程发展后必然代替资本主义。这是社会历史发展不可逆转的总趋势"②，这就从社会主义的客观现实和历史必然性及其二者的内在联系上指明了社会主义代替资本主义的这一过程，我们既要看到它的长期性，否则就会犯急于求成的"左"的错误，更要看到它的必然性，否则就会从根本上动摇社会主义信念。共产主义是实现人类彻底解放的创造性的伟大事业，每前进一步，都必然遇到前所未有的新情况、新矛盾和强大敌人。所以，我们要意识到社会主义发展过程中的曲折，在曲折中进一步坚定人们的社会主义信念。低潮与高潮，总是相伴产生的，没有永远的低潮，也没有永远的高潮。社会主义发展的历史趋势是不可逆转的，我们要有一分为二看问题的辩证态度，在曲折中看到希望，同时在革命高潮时候也不要沾沾自喜，正确地看待挫折与失败、成功与胜利。

六、打着"理论创新"、反对教条主义的旗号，来修正马克思主义

时代变化了，要发展马克思主义，因而伯恩施坦打着"理论创新"的口号，对马克思主义进行所谓的"发展"，但实际上他却是对马克思主义进行了彻头彻尾的全面的，堪称有体系的"修正"。伯恩施坦把马克思主义理论区分为"纯粹的理论"和"应用的理论"，伯恩施坦要创新的并不是属于马克思主义"应用的理论"范围，而是属于"纯粹的理论"中的基本原理，因而伯恩施坦的"理论创新"绝不是发展马克思主义，他是一方面打着反对教条主义，发展马克思主义的旗号，一方面把马克思主义的核心价值丢掉了，把科学社会主义的基本原理丢掉了。他明确地说："在这里进行直到较小细节的系统的分解，却不在本

---

① 习近平. 习近平谈治国理政：第2卷［M］. 北京：外文出版社，2017：142.
② 邓小平. 邓小平文选：第3卷［M］. 北京：人民出版社，1993：382-383.

书计划的范围之内。"① 伯恩施坦从对马克思主义教条化憎恨的一极走向了修正马克思主义的另一极；为了完成修正马克思基本原理的目的，"消灭私有制"的共产主义的远大的理想目标，逐渐被伯恩施坦用"和平长入社会主义"的理想目标替代，他在实践工作中用不断发展的、渐进改良的政策来替代马克思主义和科学社会主义的核心价值和基本原理，所以，对伯恩施坦来说，他并不是在发展马克思主义，并不是在进行理论创新，而是打着反对教条主义的旗号对马克思主义基本原理的公开背叛，是修正马克思主义。马克思、恩格斯的理论是开放的，他们也反对把马克思主义教条化，他们曾一再声称他们的理论不是一成不变的教条，为此，他们为《共产党宣言》写了七篇序言，并对《共产党宣言》一些过时了，或者不正确的、不成熟的言论进行了修改和完善，这说明了他们坚持真理、与时俱进的精神。但伯恩施坦却把对教条主义的憎恨，发泄到马克思、恩格斯身上。他揪住马克思、恩格斯的个别言论不放，实际上他自己犯了"唯上""唯书""不唯实"的错误。从恩格斯晚年、列宁和卢森堡关于资本主义发展趋势的认识中，可以看到，他们针对新的历史条件，对经典理论是做了一些相应的调整的，虽然，在某些问题上，他们同马克思之间还存在理论差异。他们的分析中也有一些不足，但这都不足以成为晚年恩格斯、列宁或者卢森堡"反对"或者说是"修正"了马克思之类论调的理论依据。晚年恩格斯、列宁和卢森堡，甚至早期的考茨基的思想启示我们：在我国目前社会主义转型的关键时期，应当发扬他们思想创新过程中的批判与自我批判的精神，坚持与时俱进、不断推进社会主义理论创新、制度创新、技术创新，但是创新绝不是像伯恩施坦那样的修正。我们中国共产党人筚路蓝缕，坚持所走的中国特色社会主义道路就是创新。但我们的创新，不是修正马克思主义基本原理，而是既坚持了马克思主义的基本原理又坚持了科学社会主义基本原理，我们的创新没有离开"共同富裕"的理想目标，没有丢弃公有制，因而我们所坚持的中国特色社会主义道路，既不是传统的资本主义，又不是传统的社会主义，而是"扬弃"的社会主义。1978年的十一届三中全会，我们通过关于真理标准的大讨论，提出了"实践是检验真理的唯一标准"，为改革开放奠定了思想基础。在改革开放中，我们不断深化对中国特色社会主义的认识，建立了一整套社会主义的基本制度，走出了一条不同于西方资本主义的新路。这条道路既不同于西方资本主义国家通过殖民掠夺而走向现代化的道路，也不是传统社会主义道路。我们的社会主义现代化之路，是通过我们独立、自强发展现代化的独特新路。

---

①　殷叙彝. 伯恩施坦文选［M］. 北京：人民出版社，2008：140.

习近平提出，"中国特色社会主义是社会主义而不是其他什么主义"①，他指出我们中国之所以走这条道路是历史的选择，是人民的选择。虽然国内、国际上有各种唱衰中国的"中国崩溃论"，但是中国不但没有如他们所愿，反而"风景这边独好"，中国给世界贡献了中国模式、中国经验、中国智慧。因而，对待科学的理论，我们要坚持。习近平总书记在纪念马克思200周年诞辰大会上强调指出："对待科学的理论必须有科学的态度。"② 他引用恩格斯的话说："马克思的整个世界观不是教义，而是方法。它提供的不是现成的教条，而是进一步研究的出发点和供这种研究使用的方法。"③ 由此可见，与时俱进、不断创新不仅是马克思主义的理论品质，更是我们建设社会主义所必须遵循的规律。21世纪是飞速发展的时代，故步自封、封闭僵化只能被时代的发展所抛弃。我国目前处于社会主义转型的关键时期，应该更加不断地进行理论创新、制度创新、技术创新，只有不断地与时俱进，不断地创新才能最终实现中华民族伟大复兴的"中国梦"。

第三节　第二国际理论家对资本主义发展趋势理论认识的缺陷

资本主义世界在19世纪末20世纪初，出现了新的情况，在这种新的历史条件下，第二国际理论家围绕着资本主义发展的相关问题，提出了不同的观点，他们的思想之间既有思想的碰撞，又有默契和共鸣，但是就像任何理论都难以超越时代一样，第二国际理论家的理论亦然，仍存在一定的时代局限性。

一、早期俄国资本主义的发展与列宁对其所做的过高估计

早期俄国资本主义的发展到底是一种什么样的情况呢？众所周知，俄国在19世纪60年代还是农奴制统治，1861年农奴制改革，为俄国资本主义的发展开辟了前进的道路，但是在最初的10年里，还处在家庭手工业的发展阶段，到七八十年代俄国的资本主义才开始发展起来，家庭手工业被资本主义作坊和机

---

① 中共中央文献研究室. 十八大以来重要文献选编：上［M］. 北京：中央文献出版社，2014：109.

② 习近平. 在纪念马克思诞辰200周年大会上的讲话［M］. 北京：人民出版社，2018：26.

③ 马克思恩格斯文集：第10卷［M］. 北京：人民出版社，2009：691.

器工业所代替，俄国资本主义的发展要较英、美、德、法来说，发展较晚。大地主土地占有制和沙皇专制统治的存在，使得俄国一度成为政治上极其反动、经济上又很落后的国家。列宁对俄国资本主义的发展情况还是做了认真、细致的调查的，他对资本主义发展的判断建立在对"堆积如山的调查资料进行细致深入研究的抽象概括的基础之上的"①。但由于"从未有人试图系统地研究这个现象，因此，尽管有非常丰富的地方自治局统计机关的按户调查资料，但是我们至今所掌握的有关这一现象的说明材料还是不够的"②，由于缺乏对前人研究的相关资料进行全面把握，只有根据已有的资料对当前资本主义发展的现状进行分析，估计资本主义发展的程度，从而对一些理论进行推测。因而他的认识不可避免地受到历史和时代的局限。列宁作为一位务实的无产阶级革命家，虽然能够实事求是地看待资本主义的发展及其农村公社的历史地位，也能够正确认识资本主义发展的历史必然性，但是，他对早期俄国资本主义的发展上的认识还存在一定的局限，即对俄国资本主义发展的程度做了过高的估计和评价。

关于俄国资本主义生产方式到底是什么状况，列宁曾经在登上俄国政治舞台初期这样描述过："并且无可辩驳地证明，资本主义现时已经是俄国经济生活的基本背景。"③ 并进一步指出，"在马克思主义者看来，资本主义不仅在工厂工业中，而且在农村中，总之在俄国各地，都已经稳稳地盘踞下来，已经完全定型了"④。从列宁的论述可以看出，列宁认为，俄国已经被资本主义生产方式占据经济发展的主导地位。资本主义工业中的一部分就是俄国农村的手工业，只不过发展程度还比较低。同时，在列宁看来农村村社经济也已经具有了资本主义性质。他指出："在俄国，资本主义生产方式从 19 世纪下半叶起就确立起来了，到了 20 世纪已经占了绝对的优势。"⑤ 然而，俄国 1905 年革命没有政治目标，这使得列宁早期的资本主义观面临着一个理论与实践的结合问题，列宁在 1905 年革命后也意识到了对自己过高估计了俄国农业资本主义发展的程度。列宁在 1905 年革命之前，对民粹派的态度基本上是否定的，对于民粹派美化村社农民经济的观点，他认为简直是一种堕落，但是 1905 年革命之后，他不再是一般地否定民粹派了，而是肯定民粹派革命的意义。列宁更是在其后的论述中，

① 刘怀玉，刘维春，陈培永．资本主义理解史：第 3 卷［M］．南京：江苏人民出版社，2009：94.

② 列宁全集：第 3 卷［M］．北京：人民出版社，2013：147.

③ 列宁全集：第 1 卷［M］．北京：人民出版社，2013：88.

④ 列宁全集：第 1 卷［M］．北京：人民出版社，2013：346.

⑤ 列宁全集：第 17 卷［M］．北京：人民出版社，2017：12.

补充了对俄国资本主义发展现状的认识，他说："19 世纪末俄国的农奴制剥削和徭役制残余是多么严重地存在着。"① 列宁还指出，在俄国的农业生产中，特权贵族集中仍占有大量优质的土地，农奴制时代农奴主和地主占有也是这样的。"1000 万个农户拥有 7300 万俄亩土地，28000 个贵族大地主和暴发户大地主却拥有 6200 万俄亩土地。"② 这种情况说明，反对封建宗法制度仍旧应该是当时革命的主要内容。总之，1905 年俄国革命的失败，使列宁意识到现在不是一般地抽象俄国资本主义发展的历史进步意义，而是"必须看到俄国的资本主义革命既可能是反动的落后的封建主义土地私有化即'普鲁士化'的道路，也可能是民主的、进步的土地国有化即'美国式'的道路"③。1905 年俄国革命爆发后，列宁进行了深刻的反思，他又进行了调查研究，更加细致地考察了俄国的农业发展情况，重新进行了客观的评估。虽然俄国资本主义发展的程度被列宁做了过高估计，但由于列宁进行了及时的纠正，因而，这对列宁后期根据资本主义的发展所做出的关于帝国主义的客观判断并没有什么影响。

二、卢森堡对帝国主义的本质界定模糊

资本主义经过了最初的殖民扩张、掠夺资本的资本积累阶段，发展到帝国主义的垄断阶段。进入到 20 世纪以来，垄断成了帝国主义的主要特征。卢森堡在《资本积累论》这本书里，阐述了她对帝国主义的理解。首先，她将帝国主义理解为一个"政治名词"，并将其和资本积累联系在一起。她说："帝国主义是一个政治名词，用来表达在争夺尚未被侵占的非资本主义环境的竞争中所进行的资本积累的。"④ 卢森堡还明确地把帝国主义作为一种政策，并提出要研究其产生的经济根源问题。她认为，不仅存在着说明的问题，而且还存在着理论上牵涉马克思《资本论》第二卷的内容，以及有关现今帝国主义政策的实际和它的经济根源的问题。其次，卢森堡认识到资本主义虽然在垄断阶段，政府介入进来对经济进行干涉、干预，但仍旧摆脱不了崩溃的客观必然性，她指出帝国主义是资本主义历史上的最后一个阶段是不会改变的。她指出："对于资本而言，积累的停顿，意味着资本主义生产力的扩大发展的停止，同时，也意味着

① 列宁全集：第 16 卷 [M]．北京：人民出版社，2017：191.

② 徐芹．列宁早期俄国资本主义发展思想研究 [D]．南京：南京师范大学，2012：202.

③ 刘怀玉，刘维春，陈培永．资本主义理解史：第 3 卷 [M]．南京：江苏人民出版社，2009：112.

④ 罗莎·卢森堡．资本积累论 [M]．彭尘舜，吴纪先，译．北京：生活·读书·新知三联书店，1959：359.

资本主义崩溃的客观历史必然性。这就是资本主义在其历史生命上的最后阶段——帝国主义——所表现的矛盾行动的道理。"① 卢森堡从资本积累的角度进一步认识到当资本主义关系逐渐占领全世界，把一切非资本主义领域都占领掉时，资本主义生产力没有办法扩大发展了，资本积累被迫中止了，在这种条件下，剩余价值的实现在非资本主义领域再也没有办法完成，这样资本主义发展就到了末日。帝国主义是资本主义历史上的最后阶段。卢森堡认为这个结论从理论上是可行的，但在实际上达到是困难的，她曾说："在正式达到这个资本自己创造的绝境之前，国际工人阶级起来反抗资本的统治已成为一件必要的事情了。"② 可见，卢森堡认为，在资本主义不可避免地要灭亡和社会主义的必然胜利到来之前，工人阶级已经提前起来反抗资本的统治了，可见卢森堡并不是资本主义自动崩溃论的倡导者，她之所以一再重申资本主义灭亡的必然性，就在于她也科学地认识到帝国主义是资本主义历史上的最后阶段，只是想从理论来进一步说明资本主义的灭亡是必然的，她这一点与马克思、恩格斯的认识是一致的。这也是卢森堡始终坚持无产阶级革命的理想，并为之奋斗终生的精神支柱。

当然，卢森堡对帝国主义的认识还是不全面的，她对帝国主义的实质认识不清，也没有认识到垄断是帝国主义最具决定性的本质特征；对于帝国主义时代出现的一系列新情况、新问题未给予较准确、科学的回答；也不能针对时代发展变化提出丰富和发展马克思主义的新的结论。虽然她毫不胆怯地站在同伯恩施坦斗争的最前列，勇敢地同伯恩施坦进行论战，但是在披着"时代发生新变化"外衣的伯恩施坦主义思潮面前，还是没能抵挡住伯恩施坦主义的进攻。

针对伯恩施坦宣扬、夸大垄断组织的错误做法，卢森堡进行了针锋相对地批驳，她指出，垄断组织的作用与伯恩施坦所说的作用恰恰相反，它不但不能克服资本主义的生产无政府状态，且只会加深生产的无政府状态，引起资本主义社会矛盾的尖锐化。但是，为什么不能克服资本主义生产的无政府状态，消除经济危机呢？卢森堡对垄断在现代资本主义社会中的地位没有深入研究。这就造成了她不能认识到垄断是帝国主义最具决定性的本质特征。因而，她就无法抵抗住修正主义的疯狂进攻。"对于卡特尔和托拉斯的发展，还没有从它们多

---

① 罗莎·卢森堡. 资本积累论［M］. 彭尘舜，吴纪先，译. 北京：生活·读书·新知三联书店，1959：333.
② 罗莎·卢森堡. 资本积累论［M］. 彭尘舜，吴纪先，译. 北京：生活·读书·新知三联书店，1959：376.

方面的经济作用研究过。"① 因而即使她后来集中研究资本积累，对帝国主义的认识也未能进一步深化，而垄断和帝国主义的关系到底如何，她也没有搞清楚，并对此进行了回避。她说："卡特尔和托拉斯作为帝国主义阶段的特殊现象，不在本书讨论范围之内。它们产生于各个资本家集团的内部竞争，而这种竞争的目的是为了垄断积累和分配利润的现存的范围。"②

卢森堡的一个优点就是关注资本积累的实现问题，而恰恰是这个优点，又遮蔽了她全面分析问题的能力，她把精力过多地放在资本主义国家对非资本主义领域的扩张上，对资本主义国家内部的关系没有进一步深入探讨，没有注意资本主义内部矛盾所发生的深刻变化，也没有注意到帝国主义的垄断特征，因此创立科学的帝国主义理论的目标就不可能完成，由于矛盾焦点关注错误，因而也就不可能彻底反对修正主义。这一任务是由无产阶级革命导师列宁完成的，他不但挑起了同修正主义坚决斗争的担子，而且还把马克思主义发展到列宁主义阶段。

19世纪末20世纪初，当时世界正由蒸汽时代过渡到电气时代，由资本主义时代过渡到帝国主义时代，世界形势的确发生了一些新的变化，马克思、恩格斯思想由于受时代发展的局限，存在一些过时的论断，但卢森堡由于受思想和理论的局限，没有注意到这些新变化，错误地认为马克思的时代和19世纪末20世纪初的时代并没有本质的或者根本的变化。资本主义已经由自由竞争时代走向垄断时代，时代变化了，她却没有看到时代的变化。以卢森堡为代表的马克思主义者没有抓住时代变化的特征来进一步发展马克思主义基本原理，而是错误地认为马克思主义基本原理都是管用的，没有过时的论断。因而在对待一些问题时，往往限于引用马克思主义的一般原理和已有的结论；而以伯恩施坦为代表的修正主义者却抓住了资本主义时代发生的新的变化，抓住了资本主义从自由竞争向垄断过渡的显著特征，并提出了"和平长入社会主义"的理论，打着"民主"加"社会主义"和发展创新马克思主义的幌子，以至于后来很多学者深受其蛊惑，把"和平长入社会主义"的民主社会主义当作社会主义多种发展道路的选择模式之一，使得伯恩施坦的理论具有很大的迷惑性。但是，由于卢森堡不能辩证地分析她所处时代的本质特征，更是未能把握住帝国主义时代

---

① 罗莎·卢森堡. 社会改良还是社会革命？[M]. 徐坚，译. 北京：生活·读书·新知三联书店，1983：7.

② 罗莎·卢森堡. 资本积累论 [M]. 彭尘舜，吴纪先，译. 北京：生活·读书·新知三联书店，1959：359.367.

社会发展的一般趋势，因而不能用新的和时代发展相适应的理论丰富和发展马克思主义，所以，虽然卢森堡义愤填膺，站在反对伯恩施坦主义的最前列，积极撰文《社会改良还是革命?》来批判伯恩施坦主义，却不能彻底批判伯恩施坦主义思潮，相对于伯恩施坦的嚣张，卢森堡的批判显得有些空洞和苍白无力，这样，在理论上反而让否定马克思主义的"修正主义"思潮占了上风。

三、考茨基对帝国主义的实质认识错误

前面我们已经详细研究了考茨基的超帝国主义理论，以及列宁对考茨基"超帝国主义论"的批判，列宁指出考茨基关于帝国主义的定义只看到帝国主义的经济属性，而没有看到帝国主义的政治属性，他割裂了政治与经济的关系。考茨基没有弄清楚帝国主义的本质，他认为工业资本是帝国主义的本质，在他的理论里这只是资本主义一个新的发展阶段，在这个阶段各个资本主义国家之间的竞争已经停止而走向联合阶段。他认为，卡特尔的发展，使得一国之内及国家与国家之间的竞争消除，生产的无政府状态不复存在，这是卡特尔把政策应用到对外政策的阶段，即帝国主义国家相互联合而不是相互斗争的阶段。考茨基给国际垄断组织增加了一个特殊的和平作用，而列宁认为金融资本才是帝国主义的本质，金融和金融资本是殖民化国家的特征，这种卡特尔不但不能消除竞争，反而会加剧竞争。各个垄断组织为取得生产限额、为瓜分和重新分配市场和投资领域等进行着尖锐的斗争。

考茨基这里就犯了形而上学的错误，国家与国家之间的关系，既不是专门的联合也不是专门的斗争。俗话说，"没有永远的朋友，也没有永远的敌人"。资本主义国家之间由于历史文化、发展机遇等各方面的不同，导致他们之间经济政治发展是不协调的，也是不平衡的。失衡的力量对比导致帝国主义之间矛盾的尖锐化和帝国主义之间冲突不断、战争不断。而考茨基试图回避和掩盖帝国主义之间的矛盾、垄断组织同非垄断组织的矛盾、垄断同竞争的矛盾等。列宁指出，考茨基"就是拿资本主义制度下可能达到永久和平的希望，对群众进行最反动的安慰，其方法就是使人们不去注意现代的尖锐矛盾和尖锐问题，而去注意某种所谓新的将来的'超帝国主义'的虚假前途"①。

第二国际左派领袖列宁作为与卢森堡、考茨基同时代的人物，则得出了不同于考茨基的结论，他把帝国主义看作资本主义发展的最高阶段，也是最后一个阶段。列宁在系统梳理资本主义各国经济和政治发展新材料的基础上，指出

---

① 列宁全集：第 27 卷 [M]．北京：人民出版社，2017：430.

帝国主义是垄断的资本主义，这是列宁对帝国主义首次做出的科学分析。帝国主义的基本特征概括为："（1）生产和资本的集中发展到这样高的程度，以致造成了在经济生活中起决定作用的垄断组织；（2）银行资本和工业资本已经融合起来，在这个'金融资本的'基础上形成了金融寡头；（3）和商品输出不同的资本输出具有特别重要的意义；（4）瓜分世界的资本家国际垄断同盟已经形成；（5）最大资本主义大国已把世界上的领土瓜分完毕。"①

列宁的《帝国主义论》对卢森堡和考茨基学说的不足进行了克服，并在一定程度上超越了他们的帝国主义思想。

---

① 列宁全集：第27卷 [M]．北京：人民出版社，2017：401.

参考文献

一、著作

[1] 马克思恩格斯选集：第1—4卷 [M] . 北京：人民出版社，1995.

[2] 马克思恩格斯全集：第1—50卷 [M] . 北京：人民出版社，1956 - 1985.

[3] 马克思恩格斯文集：第1—10卷 [M] . 北京：人民出版社，2009 .

[4] 列宁全集：1—60卷 [M] . 增订版. 北京：人民出版社，2010 - 2017.

[5] 列宁选集：第1—4卷 [M] . 北京：人民出版社，1995.

[6] 罗莎·卢森堡研究室. 卢森堡文选：上卷 [M] . 北京：人民出版社，1984.

[7] 罗莎·卢森堡研究室. 卢森堡文选：下卷 [M] . 北京：人民出版社，1990.

[8] 殷叙彝. 伯恩施坦文选 [M] . 北京：人民出版社，2008.

[9] 殷叙彝. 伯恩施坦读本 [M] . 北京：中央编译出版社，2008.

[10] 王学东. 考茨基文选 [M] . 北京：人民出版社，2008.

[11] 罗莎·卢森堡资料室. 德国社会民主党关于伯恩施坦问题的争论 [M] . 北京：生活·读书·新知三联书店，1981.

[12] 列宁专题文集：第5卷 [M] . 北京：人民出版社，2009.

[13] 贾淑品. 列宁、卢森堡、考茨基与伯恩施坦主义 [M] . 北京：人民出版社，2013.

[14] 贾淑品. 列宁和罗莎·卢森堡政治观比较研究 [M] . 北京：人民出版社，2016.

[15] 克拉克. 经济危机理论：马克思的视角 [M] . 杨健生，译. 北京：北京师范大学出版社，2011.

[16] 赵景峰. 当代资本主义经济新变化与发展趋势 [M] . 北京：科学出版社，2014.

［17］李慎明. 美元霸权与经济危机［M］. 北京：社会科学文献出版社，2009.

［18］张一兵，周嘉昕. 资本主义理解史：第1—3卷［M］. 南京：江苏人民出版社，2009.

［19］威廉·罗宾逊. 全球资本主义论［M］. 高明秀，译. 北京：社会科学文献出版社，2009.

［20］罗莎·卢森堡. 资本积累——一个反批判［M］. 哈尔滨：黑龙江人民出版社，1982.

［21］孙继红. 马克思主义发展史上的论争［M］. 北京：知识产权出版社，2011.

［22］中共中央著作编译局. 俄国民粹派文选［M］. 北京：人民出版社，1983.

［23］彭树智. 修正主义的鼻祖——伯恩施坦［M］. 西安：陕西人民出版社，1982.

［24］希法亭. 金融资本［M］. 福民，等译. 北京：商务印书馆，1994.

［25］陈其人. 帝国主义经济与政治概论［M］. 上海：上海社会科学院出版社，1992.

［26］陈其人. 帝国主义论理论研究［M］. 上海：上海人民出版社，1984.

［27］蔡中兴. 帝国主义理论发展史［M］. 上海：上海人民出版社，1987.

［28］尼·布哈林. 世界经济和帝国主义［M］. 蒯兆德，译. 北京：中国社会科学出版社，1983.

［29］俞良早，徐芹. 经典作家东方落后国家社会发展的重要著作和基本理论［M］. 北京：人民出版社，2015.

［30］俞良早. 经典作家东方学说的当代发展［M］. 北京：人民出版社，2013.

［31］刘佩弦，马健行. 第二国际若干人物的思想研究［M］. 北京：中国人民大学出版社，1994.

［32］庄福龄. 马克思主义史：第1—4卷［M］. 北京：人民出版社，1995.

［33］马健行. 帝国主义理论形成史［M］. 北京：中国社会科学出版社，1993.

［34］罗莎·卢森堡. 资本积累论［M］. 彭尘舜，吴纪先，译. 北京：生活·读书·新知三联书店，1959.

［35］霍布森. 帝国主义［M］. 纪明, 译. 上海: 上海人民出版社, 1960.

［36］程人乾. 罗莎·卢森堡——生平和思想［M］. 北京: 人民出版社, 1994.

［37］罗·叶夫泽罗夫, 英·亚日鲍罗夫斯卡娅. 罗莎·卢森堡传［M］. 汪秋珊, 译. 北京: 人民出版社, 1983.

［38］罗莎·卢森堡, 尼·布哈林. 帝国主义与资本积累［M］. 柴金如, 梁丙添, 译. 哈尔滨: 黑龙江人民出版社, 1982.

［39］陈其人. 世界体系论的否定与肯定——卢森堡资本积累论研究［M］. 北京: 时事出版社, 2004.

［40］顾海良. 马克思主义发展史［M］. 北京: 中国人民大学出版社, 2009.

［41］方章东. 第二国际理论家马克思主义观研究［M］. 合肥: 安徽大学出版社, 2007.

二、期刊论文类

［1］姜安. 列宁"帝国主义论": 历史争论与当代评价［J］. 中国社会科学, 2014 (4).

［2］卫建林. 世界资本主义危机和第三世界发展问题［J］. 国外理论动态, 2011 (12).

［3］张雷声. 罗莎·卢森堡资本主义理论述评［J］. 马克思主义研究, 2006 (5).

［4］贾淑品. 论卢森堡对伯恩施坦关于"资本主义及其发展趋势"的批判［J］. 科学社会主义 (双月刊), 2011 (1).

［5］贾淑品. 罗莎·卢森堡的《资本积累论》与其帝国主义理论的内在逻辑——兼论其帝国主义理论的功绩与不足［J］. 科学社会主义, 2010 (2).

［6］贾淑品. 论考茨基和伯恩施坦关于资本主义及其发展趋势的论争［J］. 科学社会主义 (双月刊), 2012 (6).

［7］昂德·霍普曼. 从历史的观点看罗莎·卢森堡的《资本积累论》［J］. 熊文, 译. 湖北社会科学, 2006 (7).

［8］罗骞. 罗莎·卢森堡对"资本主义适应论"的批判［J］. 马克思主义与现实, 2006 (4).

［9］贾淑品. 列宁资本积累理论的历史逻辑与当代价值［J］. 江汉论坛, 2017 (5).

[10] 贾淑品. 列宁和卢森堡关于资本积累理论认识分歧的原因分析及意义[J]. 党政研究, 2017 (7).

[11] 何萍. 罗莎·卢森堡的《资本积累论》与中国 [J]. 马克思主义研究, 2005 (6).

[12] 王家华, 纪涛. 俄国民粹派的农民社会主义空想 [J]. 国际共运史研究资料, 1981 (3).

[13] 强君. 十九世纪末, 列宁捍卫和发展马克思主义经济理论 [J]. 马克思主义研究, 1984 (3).

[14] 萧国亮. 运用马克思历史唯物主义研究经济发展史——读列宁《俄国资本主义的发展》[J]. 江淮论坛, 1987 (4).

[15] 孙成木. 试探十九世纪中叶后俄国资本主义迅速发展的原因 [J]. 世界历史, 1987 (1).

[16] 张建华. 论俄国资产阶级的形成和特点 [J]. 求是学刊, 1989 (4).

[17] 纪明山. 从实际出发研究和揭示俄国资本主义形成和发展的特殊规律[J]. 南开经济研究, 1994 (2).

[18] 曾盛林. 资本主义的历史进步作用——读列宁《俄国资本主义的发展》[J]. 深圳大学学报 (人文社会科学版), 1995 (1).

[19] 马龙闪. 俄国革命中的民粹主义 [J]. 百年潮, 2000 (11).

[20] 张爱东. 俄国农业资本主义的发展和村社的历史命运 [J]. 北京大学学报 (哲学社会科学版), 2001 (1).

[21] 徐芹. 论列宁对民粹派"非资本主义道路"理论的批判 [J]. 理论学刊, 2010 (2).

[22] 徐芹. 论列宁早期肯定俄国资本主义发展思想的出发点——兼驳关于列宁追求资本主义具有讽刺意义的观点 [J]. 当代世界与社会主义 (双月刊), 2010 (5).

[23] 徐芹. 列宁对民粹派社会主义远景论的批判及其当代价值 [J]. 江汉论坛, 2015 (12).

[24] 徐芹. 列宁对民粹派"人民经济论"的批判及其当代价值 [J]. 南京政治学院学报, 2015 (5).

[25] 徐芹. 列宁早期俄国资本主义发展思想研究 [D]. 南京: 南京师范大学, 2012.

[26] 王华. 列宁对民粹主义的批判研究 [D]. 南京: 南京师范大

学，2014.

[27] 吴夏. 列宁对民粹主义的批判及当代价值研究 [D]. 武汉：华中师范大学，2015.

[28] 付明. 第二国际理论家帝国主义理论研究 [D]. 哈尔滨：黑龙江大学，2014.

后　记

当伴随着自己度过几个春秋的关于第二国际理论家研究的文稿，在寂静的深夜被画上最后一个句号时，沉重的笔依然迟迟未肯放下，总觉得心中惴惴然，唯恐不能全面理解和诠释第二国际理论家的思想，也不能全面深入地分析和说明第二国际理论家对马克思、恩格斯理论的继承、发展和背离。但是，我仍然学术兴趣不减，并试图论证他们之间论争的是是非非，当然，他们之间的理论论争仍需实践继续检验，对第二国际理论家关于资本主义与社会主义关系的探讨也远远没有结束。